潘鲁生文稿

美在乡村

潘鲁生 著

山东教育出版社
·济南·

图书在版编目（CIP）数据

潘鲁生文稿．美在乡村 ／ 潘鲁生著．－－济南：山
东教育出版社，2023.1
ISBN 978-7-5701-2488-6

Ⅰ.①潘… Ⅱ.①潘… Ⅲ.①农村文化－文化事业－
建设－研究－中国 Ⅳ.①G127

中国版本图书馆CIP数据核字（2023）第021153号

责任编辑：董　晗
特约编辑：殷　波
责任校对：任军芳
整体设计：王承利　王耕雨

PAN LUSHENG WENGAO
MEI ZAI XIANGCUN
潘鲁生文稿
美在乡村
　　　　　　　　　　　　　　　　　　潘鲁生　著

主管单位：山东出版传媒股份有限公司
出版发行：山东教育出版社
　　　　　地址：济南市市中区二环南路 2066 号 4 区 1 号　　邮编：250003
　　　　　电话：（0531）82092660　　网址：www.sjs.com.cn
印　　刷：山东星海彩印有限公司
版　　次：2023 年 1 月第 1 版
印　　次：2023 年 1 月第 1 次印刷
开　　本：787 毫米×1092 毫米　1/16
印　　张：29.5
字　　数：529 千
定　　价：185.00 元

文化名家暨『四个一批』人才资助项目

总 序

张道一

我与潘鲁生君的相识与交往，已近四十年。1982 年，我到山东工艺美校做讲座，与鲁生相识。他陪我拜访了刘敦愿先生，以后多次在会议上与我探讨民间美术的问题，从此一直保持联系。1993 年，他到南京艺术学院攻读博士学位，选了我所主持的艺术学（包括民间艺术）；当时，他的研究方向与别人不同，非常明确，主要是偏重于民间艺术。这使我意识到，他的主张是有人生愿望的。1994 年我被调往东南大学，他也跟着我过去了（但其南艺的学籍未变）。我记得（在日记中）1996 年的 10 月 11 日，鲁生与许平在梅庵穿着博士服照相。这说明他们已通过了博士答辩，以此为纪念。还记得当时鲁生同我谈心，他的眼睛里含着泪水，那是欣慰，也是感慨。这是他在人生事业上跨出的重要一步。当时他在山东已颇有影响，不久，山东济南便传出了一个有趣的名号来称呼他，颇有点田园味道，叫作"鲁博一号"。这是一种奇异的赞誉，仿佛是从丰腴的田地里生出的一株嘉禾。博士的荣誉是一个文化的制高点。他在读研和之后的日子里，便写出了《民艺学论纲》《民间工艺学》《手艺农村》《手艺学导论》《美在乡村》等著作。他致力于乡村的文化艺术发展，既能眼光看得远，又能研究挖得深。鲁生的性格特点，说话不多，一举一动好像都在他的计划之中。我感觉到，他已经有了明确的人生目标。这是令人高兴的。

鲁生在来南艺之前，已在中国艺术研究院王朝闻、邓福星担任总主编的《中国美术史》编辑部工作了8年，报考博士时王朝闻先生亲笔写了推荐信。他请教过朝闻先生，对于民间艺术——更具体地称作"乡村艺术"，已有较深的认识，为此打下了必要的基础。后来，他曾经组织了学术团队，对"乡村艺术"进行大面积的"田野考察"，不仅在山东各地，还到全国不少地区采访。我曾说过，所谓"乡村艺术"，主要包括"女红""游方艺人"和手艺作坊。若干年来，这三种形式已发生改变或基本消失，有的也不完整了。特别是以前最普遍的"女红"，即"女工"或"女功"，原是封建社会歧视妇女的"三从四德"的一部分，现在已彻底改变，几近于消失。

一

在过去的旧时代，七八岁的小女孩就得在家里做针线，学刺绣和缝纫，出嫁之前要学会纺织和做衣服。若干年前，我到山东嘉祥考察画像石，顺便了解当地的民艺。那里的女孩大都会织布。当地有一种风俗习惯，女孩在出嫁之前要织一种幅面不宽的花格子布，并裁剪成方形的手巾，待出嫁时将其作为礼品赠送给亲友，也是展示自己的手艺。这恐怕现在已经不见了。

许多年来，随着妇女的解放，妇女们抛开针线，离开锅头，走出家庭，参加各种社会活动。"女红"在现代社会逐渐解体，必然也会趋于消失。

鲁生等人对"乡村艺术"的发掘与考察是令人敬佩的。在老式的"女红"时代，每个妇女的身边都有一个"针线簸箩"，多是用柳条编成的，里面盛放着针线、锥剪、顶针和"样子本"等。所谓"样子本"，我所见到的多是利用旧杂志充当的，里面夹着各种生活用品的纸样，以及少量的绣花线等物什。过去的农村妇女大都不识字，对于"样子本"，至于上面印的什么，无人关心，只是用来存放纸样资料。细心的鲁生，早年竟然在他的家乡发掘出一种专供女红用的"样子本"，民间俗称"书本子"，谐音为"福本子"。这是一种木版刻印的专用印刷物，其内容有各种针线缝绣的图形与花样，也有供青年妇女消遣的纸牌和棋盘等。据说农村妇女不分老少，都很喜欢这种"福本子"，并将其用老蓝布做成包封，成为过去"女红"文化的重要标志。

了解过去也就是认识传统。潘鲁生的农村"田野调查"，深挖细掘，使我们认识到不少的文化传统关系，是非常可贵的。因此，我联想到读他的一些长长短短的文章和大部头的书，都有如此感受。

三十多年来，潘鲁生根植于乡村艺术，写了不少文章，画了不少画，也出了若干本书。归结到一点，这些都是为了相助于农村文化艺术的发展与提高。从他的口头所流露出来的一些提法，如"美在乡村""手艺农村"等，已经不只是单纯的赞誉之情，更是相助于乡村的发展与提高。一个研究艺术学的博士，肩负着时代的使命，在民间艺术领域收获了丰硕的果实。这些成果既来自农村，又回到农村，使其更好地发展。

鲁生君所具有的很多朴素的经验是非常可贵的。这些经验，已经融入他的习惯之中。他从济南到南京来读研期间，知道我也曾在济南住过许多年。他每次到南京来，总要问我是否有什么事要办。我总是说没有事。有一次，我忽然想到一件事："你到火车站，看到'高庄馒头'代我买两个。"过去来此求学，经常吃的是粗粮"窝头"，吃不到高庄馒头。结果，他竟买了一大纸箱，引得不少人发笑。他说："买两个只是尝味道，不是吃饭。"研究民间艺术也是如此，一两个案例只是样品，不是普及。他给我看民间刻花葫芦，各式各样都有，背了一大包。只有在"多"中，才能看出群众喜爱的作品，而不是仅凭一两件孤怪的东西。

二

艺术学的理论有一句形象的概括，叫作"实践出理论，理论指导实践"。这是符合于辩证法的。然而"实践出理论"并非"实践等同于理论"，当然也不会自然变成理论。艺术的实践，要经过分析、研究、综合、提炼，才能上升到理论。在实践与理论之间，需要深刻思考、辩证，有很大的距离要缩短拉近，绝对不是两者的等同。对于这类问题，鲁生也是遇到过的。有趣的是，它会直接地冒出来，有时会表现得很坚决，但也会很快消逝，这是因为他的思想和认识起了变化。春秋时期的曾子（曾参）说过："吾日三省吾身：为人谋而不忠乎？与朋友交而不信乎？传不习乎？"这是从三方面进行自我反省，传而常习，而不只是举一反三。要做到这"三省"并不容易，更何况要求别人。我是在与鲁生长期的相处中感受到这一点的。他是一个自我要求很严格的人。

鲁生君"三十而立"，勤奋而图强。他的努力虽是多方面的，但一直没有离开过教育岗位。他主持山东工艺美术学院长达二十年，一直想搞出工艺美术的专业特色，并力图达到"双一流"的水平。与此同时，他还曾兼任中国艺术研究院设计艺术院的院长，作为博士生导师，培养了许多民艺领域的博士研究生。

对于艺术教育，最有意义的是，他在脑海中已经建立起无数阶梯的多层高楼。他是全国政协委员，我注意到他在不久前的政协会议上，有一个提案是"建议在乡村小学中开设民间艺术课"。这是致力于培育当地的人才之苗，若干年后，人才不断，手艺人就会成长起来。

在我国的艺术领域，潘鲁生身兼数职。他除了担任山东文艺界的文联主席等一些领导职务，还是中国文联副主席、中国民间文艺家协会主席，同时兼任中国美术家协会工艺美术艺委会主任等职务。

许多年来，他参加和主持了许多文化活动。例如，从事设计教育与民间文艺保护实践，担任中华优秀传统文化传承发展工程《中国民间文学大系》编纂出版委员会主任、《中国民间工艺集成》总主编，担任国家社科基金艺术学重大课题首席专家，提出"民间文化生态保护计划""手艺农村扶贫计划"和"为人民而设计"的教育理念，创建"中国民艺博物馆"，荣获首届全国"非物质文化遗产保护先进工作者"称号，等等。

他承担了一系列国家重大设计任务，诸如主持上海世博会山东馆的总体设计，担任上海合作组织青岛峰会艺术总监，主持新中国成立 70 周年国庆招待会装饰艺术设计，担任国家公园形象标志的设计艺术总监，主持完成中共一大纪念馆前厅壁画创作，主持中国国家版本馆大型壁画创作，等等。

三

不难想象，鲁生君这么勤奋和苦干，怎么会不劳累呢？每当他到我家来或是通电话，我都劝他要学会"休息"，劳逸结合。他总是欣慰地一笑，风趣地说："忙归忙，累归累，心情好，不后退！"作为艺术家的潘鲁生，近些年来，他的画笔也没有空闲，经常作画，不断探讨，并且参加展览，举办个人画展，还受到不少外国同行的邀请。他已经出版了《潘鲁生彩墨艺术》《潘鲁生画集》等多部作品集。他的画强调"民间元素"，很有特色，颇受欢迎。

2021 年是中国共产党建党一百周年。全国上下，一片欢腾，并受到党的初心教育。早在中华人民共和国成立之前，我们在解放区就唱"没有共产党就没有新中国"的歌。现在，中国特色社会主义已进入了新时代。在欢庆建党一百周年的日子里，各方面的先进人物受到隆重的表彰，其中就有"全国优秀共产党员"四百位。在这些先进人物中，我熟悉的文艺界有三位：一位文学家，一位建筑设计家，还有一位便是我最熟悉的潘鲁生。这既是意料之中的，又是最令人惊喜的。我敬佩他们所取得的成就。他们可谓又红又专，德艺双馨，为人模范，是我们学习的榜样。

现在，潘鲁生君要出版他的文集，要我作序。一个"序"

字，不知如何"叙"好。他小我三十岁，早已是忘年之交。曾有过的三年为师，让我对鲁生有更多的了解。民间谚语早就说：只有状元的学生，没有状元的老师。因为我是一个教书先生，便写了这样一篇不像序的序。我想，鲁生君不会计较吧。

2022 年 7 月 30 日于南京龙江

目 录

绪　论

绪　论

从儿时鲁西南黄河故道滩涂与平原相连的乡土亲情，到求学和工作后对乡土文化的探寻，我与乡村结缘已有数十年。乡村的文化、乡村的生活，既是我观察和研究的对象，也是生活和经历的重要组成部分。走乡村、进田野、探访村民，从民艺的生活流里亲历乡村的变迁，深切体会到乡村社会个体的、村落的、社会的生命存在，感受到时间、记忆和历史的积聚。乡村是一片文化的乡土，社会变迁的脚步越快，我们越需要文化的根基和土壤，从乡土中寻找源头并弥补快速迭变中产生的匮乏和缺失。正是因为热爱这片乡土，更应以虔敬审慎的态度去面对乡村。古往今来，稼穑艰辛，乡村的生产和生活从来不是田园诗的幻象，在漫长的历史磨砺、靠天吃饭的自然之力下，乡村经历了现实的苦难与艰辛。20世纪以来，社会转型历程中，乡村经历了冲击和困境。直到今天，我们的国家仍然把农村、农民、农业问题作为发展的重中之重。乡村作为我们民族两千多年来繁衍生息的生活共同体，仍然是数以亿计乡村父老生活的家园，是我们文化的家园。

应该说，美在乡村，不是一个抽象的命题，既是具象的乡村风貌之美，是可感的风土人情之美，是我们理想中要振兴和传承发展的乡村之美，也是我们面对乡村的深沉情感和美学态度，是关注乡村中个体与文化的存在，关注乡村生命的价值，认识乡村本身不可替代的意义和生命力。如果说民族也是一种美学的存在，共有的光荣与悲哀是一个民族存在的起点，那么，美学中的悲哀与乡愁就是这样的起点。美在乡村，使我们在历史长河中始终保有一种关于生命、关于亲情、关于生活最本质的情感，溯源而上总能找到那个锚定的源头，不会迷失；使我们在物质的海洋、技术的迭变中总有一种关于人生本质的怅惘，记得住的故园、最初的向往使我们拥有文化的、事业的初心。乡村是我们民族之乡愁，情感维系之原乡。美在乡村，是我们认识乡村、理解乡村、求解乡村问题的原点。

一、乡风文明

关注乡风文明，有一个现实的背景，就是一段时期以来在现代化发展过程中，工业化和城市化成为社会演进的主要方向，作为农业文明载体的乡村倍受冲击，其内生秩序、基础结构甚至凝聚认同与期望的意义世界都发生了改变甚至瓦解，大量农民进城务工，农业纳入工商社会的市场化格局，以血缘关系为基础的"差序格局""熟人社会"不断弱化甚至解体，乡村的生计方式、人际关系、价值归属等发生改变。乡土之变既是一个自然而然的渐进的过程，也包含乡村以及乡村文化"空洞化"的隐忧。如何从文化生态、文化传承、文化发展的意义上去关注乡村、认识乡村、探寻乡村的内生动力，成为我关注和研究的一个重点。从世界范围内看，现代化进程中，乡村的"生存还是毁灭，衰败或是复兴，遗弃抑或重建，这是任何一个从传统向现代转型的国家都必然面临并必须解决的难题"，孟德拉斯在《农民的终结》中描述法国乡村惊人的复兴，"一切将乡镇再次集中的努力都失败了，这有力地说明，乡村社区重新获得了罕见的生命力……这种生命力以事实证明，人们无法将乡镇融入一个辖有地区的市镇"[1]，并非以城市取代乡村、以工业文明取代乡村文明。乡村顽强的生命力恰恰在于内在的人文逻辑、精神力量。我国传统文化的根在乡村，道德和亲情的根在乡村，天人合一、安土重迁的生活节奏，温柔敦厚的文化品格，文质彬彬，以及天地有大美而不言的美学精神都是从乡土中孕育和绵延的，乡村里沉潜着我们民族精神文化的矿脉。我们需要着眼社会变迁的新的语境，从文化的意义上认识乡村、关注乡村、求解乡村问题，不仅是寻找和夯实乡土重建的精神基础，也是涵养我们社会发展的情感力量。

2013年全国"两会"上，我提出了《关于加强农村文化

[1] 孟德拉斯：《农民的终结》，李培林译，社会科学文献出版社，2005，第279页。

贵州省黔东南苗族侗族自治州黎平县堂安侗寨的自然景观与农业景观资源丰富

生态建设的提案》，提出"农村是中华传统文化的母体，农村
文化是中国社会文化体系的重要组成部分。农村文化生态不仅
关系到 6.5 亿农村人口的精神生态、道德素养和文化素质，影
响地域意义上达城市建成区面积 320 倍的广大农村的发展动力，
而且保存着中华民族宝贵的文化基因，是民族文化的根脉。农
村文化生态得不到有效保护，将严重影响民族文化发展。作为
历史积淀的母体文化，如果不断遭到破坏，所谓文化的创新与
发展无异于无源之水、无本之木，必须引起重视"，就"实施
青年农民'固土'培训计划"，"设立农村传统文化发展资助

项目"，"发展农村文化产业"，"加强农村特色文化服务体系
建设"和"建立农村'产学研'合作基地"提出建议。在研
究中，我们不仅要调查乡村传统文化资源的存量与状态，也需
关注乡村的文化生活、乡村的价值体系，关注农民的文化心理
和精神生活水平，考察乡村文化新旧并存的过渡形态，分析乡
村作为文化共同体的危机，就乡村文化建设主体、传统文化资
源存续与再生问题以及乡村公共文化空间重构等具体方案提出
建议，把乡村变迁作为内在的"软性"变化过程来认识，从根
本上把握乡村发展的文化动力，以文化为关键，求解乡村现实
发展中面临的传统与现代、经济与文化、城市与乡村、国家—
市场—民间社会等现实的关系问题。事实上，当我们从文化的
角度认识乡村并开展调研的时候，也获得了一种生态化的视
野，现实的复杂性和精神的多维度为我们展开了无尽的探索空
间而非一个确定的停滞的结论，这正是数十年探寻、研究的动
力，是乡村文化深广的魅力所在，也是继续探索研究的方向。

二、村落保护

在这样的探寻之路上，传统村落更像一个个研究节点，是
乡村文化的蓄水池，包含人文精神的薪火，让人为之吸引，也
激起了更深沉的思考。在 2002 年后沟村的第一次普查式探访

后，以传统村落为焦点开展了一系列研究与保护实践。在社会
范围内看，这也是我们经过"五四"反思传统文化、政治运动
改造传统文化以及 80 年代本土文化与外来文化碰撞、90 年代
文化遭遇经济和市场巨流冲击后，对民族传统的文化意义、文
化生态以及未来发展走向展开的广泛深刻而且持续不绝的研究
和保护实践。其实，一衣一帽尚且留存记忆风霜，更何况世代
繁衍的村落古宅、辈辈传习的手艺呢？怎么能铲除、填平并由
新建替代呢？中华民族灿烂的文化财富、祖辈留下来的文化遗

2015 年赴山西灵石县董家岭村考察依山而建的传统村落

产，除文字记载的以外，还有大量的蕴藏在民间的各种文艺形式之中，如果只是口传心授，任其自生自灭，在转型冲击下，很容易消失、断流。保护传统村落，留下标本，续存记忆，更刻录了民族文化的基因图谱和文化复兴的希望，是对文化乡土的守望。

为此我们组织专业团队走访了许多传统村落，测绘勘查，访谈记录，从民艺、民俗、民生不同角度展开研究。虽然在这场"与时间的赛跑"中有不少无奈和困惑，也不断地由历史的、民俗的、工艺的、美术的遗存向现实的存在与发展拓展和深化，去探寻传统村落的内生动力，去探讨村民的发展权益，去细分厘清现实的民生与文化的传承之间的关系，去思考和分析传统村落的生活样态里哪些永恒不变、哪些将过渡到未来。乡村的生活是现实的，尤其当我们从文化出发去提出主张时更应该怀着审慎负责的态度，以郑重深切的感情去面对乡村，以严谨科学的态度去全面分析和梳理其中的乡村社会的姓氏比例、宗族关系、家庭结构、房屋状况、生计方式、婚育观念和情况等等，避免顾此失彼，避免将现实简化为某种概念，避免以自己的知识体系凌驾于乡村生命和生活之上。正因为如此，关于传统村落的研究向更加专业的领域深化，生活方式、民居建筑、生产生计、权利权益，它考验我们的专业基础和认知广度，也使研究和建议理念更加质实。村落是民间文化发生和变化的场域，生产的经验、交往的规则、潜移默化的地方知识、代代传承的技艺和乡村仪式的象征意义，都在村落这个空间得以生存和发展。我们希望保留和延续这样的文化母本，也必须面对它的变化与新生。悖论的存在也考验探索求解的智慧，这是一个具有使命感的命题，要面对的是民族的历史、传统的变迁、我们的后人还有今天的生活。

三、农民画乡

"农民画乡"是我国独特的文化艺术现象，作为政治和文化发展的产物，具有丰富的内涵和意义。农民画由农民创作，以民族民间艺术为根基，以乡土村落为母体，融合了时代内容和民族传统美术的样式、观念和功能，是民族传统文化及民间美术体系构架的重要组成部分。农民画自 20 世纪 50 年代兴起，以直观易懂的图式艺术形式表现特定历史时期的社会主题，进

潘鲁生创意并监制，菏泽巨野书画院李联起等农民工笔画家绘制的巨幅工笔作品《花开盛世》

一步展现丰富多彩的农村生活和乡土记忆，融合了农耕生活文化、民间艺术传统和鲜明的时代主题。我自 1987 年开始研究农民画创作，30 多年来一直关注农民画的演变发展。近年来，我们带着城镇化进程中的民族传统工艺美术研究课题，再次走进农民画乡，进一步就农民画进行深入调研，包括从乡村到社区、从农民到市民的"农民画"创作与生活变迁。几年来，调研组的行迹遍及大江南北，有少数民族边疆地区，也有城镇化演进中的繁华市郊，有 20 世纪 50 年代发展起来的传统创作基地，也有新成长起来的农民画乡，通过深入访谈、创作观摩、作品分析，我们找到了农民画发展的规律与趋势，在图式、色彩、内容的背后，是乡村生活的场景和状态，在有形的场景深处是人们对乡村生活的理解和希望。其中的变与不变充满了丰富的研究主题，它们是来自乡村的艺术镜像、心灵图景。2017年，课题组会同中国民间文艺家协会在中国美术馆举办了全国农民画展览，将农民画作为融合新时代农民情感与民间美术传统、国家时代精神与农村生活图景、社会历史主题与农村生活理想的艺术形态和文化载体生动展出，艺术地展示了中国民间文化和乡村发展面貌。

应该说，乡土生活改变使农民画创作者、接受者的生活体验、主办方诉求等多种因素发生了变化，但农民画中最本质的昂扬向上的生活状态、对美好生活的向往与追求、对劳动对耕耘对收获的歌颂，是任何时代都需要的，是民间的价值观诠释和表达，在今天仍然具有生命力。所以，我们需要认识今天农民画的现状，分析和把握其中的变与不变，了解农民画创作群体的心态和生活状态，把握农民画背后的新乡土生活。我们认为，农民画是乡村振兴战略中乡村公共文化服务体系的有机组成部分。在乡村文化建设中，发挥农民画在伦理教化、审美娱乐、人格培养、启蒙认知、情感交流、文化塑造等方面对人的培育作用，在启蒙教育、素质教育、专业教育、职业教育、社会培训、大众传习等方面形成多层次的教育传承体系，有助于培养提升人文素质。通过农民画的集体创作，达成群体性认同，形成整体性承传，也有助于深化文化凝聚力。同时，深入挖掘农民画蕴藏的民族精神、乡土精神，将农民画中的文化基因与当代文化相适应、与现代社会相协调，以民众喜闻乐见、具有广泛参与性的方式进行推广和传播，有助于筑牢中国传统文化价值体系。农民画是可贵的，以农民之手绘乡村之景，状乡村之情。岁月的长河里会有变迁，会有发展，但农民画永远是我们走进乡村的艺术之门。

回想几十年来，我的研究从民艺起步，民艺不是孤立的存在，它依附于民间生活，是乡土中孕育生成的活态文化。民艺研究离不开田野调研，总要执艺术之一端而回溯生活之流，就像一张生活之网，要细寻其中的每一个节点。因此从博士学位论文《民艺学论纲》开始，乡村、乡土、乡情中广阔厚重的生活就成为我扎根的土壤。在社会快速变迁演进中，我曾致力于留住行将消逝的传统工艺和生活之美。在 20 世纪 80 年代参与《中国民间美术全集》编纂，对民艺的坚守久而弥坚；20 世纪 90 年代，创办了民艺博物馆，将田野调研以来收集的数万件藏品以生活线索展出，也在调研行走中记录整理了濒临失传的百余项手工技艺，在大学建设民艺学科，但这样的努力似乎还不足以对抗岁月之流中传统民艺的流逝与被遗忘。于是，我进一步从文献、博物馆、学科的研究与实践向生活、向生态、向民艺的土壤和基础推进，在 20 世纪 90 年代提出了"民间文化生态保护"的理念，组织志愿者开启了"民间文化生态保护计划"，出版了《民间文化生态调查》丛书。应该说，民间文化生态、农村文化生存状态、乡风文明等问题，是我们文化传承发展的内生基础，不容忽视，不可荒芜。包括民艺在内，文化的传承与发展离不开现实的生产生活，无论乡村还是城市，生产生活也不能缺少文化、情感、审美的维系。所以当大工业的流水线、作为"世界工厂"的代工吸引了愈来愈多的乡村青壮年，"二元结构"以及乡村劳动力的城市化流动加剧乡村的"空心"甚至衰落，关于民族本元的文化创造力以及孕育民族文明之根的乡村问题的研究更加紧迫。"手艺农村"是这一背景下延展的课题，我们深入调查梳理一个个手工艺专业村的案例，分析把握其中的发展基础、发展机制、发展规律和发展前景，并将这个持续十余年的研究课题定位为"乡土中国的手艺农村"，因为历史上"男耕女织"的"乡土中国"里手艺曾担

山东工艺美术学院·中国民艺博物馆

起了生产生活的半边天，而今，乡土之变中，传统的智慧之光
依然包含乡村文化、田园生活的创造力，是农村特色产业的组
成部分，其中包含了破解"空巢化""老龄化""留守儿童"、
返乡创业的良多契机。在这个基础上，我们可以进一步探寻城
镇化进程中的传统工艺振兴与发展问题。城市、城镇、乡村之
间正在发生的变化以及变化背后文化的动因是一个焦点，因为
包括传统工艺在内的文化是一种赋形机制，它塑造了今天的城
乡面貌，也是物态、人心的纽带，当我们关注和研究传统工艺
保护与发展问题时，面对的不只是艺人个体和行业组织，而是
城镇化进程中万千生活主体的生活方式、文化认同、审美趣味
和精神追求。由此我们也在新的变化联系中、在更广阔的视野
里深化了对于文化、对于乡村的认识和研究。国家"乡村振兴
战略"是破解世界难题的中国方案，是对乡村文化之根的定

位，意味着不以城市发展取代乡村，不任其荒芜、留守以及停留于记忆，而是振兴和发展之举措，这是我们民族复兴、文化复兴的重要组成部分。认识乡村、理解乡村、发展乡村、振兴乡村是一个使命，把握乡村振兴的文化动力是根本。

总之，乡村问题的观察和研究并不是一般意义上的学术探讨，不只在于建立某种学术模型，得出某种结论，完成某种体系性的工作，更在于关注村庄生命的价值，避免去做居高临下的启蒙，避免从理论概念出发去做模式化的原型分析，也不断呼吁接受了城市文化洗礼的人们，不要简单地以城市文化去评价和改写乡村。当我将目光从民艺投向乡村社会生活更深处，去体会和寻找乡村文明命运更深的肌理与脉动时，总是回到了更笃定的原点，那就是乡村之美、乡村的生命力和意义。

当前，国家的"乡村振兴战略"正在稳步实施，是乡村民生的福祉，也是乡村文化、乡村文明的复兴。所谓"发展工作的焦点，始则经济，继则社会，终而为文化"。乡村文明包含农业生产经验、熟人社会的交往规则、节日民俗仪式的象征意义、民间传统手工艺的经验和审美等，既凝结在有形的民居庭院、庙宇祠堂以及某些标志建筑中，包括古树、戏台、水井等空间和村落整体的错落布局，也以无形的生产经验、生活习惯、道德传统、价值观念、日常礼仪与民间信仰等形态存在；在思想、情感和观念世界里，有诚实守信、守望相助、尊老爱幼、勤俭朴素、热爱家乡的纽带维系。孔子曾"礼失求诸野"，如今村庄不只是一个物质世界，也是一个意义世界；不仅象征一个与城市空间相异的生活空间，也意味着一种生活方式和价值选择。如果说建设中国现代性部分的资源必然离不开中国"轴心期文明"的文化传统，那么，乡村振兴的意义不仅在于作为中国现代化的稳定器和蓄水池，更在于文化、文明的存续与发展，具有关乎民族文化的深远意义。

一路走来，从民艺的田野调研到乡村文化的理论研究，视角和领域不断拓展和深化，关于乡村文化振兴所包含的乡风文明建设、乡村道德高地建设、传统工艺振兴、手艺学学科建设、民间文化种子工程等问题的思考和研究，还将继续。时间总在前行，总要经历变化与新生，回望与坚守之所以必要，是因为我们文化的根在乡村，精神的源头在乡村，文化的根脉在乡村，田园的风光在乡村，美在乡村。

第一章　乡风文明

第一章　乡风文明

现代化背景下的中国乡村文化问题研究

文化是一个民族的灵魂，乡村文化作为中国社会文化体系的一个重要的组成部分，有着特殊的地位和作用。20 世纪以来，关于中国乡村文化的研究主要在现代化与社会转型的背景下展开，基于不同社会历史时期的发展现实，从传统乡村文化的特质、乡村文化变迁中矛盾与冲突以及乡村文化建设等方面展开，突出体现了乡村嵌入于社会历史变迁的整体，乡村文化是具体社会历史背景下展开的理论与实践命题。虽然从宏观上看，中国的乡村建设问题是现代化背景下提出的社会变革和发展问题，但不同历史时期的乡村文化研究植根社会现实，具有不同的视野、方法和理论与实践建树，具体可划分为四个典型的时期和方面：

一是 20 世纪上半叶，在内忧外患、救亡图存的社会环境中展开的乡村文化研究与建设，具有鲜明的时代主题，体现了特定历史环境下乡村文化的发展现实和迫切需求，具有理论与实践紧密结合的特点及影响。

其中，20世纪二三十年代，梁漱溟的乡村建设派和晏阳初领导的中华平民促进会开展的乡村文化建设具有代表性，旨在通过乡村文化建设，改造农民，重建乡村，进而改良中国。梁漱溟认为中国传统文化的根在乡村，道德和理性的根在乡村，保存中国传统文化必须从乡村入手。其乡村建设派在理论上强调中国的国情和特殊性，反对生搬硬套外国模式，主张积极吸收中国传统优秀文化和外来文化的精华，并创造新文化，以拯救日益破败的乡村文化，重建乡村秩序；在实践上将改造乡村作为解决中国现代化的关键问题，主张通过乡学村学，继承乡约的传统，在中国培育个人和团体的新伦理，教育农民以使农民自觉地组织起来，树立集体意识、团体意识，通过引进先进技术改善农村经济，强调知识精英必须到农村去与劳动人民相结合，以达到民族整体振兴的目的。晏阳初把平民教育运动与太平天国、宪政运动、辛亥革命、五四运动、国民革命并作现代中国第六次救国运动，以平民改造为核心，在农村进行政治、教育、经济、自卫、卫生和礼俗"六大整体建设"，解决中国农民普遍存在的"愚、穷、弱、私"四大病根，主张培养农民基本的文化素养，使他们成为有教养的现代公民，由对农民的改造推及对整个社会的改造。整体上，乡村建设运动从理论上对乡村教育、乡村建设进行研究，从文化的角度分析当时中国农村衰落的原因，并将理论付之于实践，试图以乡村教育为先导为农村建设找出一条道路，作出积极的探索。

20世纪上半叶，在农村开展土地革命、加强农村建设、农民解放的背景下，中国共产党的乡村文化建设思想体现在一系列与农民的经济、政治解放密切结合的实践行动中，紧密结合战争、政治需要，开展农村文化建设，取得了非同寻常的成绩。中国共产党的乡村文化建设思想及领导农村文化建设始终是为农民的政治解放、经济解放、社会觉醒服务，以提高农民的文化素质和科学文化水平、发展农业、改变农村贫穷落后面貌为目的，培养造就了大批革命干部，普及了相当程度的农民教育，创建了一定数量、较为正规的学校。中国共产党和根据地政权在各个时期领导的农村文化建设，适应当时中国政治、经济、社会发展的客观规律，反映了时代的要求，积累了丰富的农村文化建设、农村工作经验，赢得了广大农民的广泛支持和拥护。

二是社会学、人类学的研究方法传入中国以来，从乡村社会的基础结构出发对中国乡村的本质属性、文化特性的研究。

其中，最具代表性的是费孝通的《乡土中国》，深刻总结中国传统农耕社会的乡土性，从"乡土本色""差序格局""熟人社会""礼治秩序""无讼社会""无为政治""长老统治"等方面生动描绘和解释了"乡土中国"的特点，"从基层上看

1

2

1. 2018 年调研广西贺州昭平县黄姚镇中洞村

2. 1996 年调研陕西延安延川县节庆民俗

去，中国社会是乡土性的。我说中国社会的基层是乡土性的，那是因为我考虑到从这基层上曾长出一层比较上和乡土基层不完全相同的社会，而且在近百年来更在东西方接触边缘上发生了一种很特殊的社会。这些社会的特性我们暂时不提，将来再说。我们不妨先集中注意那些被称为土头土脑的乡下人。他们才是中国社会的基层"。[1]今天仍是研究中国乡村文化建设，特别是传统乡村文化现代转型的基本理论背景。

此外，英国汉学人类学家莫里斯·弗里德曼以宗族为单位研究乡村社会，在1958年和1966年出版的《中国东南地区的宗族组织》《中国的宗族与社会：福建与广东》两部著作中提出宗族共同体结构是中国传统乡村社会的基本结构单元。美国人类学家施坚雅于1964年出版《中国农村的市场和社会结构》，提出农村基层市场所覆盖的区域就是农民的生活空间和文化空间，并以此解释中国农村社会的村落增长与市场变化之间的各种复杂关系。美国历史学家、汉学家杜赞奇于1988年出版《文化、权力与国家》，将乡村社会生活中的权力关系称为"权力的文化网络"，分析20世纪上半叶中国村庄市场、宗族、宗教和水利控制的等级组织以及亲戚朋友间相互关系构成的权威基础。

这一系列研究"都是试图从乡村社会的根部来寻求中国社会的底色"，熟人社会、社区市场、宗族关系、权力网络等是

[1]费孝通：《乡土中国》，北京出版社，2005，第1页。

1. 2017 年调研广西昭平黄姚古镇竹编手艺
2. 2017 年调研云南绿春县传统村落

对中国乡村社会基本要素和文化特性的概括，对广泛而具有同质性的乡土社会作出阐释。

三是改革开放后，工业化、市场化深刻地影响乡村社会，针对乡土文化转型、乡村文化变迁展开的深入研究。

如王沪宁在《当代中国村落家族文化——对中国社会现代化的一项探索》一书中提出了转型期村落家族文化向现代社会变迁的主要特征："群体性质由血缘性转向社团性，居住方式由聚居性转向流动性，组织结构由等级性转向平等性，调节手段由礼俗性转向法制性，经济形式由农耕性转向工业性，资源渠道由自给性转向交易性，生活方式由封闭性转向开放性，历史走向由稳定性转向创新性。"[1] 李友梅在《快速城市化过程中的乡土文化转型》一书中指出，大规模的城市化与工业化对乡土文化的冲击，从过程上来看，基本上可以概括为"三个阶段、四个路径"：一是 20 世纪 80 年代改革开放之初开始的乡镇企业的崛起，在"离土不离乡"的情况下，一亿多中国农民实现了职业身份的转变，接受了现代"工业文明"；二是从 80 年代末到 90 年代初开始的农民工进城，又有一亿多农民不但实现了职业身份的转变，而且实现了"离土又离乡"，直接承受了现代"城市文明"的洗礼；第三阶段是从 90 年代中期开始，并在 21 世纪进入高潮的大规模的征地拆迁，它使得几

---

[1] 王沪宁：《当代中国村落家族文化——对中国社会现代化的一项探索》，上海人民出版社，1991，第211页。

1

1. 山东潍坊杨家埠木版年画
2. 2017 年考察云南元阳县乡村梯田景观

2

千万农民在"不得不"接受工业化与城市化的同时，实现了社会身份的转型，在户籍制度上变成了"城镇人口"。

大量研究成果论述了农村市场化改革背景下，农村物质生活和精神生活的巨大变化及中国农民价值观念的变迁，对乡村文化演变的含义、动因、规律、周期及意义等进行了理论解析，同时也进一步论证了包括乡村文化在内的乡村的价值。如贺雪峰认为中国农村为中国现代化提供了稳定器和蓄水池，"以代际分工为基础的半工半耕的农村劳动力再生产方式"，为全球化背景下出口导向的中国经济提供了充足的高素质廉价劳动力，从而支撑了"中国制造"在全球化中无可匹敌的竞争力。朱启臻、芦晓春认为，"村落作为一个重要的载体，它的存在有利于土地的利用和保护、生物多样性的保育和生态环境的修复以及传统文化的保存和延续，同时还有利于维持社会的发展和稳定。这是农村存在的重要价值。"[1] 孙庆忠分析农业文化的生态属性，主张开掘传统的文化资源，发挥乡土知识的生态调节功能，并从社会记忆的角度重申村落的价值，认为村落社会的文化传统与价值观念不仅是乡土重建的精神基础，也是社会再生产的情感力量。

四是党在农村工作的一系列决策部署中确立的乡村文化建设思想和方针，是乡村文化建设理论成果与实践的结合。

---

[1] 朱启臻、芦晓春：《论村落存在的价值》，《南京农业大学学报》（社会科学版）2011年第11卷第1期。

1. 2014 年调研山东莱州面花工艺

2. 浙江龙泉下樟村村庙

　　中国共产党向来重视农村文化建设问题，在关于农村工作的许多决定中作出了明确部署。1998 年，党的十五届三中全会通过的《中共中央关于农业和农村工作若干重大问题的决定》，提出了建设中国特色社会主义新农村的奋斗目标，明确指出，建设中国特色社会主义新农村，必须大力开展农村文化建设，明确将"在文化上，坚持全面推进农村社会主义精神文明建设，培养有理想、有道德、有文化、有纪律的新型农民"作为建设中国特色社会主义新农村的一个重要目标，并就加强农村文化建设做了专门论述。2005 年底，中共中央办公厅、国务院办公厅还专门下发了《关于进一步加强农村文化建设的意见》，对新农村文化建设进行了专题部署，并高度评价了新农村文化建设的意义，明确指出："加强农村文化建设，是全面建设小康社会的内在要求，是树立和落实科学发展观、构建社会主义和谐社会的重要内容，是建设社会主义新农村、满足广大农民群众多层次多方面精神文化需求的有效途径，对于提高党的执政能力和巩固党的执政基础，促进农村经济发展和社会进步，实现农村物质文明、政治文明和精神文明协调发展，具有重大意义。"

　　综上，乡村文化发展具有时代性，乡村文化建设与乡村社会以及全社会的文明进步、发展现实相联系，在不同历史时期突出了相应的研究重点和主题，在具体实践中产生影响，一些结构性研究与把握为后续研究提供了理论参照。回顾新中国成立以来我国的乡村发展道路，一方面，以经济建设为中心的社会改革解放了农村生产力，解决了数亿农民的穿衣吃饭问题，带来了农村社会发展的历史性变革；另一方面，城乡二元的结构性矛盾仍然存在，"三农"问题始终是"全党工作的重中之重"，尤其受市场经济发展、城镇化进程加快、乡村人口大规模流向城市等因素影响，传统乡村的"内生秩序"基础结构快速解体，从熟人社会到半熟人社会，从安土重迁到离乡创业，从以血缘、地缘、礼俗为底色的乡土社会到以市场、理性、法

2011 年调研浙江嘉兴乌镇传统民居

制为特征的现代社会，农村文化存在断裂，面临新生。当我们拥有较为强大的物质基础，应更加深刻地认识到历史上集家成乡、集乡成国的中国和今天保存传统仍然必须从乡村入手的现实基础，振兴乡村而不是消灭乡村，是"对有着悠久历史的中华农业文明和乡村文明进行现代性的改造与传承，走出一条农业文明与工业文明共生、乡村文明与城市文明相长的中国特色发展道路"，乡村振兴战略中的文化建设研究是新的时代命题。

乡村振兴战略的文化意义

一段时期以来，乡村衰退成为世界各国面临的共同挑战。乡村的存续与发展不仅是一个社会命题，也事关民族的文化未来。我国乡村振兴战略的提出与实施，正体现了对乡村历史地位和意义的定位、对乡村发展现实的研判和把握以及对未来乡村发展的战略性规划，既在于解决农业、农村、农民等关系国计民生的根本性问题，更将守护中华民族的乡村文明之根，具有深远的文化意义。

原文发表于《中国政协》2018年第4期

一、描绘未来三十年美丽乡村新格局

乡村振兴战略是关怀生产生活、关注文明文化、关切民族命运意义上的发展战略，描绘了未来三十年美丽乡村的新格局。乡村振兴战略从中华民族历史与文化的高度，深刻阐释了乡村的文化意义，强调"乡村文明是中华民族文明史的主体，村庄是这种文明的载体，耕读文明是我们的软实力"，明确了决定中国乡村命运的乡村地位，强有力地扭转了以狭隘的经济主义思维判断乡村价值的认识，对乡村文明的传承、文化载体的续存乃至中华民族精神家园的回归与守护都发挥了及时而长远的作用。

从富有诗意的"乡愁城镇化"思想，到2014年中央一号文件提出"创新乡贤文化，弘扬善行义举，以乡情乡愁为纽带吸引和凝聚各方人士支持家乡建设，传承乡村文明"；从文明文化的生态基础上强调实现城乡一体化，"建设美丽乡村，是要给乡亲们造福，不要把钱花在不必要的事情上，不能大拆大建，特别是要保护好古村落"，强调搞新农村建设要注意生态环境保护，注意乡土味道，体现农村特点，保留乡村风貌，坚持传承文化，发展有历史记忆、地域特色、民族特点的美丽城镇，到全面提出"乡村振兴战略"，明确了"产业兴旺、生态宜居、乡风文明、治理有效、生活富裕"协同一体的总要求，绘制了综合生产生活、自然禀赋、文化传统、制度体制的蓝图。

乡村振兴战略与应对新时代我国社会主要矛盾变化以及经济、民生一系列方略有机契合、紧密相关。"我国社会主要矛盾已经转化为人民日益增长的美好生活需要和不平衡不充分的发展之间的矛盾。"其中的不平衡不充分包括城乡差距，正所谓"中国人口多、底子薄、发展不平衡仍是基本国情，农村就是这一基本国情的最大实际"，"只要乡村在中国发展的根性地位不变，'乡村兴则中国兴、乡村衰则中国衰'的规律就不会变"。从发展全局看，乡村振兴战略是国家优化结构、增强动力、化解矛盾、补齐短板上取得突破性进展的一个重要方

1. 2015 年调研安徽宣城泾县黄田村
2. 2016 年调研四川马尔康西索村

面。包括对巩固和完善农村基本经营制度作出全面规划和部署，如"第二轮土地承包到期后再延长三十年"这一促进农村经济社会发展和保持"稳中求进"的定心丸，以及与"我国经济已由高速增长阶段转向高质量发展阶段"的科学论断紧密相关的农村发展导向，在"幼有所育、学有所教、劳有所得、病有所医、老有所养、住有所居、弱有所扶"等系统的民生理念统筹下，实现的是农业基础稳固、农村和谐稳定、农民安居乐业的美好图景。

二、守护中华优秀传统文化的土壤和种子

振兴是内在活力的激发，是内生动力的培育和发展，不仅包括物质上的脱贫致富、生活基础设施和社会福利的改良与提升，更有内在凝聚力、创造力的壮大和提升。乡村振兴涉及历史记忆、文化认同、情感归属和经过历史积淀的文化创造基础，往往不是片面以城市为主导的"送文化下乡"或就所谓先进模式进行移植和嫁接所能实现的，关键要实现文明再生产，要有坚定的文化自信，尊重乡村文明，恢复和重建乡愁记忆，对乡村文化资源有再认识再发展，从而实现振兴。

以传统工艺为例，农村是民间传统文化的母体，是传统手工艺的富集地，尤其当传统工艺经过城市化、工业化、市场化

1. 2014 年调研新疆伊犁锡伯族刺绣技艺
2. 山东临沂郯城县红花镇中国结编织技艺
3. 泰山皮影演出

剧烈冲击后，其生活基础、历史载体等主要留存在农村，而且少数民族贫困地区的手工艺文化资源尤其丰富。这些手工艺文化是活的文脉，既形塑了乡村传统的民居建筑、家居装饰、用具器物、特色服饰，装点维系着民间礼俗、节日气氛，其本身也是一种文化生产、文化创造，是一种文化生产力。比如在贵州省丹寨县的调研中我们看到，依山而建的木质吊脚楼，家居简单朴素，蜡染的衣服美丽大方，村民中不少男性从事建筑和木匠工作，女性从事蜡染画蜡，传统民居建筑里保留的是传统的生活气息，蜡染图案里寄托的是美好寓意，这些手艺文化凝聚的是人文之美、乡村之美。这样的乡土文化有形、有记忆、有劳作参与、有文化传承，是一种聚人聚心聚气的文化认同，而且可以在知识经济、创意经济发展的形势下为生产发展、经济发展提供文化支持。

以传统民俗为例，我国传统农村社会是熟人社会，有稳固的情感基础，这些亲情乡情通过风俗习惯巩固和表达，也成为日常生产生活相互帮助的重要途径，好的乡风民俗富有凝聚力，为生产发展和社会进步提供了支持和保障。目前，广大农村对优秀乡约习俗的自觉度不断提升，在岭南地区的年例调研中，我们感受到传统节日民俗的感染力，粤剧、歌舞、飘色、舞龙、舞狮等充满热情，昂扬向上。这些文化活动、仪式礼俗以及乡土乡音和传统的建筑雕塑、村社地标等就是共同记忆和情感归属，正是我们抵御村落的空心化、老龄化等乡村衰落的一种精神基础和情感纽带。

乡村是我国传统文明的发源地，乡土文化的根不能断，农村不能成为荒芜的农村、留守的农村、记忆中的故园。乡村振兴战略是乡村的振兴，是对中华优秀传统文化土壤和种子的守护，在我们民族文化传承发展的历史上有重要意义。

三、重塑城乡互补的乡村文明风貌

一段时期以来，农村被作为城市发展的原料和劳动力供应基地，导致城乡失衡。破解历史性难题，"要把工业和农业、城市和乡村作为一个整体统筹谋划，促进城乡在规划布局、要素配置、产业发展、公共服务、生态保护等方面相互融合和共同发展"，"建立健全城乡融合发展体制机制和政策体系"。通过逐步实现城乡居民基本权益平等化、城乡公共服务均等化、城乡居民收入均衡化、城乡要素配置合理化，以及城乡产业发展融合化，城市和乡村共生共荣，共同发展。

就"促进农村一二三产业融合发展，支持和鼓励农民就业创业，拓宽增收渠道"而言，从"手艺农村"调研情况看，传统手工艺是富有特色的地方文化资源，符合生态环保需求，依托地方物产和自然资源，进行手工艺制作，无污染，是绿色产业；具有循环经济价值，手工艺原材料及产品可再生、可降解、可循环利用，生态高效；具有劳动力密集特点，有益于发展生产，促进就业；具有文化创意空间，特色手工艺反映地方文化传统，体现人文风土特色，融会当下创意创新，是特色文化产业不可忽视的组成部分；具有产业辐射效能，特色手工艺发展有助于带动当地民俗旅游、土特产加工、智慧农业发展，具有产业延伸和拉动效应，农村手工艺生产发展是富有特色的农村文化产业。

总之，"乡村振兴"战略下的城乡互补，是留住乡村文化根底、保留乡村文化源的互补，是保护和激发乡村文化活力的发展举措。从这些年的乡村调研的情况看，无论少数民族贫困地区，还是广东、浙江等经济发达地区，乡村发展的基础和机遇往往在于富有特色的乡土文化。乡土手艺、民俗礼仪、民居建筑等是振兴发展的历史文化财富，其中包含民间的创造智慧，蕴含优秀的地域精神，维系和凝聚着我们民族的集体记忆，是乡村振兴的文化生产力。在"乡村振兴"战略的指导下，我们要进一步形成乡村的文化自觉，坚定乡村的文化自信，更深刻地理解"乡村振兴"战略的人文关怀、人文情愫和文化使命，扎扎实实去探索和践行。

城市与乡村是一个有机体，二者均应实现可持续发展、相互支撑。通过建立城乡融合的体制机制，形成以工促农、以城带乡、工农互惠、城乡一体的新型工农城乡关系，将实现农业现代化，农村繁荣富强，农民安居乐业，实现乡村文明与城市

1. 山东临沂草柳编工艺产业带动农民致富

2. 2016 年调研贵州凯里季刀村苗寨

文明的交融互补，在生产发展、生活幸福、文化繁荣的基础上
迎来中华民族的伟大复兴。

乡村文化繁荣与乡村社会复兴

乡村文化是乡村社会得以延续的核心，乡村文化作为一种最基本、最深沉、最持久的力量，以其原发性、活态性特点，为乡村社会可持续发展，提供了精神激励、智慧支持和道德滋养。一段时期以来，策源于对西方经济逻辑和城市社会理论的片面复制，不仅破坏乡村物理空间，也正在稀释一个民族持续生长和持久成长的文化动量。在这样的历史节点上，国家新型城镇化规划以及"乡村振兴战略"，具有事关乡村文化繁荣与乡村社会复兴的重要意义。

本文系 2014 年度国家社科基金艺术学重大项目"城镇化进程中传统工艺美术发展现状与发展研究"成果。

一、城镇化与乡村振兴带动民间文化生态变革

在城镇化深入发展的关键时期，国家新型城镇化规划明确将"发展有历史记忆、文化脉络、地域风貌、民族特点的美丽城镇，形成符合实际、各具特色的城镇化发展模式"作为一项重要原则，具有重大现实意义。这是对如何推进我国城镇化建设作出的清晰定位，是对城镇化建设的初衷和目的作出的明确阐释，也是对近年来城镇化过程中一定程度上片

面追求速度、忽视质量和实效的纠正。同时，实施"乡村振兴战略"，也是正视在工业化、城镇化进程中出现的乡村荒废、民风不淳、文化式微现象，把宜居宜业、记住乡愁的工作方式、生活方式与造物文化、历史文化、农耕文化、生态文化融为一体，提升为一种理想的生存状态，满足人民群众对美好生活的追求。

新型城镇化与乡村振兴都将"文化传承，彰显特色"作为国家战略决策的重要原则之一，必将为重构民间文化生态和美丽中国建设提供强大的助推力。

二、乡土文化的根性和遗产价值将进一步释放
　　民族传统文化的活力

聚落、村社、礼仪、民俗、节会、信仰、道德、生态等在内的"文化河床"，是一切民间造物文化和精神文化活动生发、创新、传播的源头活水。千百年来，人们在长期的乡村劳作和生产中积累和孕育的乡村族谱、家风家训、人文历史、乡风民俗、乡贤乡绅、百工之事等，无一不是得益于源头文化的滋养与浸润。河水是形，河床是本。文化的河床是涵养、保护、滋生民间文化的基础，是民间文化创作主体意识和共同价值的信仰高地。民间文化主要是通过人、聚落、礼仪、自然节律和生

1. 2010 年调研山东潍坊杨家埠民间艺术大观园

2. 山东淄博沂源县燕崖镇双泉村的"樱桃人家"

境等活态载体进行活动，任何一种载体的变化都可能对民间文化活动的存灭产生影响。传统手工艺往往也是将整个造物活动融入生产、生活现场，汲取文化的营养，一旦脱离生产、生活，活体就无法继续生存，绝大部分正在或已经消亡的传统工艺样式都属于这种情况。因此，重新审视乡土文化的根性和遗产价值，重构传统手工艺与新型城镇化双边互动关系将成为可能，具体包括：修复传统手工艺的自然节律载体，还原和培育传统节日里丰富的手工艺内容，在当下生活空间里发展工艺文化活动。修复传统手工艺的人生礼仪载体，培育传统手工艺应用的文化空间。修复传统手工艺的社会聚落载体，推动传统村落保护，促进恢复传统民居以及生态环境营建。尊重民俗信仰，增强文化凝聚，恢复优秀的乡约民规。修复传统手工艺的传承人群载体，推动城乡民众双向交流，让更多传承人回归情感沃土和精神家园。

三、乡村文化的涵化、濡化与创新将进一步延展 民族传统文化的功能

在当前全球化、城市化和互联科技迅猛发展的现实背景下，传媒影像、消费催化、互联网社交、学校教育、民族旅游等大规模发展，成为文化传播的常态，乡村已不可能回到以前

1

1. 2011 年调研安徽黄山黟县宏村镇古村落
2. 2015 年调研山东荣成烟墩角村海草房

2

封闭寂静的固化状态。为满足外来者近距离的文化理解与文化消费的要求，民族传统文化中往往要融入新的元素，并借助多种形式进行文化包装与展演，传统文化因涵化与濡化带来文化接触与变迁的现象不可避免。

由于缺乏文化自觉和自信，乡村文化受西方文化扩张而引起原有文化的涵化与变迁尤为普遍。以乡村传统工艺为例，在创作动机、内容、样式以及表现形式上出现了不伦不类、崇洋媚俗的文化症状。与此同时，发生在同一文化内部、垂直传播过程的濡化现象，也较为严峻，个体或群体对继承和延续传统存在不同程度的分歧甚至抗拒。无论是横向的文化涵化，还是纵向的文化濡化，两者相交产生的动力触点将会促成两种潜移默化的文化路径：文化变迁和文化创新。文化变迁是一个渐行不息、对话交流的过程，既有对传统的萃取与摈弃，也有对外来文化的批判与吸收；文化创新是民族文化的自觉建构、吐故纳新的过程，既要有"拦河防洪"的文化抵御能力，又要有"蓄水发电"的文化传播能力。树立以传承、建构而不是毁灭为导向的涵化与濡化观，需要创新，而且需以最大程度保持本原文化的原汁原味为前提。

1. 2016 年为非物质文化遗产传承人培训活动授课

2. 2016 年调研四川阿坝藏族羌族自治州壤塘县壤巴拉节庆活动

四、乡村文化的创新与保持将成为民族传统
　　文化发展的主流

乡村聚落是乡村居民生存、生产、生活、繁衍、发展的基本地理单元和重要的精神原乡，既有社会组织功能和生产功能，也有精神和价值育化功能。从中国乡村聚落文化生态角度看，自古至今，无论遇到何等的异质文化冲击和人为破坏，都能发展出一种强韧的文化适应性，并经过自我修复使得本土文化的基因得以传承和传播。经与外部文化接触产生的应激反应，往往传导给内群体文化遗传基因，在通过与周围环境进行物质、能量、文化和信息交换、加工之后，产生"变异性适应""应激性适应""免疫性适应"三种不同的乡村文化类型。"变异性适应"使乡村文化体能够派生出新的性状，形成新的文化形态以适应外部变化。"应激性适应"是文化体内部对环境中某一刺激做出的短时间动态反应，通过调节自身的存在样式及造物行为，以适应环境的变化。"免疫性适应"是文化体识别、排除外来的和内在的异质文化，以维持机体相对稳定的一种适应能力。

以乡村工艺为例，不同手工艺面对同一刺激的反应不一样，形成各不同的形态、结构、功能和审美，也往往以自身强大的文化排斥与文化自信能力使传统工艺的种群得以存续和发展。当前，随着乡村生产力水平的不断提高以及"自然、经济

和社会等区域环境的不断更新变化，为处于不同阶段的乡村聚落提供了不同的发展机遇，乡村空间结构由分布上的同一性、职能上的同构性逐步向多样性和综合性方向发展"[1]，乡村聚落空间及其自身文化的适应性将大大增强，乡村功能也将由单纯的生产型分化为生产、消费、休闲、旅游、创意等多功能形态，本土文化将会变得更为开放、多元和兼收并蓄。

五、乡村文化的消费与传播将极大唤醒民族传统
文化的自信与自觉

当代社会之所以被称为消费社会，很大程度上是由于消费已经逐渐取代生产，由纯粹物质化交换行为演变成一种集体性的和主观意识的文化行为，并关联着道德坐标、意识形态、价值体系以及交往系统的方方面面，成为占据社会生活的主导力量，生活剧本化、情景化、仪式化、意义化、怀旧化和象征化等要素开始在消费领域兴起。北京大学社会学系郑也夫教授表示，在物质极大丰富，人们已跨过温饱的今天，物质炫耀将失去其优势，取而代之的是人们为了渴望得到承认而在技能、品位、精神等文化消费方面的炫耀和竞争。换言之，社会的重心正在从物质生产转向带有本原文化色彩的精神消费。从乡村文

[1] 李君、陈长瑶：《生态位理论视角在乡村聚落发展中的应用》，《生态经济》2010年第5期。

化母体中，自觉寻找和明确共有的历史记忆、情感维系、乡愁寄托和文化凝聚的精神内核和文化本原，并将之内化于心灵空间、工艺境界和生活现场，进而升华为文化的自信。

　　乡村文化中蕴藏着一个民族的集体意识，铺陈着一种文化的共同底色，也是以文化创新形塑文化自信的最好抓手，处在人类现代化、全球化、信息化的转折点上，只有持续重视并深入挖掘民族本原文化潜藏的核心价值，才能塑造中国人的文化认同和身份认同，打造最持久、最深沉的文化自觉、文化自信和文化自强，这也是繁荣乡村文化、复兴乡村社会更为重要而深远的意义所在。

2018 年调研山东菏泽枣梆戏

关于加强乡村文化建设的建议

乡村是中华传统文化的母体，乡村文化是中国社会文化体系的重要组成部分。乡村文化生态不仅关系到数以亿计的乡村人口的精神生态、道德素养和文化素质，影响地域意义上达城市建成区面积 320 倍的广大乡村的发展动力，而且保存着中华民族宝贵的文化基因，是民族文化的根脉。乡村文化生态得不到有效保护，将严重影响民族文化发展。作为历史积淀的母体文化，如果不断遭到破坏，所谓文化的创新与发展无异于无源之水、无本之木，必须引起重视。

本文在 2013 年全国"两会"《关于加强农村文化生态建设的提案》、2018 年全国"两会"《关于加强乡村文化建设的提案》基础上修订完善而成。

一、乡村文化生态建设存在的问题

乡村文化生态面临的首要问题，是人的问题，即文化传承与发展的主体缺失的问题。一段时期以来，由于中青年劳动力大量外流，农村留守人口中妇女、儿童、老人比例较大。据统计，早在 2010 年外出农民工中"80 后"新生代农民工比例达 58.49%，外出农民工和年轻农民工中初中及以上文化程度分别占 88.4% 和 93.8%。另据《第二次全国农业普查主要数据公报》，截至 2006 年末，农村劳动力资源中，初中及以下受教育程度人口比例达 89%，其中 44% 人口为小学文化程度及文盲。而早在 2000 年我国农村 65 岁以上的人口所占比重已为7.69%[1]，标志着我国农村已进入老龄社会。

由此造成的直接后果，是乡村文化生态建设主体相对缺失。一方面，国家公共文化服务资源无法辐射到接受程度更强的青年农民，公共文化的服务效力减弱；另一方面，乡村留守人群具有年龄、文化程度等自身局限，文化传承与创新能力不足，减弱了乡村文化的发展后劲。

乡村传统文化资源急剧流失，包括传统村落空间、民俗民艺样式、文化传承人以及可发展生产的文化资源。虽然乡村文化本身是历史传承和时代发展的产物，在社会现代化发展过程中，必然受到相应冲击和影响而不断发展和变化，但数千年积累传承的传统文化资源以不同形式加速流失，也与我们对乡村文化的价值认识不足，对乡村文化的生态保护不够，甚至片面以城市文化同化乡村文化有关。

文化的"空心化"甚至精神贫瘠问题不同程度存在。乡村的文化生活相对匮乏，调查显示，文化消费在乡村家庭支出中所占的比例较小，乡村的主要文化娱乐活动一般以听广播看电视、打牌下棋为主，部分地区在春节期间赌博活动比例剧增，甚至有农民工在节日赌桌上输掉一年的打工收入。传统文化模

[1] 国家统计局：《第五次全国人口普查主要数据公报》，2001年3月发布。

1

1. 2007 年调研渔民习俗
2. 2007 年调研山东民俗秧歌

2

式对农民思想行为的影响力和约束力减弱，原有的文化价值体系和社区记忆正在逐步消失，引发当代乡村的民风民俗、伦理道德等问题。传统乡土文化边缘化、恋土情节弱化，在一定程度上加剧乡村"空心化"问题。如果农业生产缺乏科技吸引力，乡村生活缺乏文化活力，村庄格局缺乏协调性推进，也将进一步制约乡村发展。

二、加强乡村文化生态建设的建议

加强乡村人力资源建设，聚人气，能传承，有后劲，是当前乡村文化建设乃至整体振兴的一个关键。实施"新乡贤培育计划"，重在重建乡村的知识阶层，培育精英资源，充实精英力量。包括：加强知识技能培训，着力提升本地农民素质。加强思想道德建设，以文化人，培育乡贤文化。以社会主义核心价值观为引领，弘扬"好为德于乡"的乡贤精神，建设乡村思想道德高地。吸引新乡贤反哺，鼓励各方社会贤达投身乡村建设，推动人才回乡、企业回迁、资金回流、信息回传，使优秀资源回到乡村、惠及乡村。在产业劳动力自然转移流动的同时，实施青年农民人力资源培训的"固土"计划，以农业生产技术和乡村手工艺等为重点，因地制宜开展乡村职业教育，培育新型职业农民，将农民培训与补贴优惠措施结合，鼓励并留住一部分青壮年农民扎根乡土，以更高的生产和经营能力发展农业，或结合特色民间文化发展手工艺等乡村副业，促进优秀传统文化传承，缓解"空心化"以及留守儿童、空巢老人等问题，并通过转岗培训解决农民工回流安置问题。

修复乡村文化景观，提高乡建文化质量，是乡村生态宜居的基础。具体要尊重自然环境，尊重历史肌理，尊重地域文化，建议基于县域总体规划，编制镇村规划，坚持"多规合一""一村一规""绿色优先"，并严格依法依规开展村落保护、村庄整治和民居建设，提高乡建文化质量。要对耕地和建筑用地做出规划，严禁违法占用耕地开展建设，对于民居建设面积、高度、形态等应规必规，当限必限，坚决不走回头路。要对文物建筑、传统民居保护做出规划，对建筑现状、用地现状、基础设施、自然环境因素等做出评测，制定明确的保护规划目标、原则和措施内容。要对村容村貌整治做出科学规划，涉及垃圾处理、雨污排放、电线电路入地、家畜家禽集中饲养等，提出总体整治方案，打造与自然环境、历史文化匹配的美丽乡村，提振乡村自信和吸引力。

夯实产业基础，提振产业活力，可因地制宜发展乡村特色文化产业，服务"产业—生态—人文"一体化发展。以农民为创作和生产主体，发挥乡村特色文化资源和自然资源优势，因地制宜发展乡村手工艺、乡村旅游、地方土特产等乡村文化产业。建议出台《国家中长期农村文化产业发展规划》，设立相应组织机构统筹管理，将财政支农资金增量重点向乡村文化产业方面适当倾斜，加快制定相关乡村文化产业技术标准和生产规范，健全相关产权交易与融资平台，加强商标注册与保护，形成"文化支农，文化惠农，文化富农"的产业发展新格局。比如在工艺美术资源丰富地区，实施"手艺农村"计划，构建"手艺农村"站点，实现"一村一案""一乡一业"网格化布局，在条件成熟地区探索建立传统手工艺原创生产示范基地，以手艺带农户，以农户带农村，以农村带基地，以基地带销售，建设"手艺农村"原创手工艺品线上线下营售商业模式，开展"国家农村手艺产业示范基地"建设试点，实施"农村手艺进城市"计划，发展农村手艺文化产业。同时，在民族及边远贫困地区实施"手艺文化扶贫"，推动少数民族及边远贫困地区手工艺产品品牌、企业品牌向区域文化品牌转移，加强手工艺知识产权法律援助，开展创意研发等文化帮扶，开放手工创意产品发行传播通道，帮助产品直销，动员吸收社会力量来发展民族地区及贫困地区特色手工艺。

　　加强乡村公共文化服务体系建设，改变单纯的"送文化""种文化"等城市文化输入模式，以乡村特色文化资源为出发点，开展公共文化服务体系建设。一是丰富群众文化生活，充实乡村内生动力。我国农村地区经济社会发展水平各不相同，风土人情各异，乡村文化建设应根据各地实际，体现地域特色。从地方文化出发，开展群众喜闻乐见的文化活动。调

1. 2018 年调研广西贺州昭平县巩桥乡笔头村乡土文化（摄影：李舸）
2. 电影《百鸟朝凤》剧照

动农民参与热情，自创文化阵地。鼓励各类民间艺人为乡村文化服务多做工作，让民间文艺活跃在民间。加强"三农"题材文艺创作，反映乡村振兴的历史进程，叙述优秀的"三农"故事，体现乡村价值、乡村精神，鼓舞人们建设乡村、发展乡村。二是从乡村文明出发，完善基础设施。如建设具有共同价值的"乡土博物馆"，结合乡村特色手工艺资源建立"手艺传习所"，成立"乡村特色文化服务中心"，探索政府出资、企业参与、行业协会主办、机构联办的管理模式，为乡村特色文化资源转化搭建"招商引资平台""公共技术研发平台""信息咨询平台""知识产权交易平台""人才培训平台""展示交易平台""质量检测平台"以及"成果转化平台"等服务管理平台，提供全程、一站式服务。三是设立乡村传统文化发展资助项目。注意填补"非物质文化遗产"保护和乡村日常生产生活之间的空档，关注尚未纳入"非物质文化遗产"范围的普通文化习俗、活动或技艺，对相关民俗民艺等传统文化活动、传承人、农民专业合作组织给予资助，鼓励和支持富有特色、具有历史传承内涵的乡村文化活动。

　　发展优秀乡风民俗，增强乡村文化凝聚力。优秀民俗文化能够凝聚民心、教化人心，是情感的纽带，能够增进乡土生活的幸福感，实施"民俗文化+"计划，有助于充分发挥民俗文化作用：一是"民俗文化+乡村治理"，积极利用优秀传统民俗文化的正能量，把传统道德约束与村民自律、村组织管理有效结合起来，促进和谐稳定。二是"民俗文化＋公共活动"，使优秀民俗成为乡村公共活动的平台资源，在文化上有传承，在发展中有凝聚和认同。三是"民俗文化＋经济发展"，在自觉传承民风民俗的基础上，发展观光农业、现代农庄和特色小镇等，使农民在家门口致富，使乡村成为宜业宜居的新家园。同时，可参考国外乡村文化建设经验，发挥我国传统修史立志传统，鼓励和支持县志、乡史、村刊等文化出版和文化档案建设工作，如印制村庄明信片、创办村刊、编纂乡史、创办乡村网站等，使村民参与其中，丰富文化生活，留存历史档案，增强文化认同，提升文化凝聚力，促进乡村文化交流与传播。

2017 年调研河南汝州打铁花民俗文化

论新乡村精神的构建路径

观众参观山东工艺美术学院·中国民艺博物馆

原文《论新乡村精神价值与民间工艺载体重建》发表于《民间文化论坛》2016年第3期，本文有删减。

随着城镇化进程加快，以往常说的"十亿人口、八亿农民"的格局已经发生改变，2014年底统计数据显示，乡村人口为6.18亿，中国不仅面临有史以来最大规模的劳动力转移，还因此遭遇乡土社会迅速瓦解后的乡村文化建构问题。应该说，改革开放30多年，农村温饱问题已经基本得到解决，但农村及农民发展仍面临一系列结构性困境，农民的持续增收和可持续发展面临困难，而且包括城市在内的社会整体发展存在乡愁寄托等文化根基和内在动力问题。从文化生态层面关注社会转型期发展，不容忽视。

一段时期以来，专家层面积极呼吁保护和传承民间文化资源，政府从政策扶持和立法上加以重视，"民间文化遗产抢救工程""非物质文化遗产保护"等一系列措施和实践带来新的发展契机，但传统乡土文化得以孕育和维系的土壤、空间、载体以及创造主体均发生改变，传统的乡土文化仍然面临断裂和边缘化，我们在精神层面对乡土的需要和现实发展中乡土内核和载体遭受的碾压并存。如何解读以人为核心的新型城镇化发展，如何找回失去的乡村文化精神，传统村落保护中政府、专家、村民如何定位以及如何重振传统工艺，都将是探索破解之道的关键。

在国家社科艺术学基金重大项目"城镇化进程中的民族传统工艺美术现状与发展"调研中我们看到，乡村文化的传承系统、革新动力、存在方式、经济收益等都在新兴社会环境的急速旋转中发生改变。比如在陕西省太白县二郎坝村，村里60岁以上营造匠人往往一人多能，既是木匠，又是铁匠、篾匠、石匠，且工具专业齐全，手艺精良，但由于年轻人因陪读、购房、务工、偏远闭塞等原因逐渐迁离传统村落，多年来村中无新建传统式民居，部分远离聚居地的民居甚至荒废，营造等传统工艺的传承也荡然无存，这种已成为普遍现象，成为传统乡土民艺的窘迫现实。而传统营造技艺生境一旦遭到破坏，农村景观异质性难以维系，传统村落民居所蕴含的传统文化习俗、道德观念、审美趣味也因此逐渐褪色、异化、消亡，具有独立的生存形态、文化形态、价值取向和风貌特色的乡村渐行渐远，村落凝聚力、发展力、竞争力逐渐下降，村落系统化、精细化、品质化发展举步维艰。如果土地产出低效、村落内涵发展滞后、公共服务水平低下、新村规划建设管理落后、文化教育活动匮乏、劳动力流失等不同程度存在，那么，"土地撂

1. 2016 年考察四川马尔康卓克基土司官寨
2. 2016 年调研少数民族民俗

荒""空心村"空的则不只是人，传统文化、传统民居、营造技艺、民艺民俗、公共服务、管理运营等也会日渐趋"空"。社会发展需要共有的历史记忆、情感维系、文化寄托和凝聚，在历史演进、社会变迁中，当传统村落、民间礼俗、生产生活方式等遭到不同程度的冲击和改写，我们更需从社会不断生成变化的现实出发，进一步厘定中国新乡村文化精神以及新乡村文化的构成、形态、载体和作用机制，探索增进乡村文化凝聚、创造乃至复兴的可能路径。

一、重塑乡村文化自信

费孝通先生在出版于 1947 年的《乡土中国》中提出："从基层上看去，中国社会是乡土性的。"这种乡土社会是农业文明的缩影，它与长期以来的农耕生计紧密结合，是一个有其自身的社会结构特征、人际关系特征以及权力结构特点的社会。在这种社会里，文字无足轻重，人与人之间依据"差序格局"划分亲疏远近，男女授受不亲，依据礼治而不是法治对社会进行规范管理。近三十年来，工业化、市场化发展打破小农经济基础，同时也打散了农村文化的生活格局。20 世纪 80 年代，开始形成走出农村外出打工的"民工潮"，乡村农民生计发生转型，一直以来作为民间文化创造主体的农民的生产方式、生

2017 年考察广东潮州民间节庆活动

活习惯、价值观念发生深层次变化。在城市化的生产和生活
中，不仅日常生活中以使用功能为主的物品、工具为新材质、
新形态的工业化产品所替代，传统文化生活和形式语言、审美
价值等也失去载体和应用空间，传统民间信仰、礼仪、习俗、
艺术等也趋于弱化、简化和边缘化，物质消费很大程度上冲击
消解了传统节日原有的集体经验、文化认同和超越日常生活的
神圣精神空间。

　　就此，要树立文化自信，重构乡村文化的当代价值，摆脱
乡村文化边缘化乃至消亡的困境。从学术研究的历程看，百余
年来，我们在研究范式上也经历了一系列转变，包括关注更广

大的民众而不只是普通劳动者，开展田野研究而不只是文化史研究，关注民间日常生活而不只是理论文本，但对于疾速变化的生活实践的全面关注、系统剖析以及发挥影响和导向作用而言，还有较大的研究空间。相对于西方民俗学研究在20世纪60年代以来"从村落转向了城市，从历史转向了当下，从均质化、固定化的文化观转向了多样性、变化性的文化观"[1]，我们的研究也需建立在乡村社会的传统村落变迁与城镇化过程中人口流动、思想文化变化的基础上，依据现实中的社会关系、劳作方式、情感交流等做进一步丰富和深化，进一步认识中国民间文化、民间艺术的深刻内涵和新乡土社会的内在联系，研究新乡土的生成与发展规律，中国民艺学、手艺学等不仅在于建构独立意义的学科体系，也是为现实发展提供理论思辨与阐释，解决现实问题。

二、回归乡村文化本元

回归文化本元，从乡村文化母体中寻找和明确属于我们民族精神内核的、具有生命力的本源，有助于重塑民族文化力量。近百年来，从五四时期歌谣学运动开始，我们的民俗学、

---

[1] 沃尔夫冈·卡舒巴、安德明：《从"民俗学"到"欧洲民族学"：研究对象与理论视角的转换——德国民俗学家沃尔夫冈·卡舒巴教授访谈》，《民间文化论坛》2015年第4期。

民艺学发端，现代知识分子进一步发现"乡土""民间"的意义，乡土社会、民间艺术、民间文学与民俗等被纳入中国现代文化建构之中。但也应该看到，五四运动批判封建传统而缺少对上古以来文明本根和内核的发掘，从实用立场出发反传统和取用西学，最终趋向是从新文化运动、新文学运动发展为爱国学生运动。思想文化批判和取用的目标很大程度上不在于文化自身，而是指导社会改良与革命实践，未能从自身文化土壤里找到一个坚实的立足点，中国文化精神的贯通成为一个被悬置的问题[1]。此后较长时间里，民族救亡和国民经济修复重建成为社会主题，文艺服务社会成为历史必然，同时自身文化精神体系的追溯与建构仍显不足。改革开放后，国门敞开，西方思潮再次涌入，文化艺术领域吸纳、效仿现代后现代的思想观念和语言形态，批判和颠覆传统，成为新的姿态。虽然同时期文化"寻根"意识觉醒，形成相关文学主题，在美术领域对民间美术等相关研究、教学也受到特别重视和发展，但从社会整体看，文化本源以及乡村文化母体的认识和发现仍然不足，这也体现为以城市文化同化乡村文化等现象。应该说，人文精神的孕育和创造性发展需要扎根社会历史现实，寻找到创造性的内核。乡村文化的本源意义与当代价值亟须认识和阐发。

[1] 参见陈思和：《"五四"与当代——对一种学术萎缩现象的断想》，《复旦学报》（社会科学版）1989年第3期。

1. 2010 年调研山东菏泽曹县桐杨木工艺
2. 2009 年调研山东潍坊杨家埠木版年画
3. 2010 年调研山东菏泽曹县桐杨木工艺产业

三、留住乡愁乡情载体

留住乡愁寄托，就是守护我们共有的历史记忆、心灵空间、工艺境界和生活气息。在调研中我们看到，甘肃省临夏回族自治州永靖县海家崖头村，沿袭几百年来祖辈"白塔寺川"木作、木雕工艺的精髓，创造了新的村居风尚。该村虽经历过"硬化、绿化、亮化、美化"为主的建设过程，但村民对传统乡土建筑深厚的情感记忆、明确的价值选择和当地运用永靖县"白塔寺川"木作、木雕创作施工群体的雄厚力量，最终在乡建村居中使文化与价值的传统底色得以保留，在与时代生活的交互中，创造了有历史人文底蕴的生活环境与空间。乡愁不能仅寄予一轮明月，我们要下功夫留住乡愁的载体和文脉。

要尊重民俗信仰，恢复优秀的乡约民俗，增强文化凝聚。民俗活动是一种文化凝聚力，传统村落保护要有生活内容，要有传承人。在一些传统村落，要充分尊重当地的民俗信仰，可以自发恢复一些地方性民俗礼节活动，自愿举行宗亲祭祀活动，鼓励恢复本地优秀的乡约民规。比如云南腾冲的传统村落，家家户户有宗族和随时代更新的"天地国亲师"供奉，是当地老百姓朴素的信仰，也是民间的文化血脉，对于这种文化的凝聚力应当重视和维护。同时，专家学者可以组织志愿者，帮助开展乡村口述史整理，修家谱、族谱，留存村落记忆，增强传统村落的向心力，开展传统村落宣传，增强村民的文化优越感。

"手艺农村——山东农村文化产业调研成果展"潍坊风筝产业展区

四、培育乡村建设队伍

培育乡土情怀，培养扎根乡村、有思想、有意愿、有情怀、有能力的乡村人才队伍，鼓励精英文化知识等回归乡村，将发挥关键作用。在调研中我们看到，在甘南安多藏区一个海拔 3200 米的仁多玛村，设计师 Dechen 在纽约完成学业后回到藏区，创建了以手工生产牦牛绒围巾、服装及饰品的工坊 Nortlha（诺乐），开始了连接藏地文化过去与未来的美学探索之路。她将藏族当地手工织造技艺、牦牛绒毛纺织与设计结合，吸纳国际团队介入，发掘纯手工价值，彰显生态意识、手匠精神与品牌设计三者合一的产品价值，形成"全球化 + 在地化"的国际时尚风格，产品远销国际，带动了当地工艺文化的

传承传播和经济生产发展。从中可以看到，文化发展不是非此
即彼，而是和谐共生、融会创造，精英回乡能够带来更多前瞻
性的思考，也是从自我的生活资源中积聚力量，是充满活力的
新行为的开始。

五、激发乡村文化活力

乡村有深厚的历史文化积淀，要把文化的资源优势转化为
创造发展的动力和活力。从近十年"手艺农村"课题的跟踪调
研来看，传统工艺等乡村文化发展得好，村民安居乐业，乡村
发展有新的生机。比如山东潍坊杨家埠村，有 600 年历史的年
画和风筝制作技艺，现在年产年画 2300 万张、风筝 260 万只，
收入 1.16 亿元、利税 1000 多万元。传统手艺成为生产生活的
文化财富。传统手工艺发展得好，也有助于提高农村生活的幸
福指数，提升新乡土社会的精神内涵。例如山东临沂郯城红花
乡，承传祖辈的编织工艺，形成了中国生产销售"中国结"最
大的生产基地和销售网络。村里大多数老人和妇女是生产制作
者，回乡大学生是市场推广者，村民各有分工，新乡土社会的
营销模式已形成。全乡镇有 1 万多农民从事生产，红花乡生产
的"中国结"占全国总产量的 60%，占全国总产值的 60%。不
少村子的堂前屋后，大家做着手艺活儿，话着家常事，看着孩

广东惠州惠东县多祝镇皇思扬古围村村落民居（摄影：周胜金）

子，其乐融融。像这样发展传统手工艺，村民增收致富有了实惠，一些农民工返乡也有了自己的作坊，有了生产和市场，有了家庭的团聚和家乡的归属感。

从根本上说，文化的发展不是孤立的，有赖于整个社会系统的平衡和稳定。乡村社会的民间文化和艺术如果游离于百姓生活、脱离了民众创造主体，剥离于乡土社会的根基，仍将丧失发展的根基和动力，新乡村社会文化的主体参与和健全内部发展机制是解决问题的关键。重塑新乡村社会文化精神，要回归生活，树立自信，面向发展和不断变化的生活现实，寻找、梳理、明确既往文化传统、文化资源与生活千丝万缕的联系，通过培育乡村文化情怀，唤起更广大民众的文化传承与创造力，真正在现代视野里、在社会变迁发展中，找到精神支点并续写积淀深厚、传承不辍的文化动力。

乡村是民间文艺生态修复的基础

山东聊城冠县郎庄面花制作工艺

2014 年以来，我们就国家社科基金艺术学重大课题"城镇化进程中的民族传统工艺美术现状与发展"进行了一系列较为系统深入的调研，在城镇化变革与发展背景下，民族传统工艺美术的生存现状带给我们不少思考。一个比较深刻的感受是，中华民族源远流长的民间文艺，其保护、传承、振兴与发展亟须强基固本，回到文化生态这个基础上来，深刻认识文化生态的整体性，把握价值，尊重规律，保护载体，修复主体，在更深层次上续存包括乡愁记忆、民间信仰、礼仪习俗、境界追求在内的精神纽带，增进人文关怀，提升民间文艺传承发展的内在动力。事实上，缺少系统性的文化基础和生态基础，碎片化的保护与发展往往难以为继；缺少情感的、人文关怀的深度自觉，容易走向片面的功利化保护与开发，甚至与文化传承发展的初衷背道而驰。当前，是时候回到民间文化生态这个基础上来，采取有效措施加以修复，以更加宽广深沉的文化视野认识和推进民族文化的传承与复兴发展。

一、民间文艺生态修复的必要性

首先，文化具有整体性，各组成部分是相互关联的。如爱德华·泰勒在《原始文化：神话、哲学、宗教、语言、艺术和习俗发展之研究》中指出："文化（或文明），就其广泛的民族学意义来说，是一个复合的整体，它包含知识、信仰、艺术、道德、法律、习俗和个人作为社会成员所必需的其他能力及习惯。"[1]有学者也因此提出："由于文化具有整体性（holism）而不具有自然现象的可分割性（例如我们不能把节日与民间信仰，把仪式操作与人们对这些操作的道理或信仰分割），所以学科最多只能作为我们研究民间文化的技术出发点，而不能作为有再生产能力的研究范式。"[2]因此当我们在理论或实践层面认识文化问题并探索保护与发展时，须从根本上明确文化的整体性、复合性。民间文艺在日常生活中孕育和发展，是民众在日常生活中表达生命意识和地缘环境的一种"文化丛"，它来自生活且完全依托于生活，具有复合意义，它"不会像精英艺术那样可以脱离特定的历史情境在一个完全自律的艺术王国中传承、发展，一旦社会、文化发生断裂性的转型，特定形态的民间艺术就可能完全失传"。在社会转型发展过程中，由于产

---

[1] 爱德华·泰勒：《原始文化：神话、哲学、宗教、语言、艺术和习俗发展之研究》，连树声译，广西师范大学出版社，2005，第1页。

[2] 张海洋：《中国社会转型期的民间文化研究》，《民间文化论坛》2007年第2期。

山东临沂郯城柳编技艺

业重点转移，人口城市化流动，加之生活方式和价值观变化，传统民间文艺赖以生成和依托的生活文化基础发生改变，导致民间文艺在应用空间、精神意涵、集体传承与创造基础、文化感染力与创造力等方面出现深刻变化。部分民艺样态濒危，还有相当比例的民艺存在单一化、扁平化和空壳化特点，不同程度面临萎缩和衰落。

具体来看，一方面，传统民间文艺的赖以生成的文化空间、生活空间发生改变，传统村落大量消失，农村"空心化"问题不同程度存在，传统民间艺术在一定程度上丧失昔日的生活土壤和应用空间。另一方面，生活方式改变，价值观多元，传统民艺中原有的价值取向、情感寄托甚至精神信仰受到不同程度的冲击和肢解，传统民艺原有的丰富含义不断被消解，甚至走向商业化、符号化。比如不少地区的民间剪纸面临相似的问题，即传统剪纸的民俗功能、民俗内涵趋于弱化，与传统民俗相关的母题内容和图式减少，与传统民间传说故事、信仰寄托、民俗应用相关的创意发展趋于弱化，年轻人对其中的内涵了解得越来越少，剪纸程式的商业化、市场化则起了更强的决定作用，传统剪纸的精神和情感内涵被稀释甚至消解。相似的现象在民间刺绣中也存在，以苗绣为例，传统女红已不再是日常生活之必需，进城务工、现代通讯以及家庭生活改变了苗绣原有的生活角色和地位，年轻一代女性不再深刻理解传统纹样图式的内涵，在日常生活选择中传统民间工艺内涵被淡忘。也是在这样的背景下，民间文艺集体创造与传承的基础、文化的感染力和创造力受到影响。应该说，民间文艺在具有集体创造和程式化特点的同时，也在即兴创造和现场感中不断更新和发展，而且"正是因为即兴性和现场感，才出现了多元混杂的美学特点，即是将历史叙述和当下现场叙事杂糅，构成一个多元混杂的叙述空间，体现出民间艺术形式的非统一性、无逻辑性以及意义的不确定性，而这是经典艺术理论所反对的。传统的乡民将正统历史叙事拉入乡土日常生活、族群生活空间中反复叙述，构成了混杂并置的空间，属于集体认同的生存体验空间，用提升境界的经典美学理论来看，就会认为民间艺术是混杂、无逻辑、粗糙的。实际上，即兴性、现场感和混杂性成分

山西灵石民居构件

使民间艺术成为超越经典艺术范畴，鲜活的群体生活经验的活态艺术，成为人类文化创造的不竭源泉和动力"。所以当传统民艺的集体基础相对弱化，民众这一民间文艺创造的万千生活主体，不同程度地演变为传承坚守的艺人个体，原有的生机蓬勃、即时更新的创造力和感染力相应受到影响，但这也是民间文艺生态的现实。

因此，相对于重点的、针对性的名录式保护，生态式保护更重视内在的关联、寻求整体保护，全面把握民间文艺的养分和支撑因素，包括与民间艺术紧密相关的民间习俗、民间信仰、生活应用等，进一步寻求在当代的发展空间和积极意义，采取有效措施保护和培育发展的空间和基础。比如"我国自1978年改革开放以来，部分民间传统、仪式、信仰、社会交往模式得以复兴，庙宇、祠堂和旧戏台被修葺翻新，再度成为民众生活的公共场所，民间传统集市迅速恢复，成为人们交易和交流的重要场地，许多族谱恢复重写，宗族仪式和关系网的回归使旧的族亲关系和人情关系重新回到历史的舞台。据美国学者丁荷生的统计，到1992年，整个福建省重修的民间神庙多达三万个，每个县有三百到上千个神庙被修葺一新，同时多数村庄已恢复了他们的祠堂，在民间庙宇和祠堂被修复的同时，一大批传统的仪式和象征（如神像）也回到地方舞台上来了"[1]。类似这样的空间、载体、环境氛围的修复，映射的是国家历史文化大传统的内容，包含我们民族的文明体系里人们的精神寄托和世代相循的价值追求，也是民间文艺生成、传承和发展的重要基础。我们要振兴发展民间文艺，但不能局限于民艺样态本身，必须"从物质看到人心，从村落看到地区，从地区看到民族国家"，把握民间文脉数千年交织生成的肌理，修复其赖以生成和发展的土壤。

二、民间文艺生态修复的基本原则

正如没有森林难以保护树木，没有海洋难以保护鱼群，关注文艺生态，关注环环相扣的"文化链"，要深刻把握具体因素环节变化可能导致的连锁反应，在把握总体文化结构的基础上促进民间文艺的繁荣。具体而言，修复民间文艺生态应把握以下几个原则：一是关注民众的日常生活，关注日常生活中习俗、信仰、娱乐、生产劳作等必需的、恒常的、良善的构成，培育民间文艺的生活载体和意义世界。二是关注民间文艺最广泛的参与者，不仅包括相对少数的创作主体和传承人，还有广

---

[1] 王加胜：《民间传统的复兴与非正式制度安排》，《山东师范大学学报》（人文与社会科学版）2008年第3期。

大的接受群体、文艺受众。三是关注民间文艺的多元载体，包括年节习俗、人生礼仪等时间载体，传统村落、传统民居、庙宇宗祠等空间载体，以及与民间文艺发展水乳交融的歌墟集市、手艺劳作、乡戏娱乐等活动事项。要从日常生活、参与受众、多元载体上关注和修复民间文艺生态。

民间文艺来自生活，要实现在当代的复兴与发展必须厚植生活基础，在老百姓"过日子"的过程中实现传承、创造与发展，同时也作为一种情感的、审美的纽带，在礼仪互动、经济往来和节日欢腾中，"使乡土社区得以凝结，乡土生活得以组织，乡土传统得到鲜活的维系或传承"。诚如研究者指出：中国正经历着千年未有之大变局，日常生活逻辑也受到前所未有的冲击，"我们不仅应该关注社会转型期的'变'，还应该关注'不变'，正是人们稳定的生产生活方式和价值观，使社会转型保持稳定性和连续性"。"农民在生活中依然以家庭为本位，践行着一套'家庭主义'的行动逻辑。换句话说，尽管农民生活已经发生多元变化，代际关系、夫妻关系和邻里交往逻辑都有许多新趋势，但总体上而言，尚未突破以'家庭'为中心的生活方式，'家庭主义'依然是农民生活哲学的内核。"[1]如果说中国传统文化的存续本质是建立在以家庭、邻里、村落为群体关系基础之上的，民间艺术发挥重要的凝聚作用，在当

---

[1] 陈辉：《"过日子"：农民的生活哲学——关中黄炎村日常生活中的家庭主义》，博士学位论文，华东理工大学，2013，第5页。

1. 山东临沂郯城草柳编艺人
2. 2011 年"手艺农村——山东农村文化产业调研成果展"在济南再度展出

代，群体的团结互惠以及对礼仪秩序和人文关怀的追求仍是不可失落的维度，那么，我们要把握民众日常生活中恒常和稳定的基础，这绵延不断的世俗生活正是民间文艺从传统走向当代的内生结构。

民间艺术从来不是曲高和寡的存在，作为具有传承性的集体创作，在民众的生产劳动、衣食住行、人生礼仪、节日风俗、信仰禁忌中发挥作用，很大程度上代表了民族文化群体的文化意识与精神观念。因此要从民间文艺受众等最广泛的意义上关注民间文艺传承、创造和发展的主体。不仅关注创作者、传承人，还要关注民众群体对传统民间文艺的认知、接受和参与。事实上，正是后者在一定层次上的不足会加速传统民间文艺的异化和边缘化。因此我们看到《伊斯坦布尔宣言》就非物质文化遗产指出："它的存在必须依靠传承主体，即本民族群众的实际参与，体现为特定时空下的一种立体复合的能动活动；如果离开这种活动，其生命便无法实现。"就此而言，首要的是深化民间的"文化自觉"，激发当代社会民众对于传统民间文艺的主体参与感和集体存在感，使广大民众、万千生活主体成为丰富多彩的民间文艺的创造者、享用者和传承发展者，全面激发民间艺术的创造力，代代相传、永不消逝。

此外，在生态意义上要关注民间文艺的多元载体，包括时间维度上，修复民间文艺的自然节律载体，充分认识传统生活中节气以及与岁律相合的传统节日作为民间口头文学、民间

1. 传统手工技艺受到小朋友欢迎
2. 大漆工艺:《幻·惑》,翟娜作
3. 木作工艺:《眼镜》

歌舞、民间美术、民间工艺等生成土壤的重要意义，进一步还原和培育传统节日里丰富的民间文艺内容，在当下生活空间中进一步充实民间文艺活动；修复民间文艺的人生礼仪载体，有计划地恢复和培育优秀民间礼仪，增强传统文化认同与情感维系，培育民间文艺应用的文化空间。在空间维度上，修复民间文艺的社会聚落载体，深刻认识民间文艺对传统村落、居民、生活的依存关系，推动传统村落保护，促进恢复传统民居营建等，保护民间文艺的丰富性。在精神、情感、意义世界的维度上，鼓励和恢复良善的民俗和信仰，包括"营造一种宽松的信仰文化氛围，去除民间信仰即封建迷信的魔咒，让传统民间信仰获得必要的社会尊重"[1]。在自觉自信的基础上，修复民间文艺生态，守护文化乡愁。

三、民间文艺生态修复的几点建议

民间文艺生态修复虽涉及面广，但并非庞大虚无，可找到切实抓手，逐步深化，具体提几点建议：

第一，实施"民间文艺乡土回归计划"，丰富民间文化生活。首先要把民间文艺工作的重心"放在社区、乡村，把博物馆办在社区、乡村，把演出舞台搭在田间地头，让人民自己创

---

[1] 萧放：《文化遗产视野下的民间信仰重建》，《探索与争鸣》2010年第5期。

2017 年清明调研河南开封民俗文化

造的文化艺术回到人民中间，亲民近民，成为人民生活的一部分"[1]。服务推动地方特色文艺在农村和城乡社区扎根，开展传习、展演等群众文化活动，并针对不同群体和地方民间文艺样式因地制宜实施传承计划，使普通民众成为传统民间文艺传承的重要基础，使民间文艺成为社会、社区和民众自然、和谐、稳定、有序、良好互动的重要纽带，增强文化认同与凝聚。同时，积极吸收群众创作成果，培育民间文艺繁荣的基础。同时，要鼓励和恢复包括良风善俗、良善信仰等的民间优秀文化传统，建设好民间文艺的精神家园。

---

[1] 刘奇葆在中国民间文艺家协会第九次全国代表大会上的讲话。

　　第二，将民间文艺发展纳入公共文化服务体系，夯实传承发展基础。在精神文化层面，要把握民间文艺在内涵创作上与社会主义核心价值观的内在联系，发挥民间文艺对社会主义核心价值观的承载与传播作用，积极开展"中国梦"主题民间文艺活动，发展包含核心价值观内涵的传统民俗、节日活动，充分结合地方文化和传统习俗，发掘和应用具有深厚基础的传统民间文艺，用好庙会、灯节、歌会、赛龙舟等民间文艺载体，用老百姓喜闻乐见的形式发挥陶冶作用，形成具有积极价值观导向和深刻自觉的健康生活方式，增强人们对优秀传统文化的理解和对当代主流价值的认同。通过组织开展"民间文艺之乡"建设，评选慈孝文化之乡、重阳文化之乡、忠义文化之乡等，使民间文艺传承与道德建设相互促进。在基础设施建设等物质层面，要加强宗祠、庙宇、戏台等维系民间文化的基础设施维护、修缮和保护，加强相关公共文化空间，特别是传统公共文化空间的保护与利用，发挥基础载体作用。

　　第三，将民间文艺纳入国民教育体系，增进民间文化自觉。面向国民教育，实施中国民间文艺乡土教材编纂计划，成立教材编纂团队，发掘地方民间文艺特色，充分梳理适合不同年龄阶段青少年的民间文艺样式，编纂体现中华传统美德、弘扬社会主义核心价值观的儿歌、童谣、民间故事等民间文学读本，编制地方民间美术、民间工艺、民间音乐、民间舞蹈等乡土教材，探索推进民间文艺进教材、进课堂。同时，积极开展

"民间文艺进校园"活动，制订相关展演计划、培训课程及论坛讲座，面向中小学生和大学生，加强民间文艺知识普及、民间文艺情感培养。加强大学民间文艺学科体系建设，推动"民间文艺学"升级为一级学科，完善"民间文学""民间艺术学"等相对独立的二级学科，完善我国"民间文艺学"学科体系，深化学术研究，为现实发展提供理论思辨和阐释，培养专门人才，为民间文艺繁荣发展提供人才和学术支持。切实加强跨学科研究，推进学术体系建设。深化民间文艺价值的社会共识，深化对于民间文艺"人民性"的深度解读，明确中国民间文艺创作应该保有的作品样式、应该拥有的健康养分以及传承发展应该具备的文化土壤，夯实"讲好中国故事，弘扬中国精神，传播中国声音"的民间文艺基础。整体上，推动建立涵盖幼儿教育、中小学教育、职业教育、继续教育、高等教育以及社会传习的民间文艺国民教育体系。

第四，加强民间文艺的原生态、衍生态认定，促进多元发展。一是具有鲜明民族历史文化特色但处于濒危困境的传统民间文艺的传承与活化，加强文化生态基础研究，制定保护与传承措施，从丰富中华传统民艺存量、续存民艺母本、保持民艺多样性的意义上，促进濒危传统民艺的活化与发展。二是与传统民间习俗、民间信仰和新时期的社会主义核心价值观一脉相承，有助于加深民族文化认同，增进文化凝聚，有助于丰富传统民间文艺，要从文化建设意义上加以倡导和扶持发展，丰富

2007 年调研江南水乡

文化生活，增强民间文化创造力，延续匠心文脉。三是对发展基础较好、具有较好的传承与生产基础并有望拓宽发展空间的传统民艺，要进一步丰富题材和品种，提升设计与制作水平，培育知名品牌，提高传统工艺等行业管理水平和市场竞争力，提高从业者收入，增强对城乡创业就业的促进作用，促进传统工艺在当代生活中的广泛应用。

第五，完善民间文艺主体保护与传承机制，分层分类制订保护制度。可综合借鉴相关经验，通过专家论证，推出认定的"民间国宝"系列活动，尊重和推广杰出的民间艺人代表。"民间国宝"的认定包括个体的民间文艺家和集体的民间文艺传承团体，涉及相关领域最佳水平和传承贡献的代表，以及严

为山东省选调到村任职大学生进行辅导

重濒危、能使其保护传承的民间文艺代表。要本着"为求名下无虚士，忍令沧海有遗珠"的态度，保证认定的权威性和公信力。弘扬民间的文艺创造精神、大国工匠精神，尊重民间文化，鼓励民间传承，为民间文艺发展发挥导向作用。同时，进一步健全和完善民间文艺家保护与传承机制，分层分类制订保护制度。将认定标准架构到民间文艺家"年龄—从业年限—资助激励"的模型中，分类认定、分类保护、分类奖励，从而形成自上而下的由不同民间文艺家构成的"保护链"，最大化释放传承活力和实现可持续传承。充分考虑构建"民间传人—民间大家—民间国宝"的"传承链"，强化分类认定、激励机制，颁发能代表不同层级传承人身份的认证书，既起到保护立档的作用，又起到挖掘发现、鼓励发展的作用，使"民间国宝"制度设计成为促进民间传承人、传承项目可持续发展的助推器。

第六，实施"民艺设计转化战略"，发挥政策导向作用。一方面，要依据国家"十三五"有关文化建设的发展规划，植根民间文艺发展规律，结合我国经济、文化、社会、立法、教育、"三农"等现实问题，进一步研究制定"中国民间文艺保护与创新发展规划"，包括完善民间文艺保护与创新体系构架，加强传统民间文艺"创新链"建设，加快传统民间工艺的定制化、品质化的创新传承进程；积极推动传统工艺供给侧提质增量，逐步完善各项保障机制，在优化相关要素配置的同时，出台政策、采取举措，就传统工艺投资、消费、出口全面、深度挖潜，培育需求市场，并找准传统工艺产品及服务的消费痛点，提高传统工艺产品及服务供给对需求变化的适应性、灵活性，满足大众消费需求，推动消费成为生产力；关注传统工艺产品及服务，引导传统工艺产品（或制品）在研创、生产（制作）、销售、服务等方面系统化发展，增强传统工艺相关产业延展性，增大收益空间；进一步探索实施"中国民间文艺志愿者"计划，充实民间文艺志愿者队伍，发挥建设性作用，进一步在保护与发展、传承与教育、文化产品共享和建立创意产品国际传播渠道等方面发挥积极作用；推动民间文艺创造性转化与创新性发展。另一方面，构建民间文化资源设计转化战略，要解决文化的产业融入与提升问题。从国际经验看，日本保护发扬传统手工艺，将简洁实用的美的标准融入现代制造业，形成日本制造的美学风格。"中国制造"等产业价值的提升，不仅需要科技创新驱动，还要激发民间文化资源的价值和效能，赋予产业更高的文化、情感附加值，为产业发展注入文化的支撑力和持续动力。

总之，民间文艺是有形的，它在乡土，在民间，在老百姓的生活里；也是无形的，它在民心、在民情、在民智，是民间文化之魂，是我们的中华文化立场，联结着数千年的文化传统，凝聚着中华民族深沉博大的创造力。一段时期以来，农耕

福建龙岩永定区初溪土楼群

文明生产方式和宗法社会家庭、人伦制度改变，农村聚落及其人际关系经历了历史性变革，现代生活方式和生活观念变化，在大的历史潮流和环境里，从续存民族文化的集体记忆、留存民族文化基因的意义上，要进一步展开民间文艺生态保护与修复，使中华民族源远流长的民间艺术在新的文化空间获得新的生命力，推动优秀传统文化的传承与创新发展，夯实当代中国发展的人文基础，增进中华民族的文化认同、文化凝聚与创造活力，实现民族复兴的中国梦。

关于乡村文艺扶贫的调研

2018 年 1 月 14 日至 18 日，我受中国文联志愿者服务中心委托，率国家社科基金艺术学重大项目课题组调研团队，就广西昭平县文化扶贫工作进行了深度调研。先后赴广西昭平黄姚镇北莱村、黄姚古镇、凤立村、笔头村、中洞村，樟木林镇新华村，凤凰镇鹨鸪村、四合村、太平村共计 9 个村镇，调研村支部书记等村干部 9 人、竹编艺人 25 人、村民 20 多人，就乡村文明建设、传统村落保护、民间手工艺生产等进行了深入访谈，集中对当地乡村文化建设和产业发展基础进行了调查研究，并于 1 月 17 日在昭平县委县政府

2018 年调研广西贺州昭平县

召开专题座谈会，与党委政府有关部门负责同志进行专题交流。

座谈会上，我们提出，发掘文化特色、整合文化资源是基础工作。文化资源的整合是一个大空间、大概念意义上的"文化"。全县抓旅游，一定要有一个龙头，黄姚古镇和传统村落就是重头。目前看，以古镇为抓手，县城周边做了很多规划，但传统村落资源的利用还不足，而且有一部分在建项目

是让人忧虑的。旅游公司做一个大的旅游项目，一定要把文化资源转化为当地的发展优势，把古村落作为旅游文化的精华和提升项，而不是作为旅游的改造项，作为发展的负担。这个差异性非常大，如果是纯粹的改造，改造的过程就是破坏的过程。自 2002 年传统村落的抢救保护工作在全国启动以来，有很多成功的案例，我们也一直呼吁和关注传统村落发展中的失败的教训。作为文联扶贫的点，我们在这个过程中不能出现问题。我们走进当地，在当地寻找文化资源，特别是文化不可再生资源，它们是稀缺的、宝贵的，对于如何利用，要从文化的规律出发想办法，不能盲目地搞经济开发。比如今天我们看到的新华围屋，中国摄影家协会提出了作为影像小镇展览基地的设想，这就是文化的思路，让文化活起来，带动当地百姓的发展，才是正道。

从发掘文化特色、整合文化资源的意义上说，首先要有大规划，不要仅停留在艺术家和小众的一种文化项目上，要把文联和文艺家作为一种文化资源，作为县委县政府的一个文化智库，在大的文化项目上多请文联的文艺家参与顶层设计，体现中国文联及全国文艺家协会的最高水平。具体来看，我们目前在传统工艺的保护和衍生发展上存在不少问题，一些传统工艺资源正在消失，还没有和当地的旅游文化、特别是旅游产品结合起来。到古镇上一看，旅游商品和产品主要食品，当地的酱菜还属地方特色，咖啡酒吧是舶来品，除了民宿，旅游的消

1. 2018 年调研广西贺州昭平县黄姚镇北莱村
2. 2018 年调研广西贺州昭平民俗

费有限，文化附加值较低，缺少文化提升。在这样大的景区里，政府投入这么多，老百姓的回报是什么？他们能否受益？这一块值得我们深入思考，发展的空白和空间还比较大。再就茶产业来说，茶产业发展离不开茶文化。从我在广东潮州的调研情况看，潮汕地区的茶文化做得非常成功，从种植生产到旅游体验，以及茶具用品的生产销售，形成了一整套品牌链、产业链、文化链。比如当地的手拉壶，过去是不值钱的，和宜兴的紫砂壶比差价非常大，但是现在手拉壶产业也争取了一席之地。茶文化带动的是一个非常大的产业，还要全方位规划，广下功夫，形成抓手，把握好发展空间和机遇。再就是发展生态旅游。黄姚古镇的整个景观和我们县城周边的景观，生态环境非常好，必须明确：生态旅游的概念怎么去做？生态旅游到底是看什么？文化和旅游部现在大的扶持推广项目就是生态，不是做太多所谓的地上建筑，而是利用当地的自然资源，让更多的旅游项目落地。依托国家政策，立足当地资源，把握旅游者需求，要围绕"生态"展开规划。我们文联参与的扶贫，要重视文化，要讲文化规律，要真正通过文联的制度建设介入具体项目，使文化在扶贫脱贫中发挥关键作用。

我们抓扶贫攻坚，首先要从党的十九大精神中寻找出发点，特别是习近平总书记非常关心的"乡村振兴战略"。"乡村振兴战略"是继土地改革、包产到户之后，中央高度关注和解决"三农"问题的又一举措，是战略性的、全局性的深层次的规划。我们要深刻理解和把握"乡村振兴战略"的目标、要求和内涵。最近，习近平总书记在江苏徐州扶贫点调查指导工作时跟老百姓说，不仅仅是腰包要鼓起来，同时还有乡风民风要好起来。乡村振兴是乡村文明的振兴，生活富裕离不开文明和文化。如果我们的传统村落，包括现在的自然村和行政村，在建筑上乱建乱搭，没有规划，影响的不只是村容村貌，也可能给传统的村落景观造成不可修复的破坏，给旅游文化发展造成影响。我们要做扶贫工作，一定要了解吃透党和国家的政策，理解"乡村振兴战略"。县里工作是最基层的工作，对于乡镇文化和产业发展来说，"十三五"规划当中有两项大的政策可以寻找落地实施的项目点，一个是传统村落保护规划，一个是传统工艺振兴计划，国家大力支持，也是功在当代利在千秋的文化项目，应该结合自身的历史资源特色做好规划、申报和落实。特别是目前扶贫发展中和文联有关的工作，我提三条建议：

第一，建议县委县政府考虑出台一项中国文艺家扶贫项目的落地规划。每个文艺家协会到文联的扶贫点来，这个点是长期的，是驻下的，要产生可持续的效益。比如今天中国摄影家协会提到建立摄影小镇，在围屋做一个，能不能在黄姚古镇也做一个？这样的项目非常实。比如中国民间文艺家协会，我们可以到这来做一个基地，每年派调查组过来，每年参与到扶贫项目的文化规划和咨询工作中来，民协不少专家学者研究古村落，研究现代建筑，对于传统村落和现代村子之间的关联度，对于整体规划中的文化厚度等，可以做好提升，避免私搭乱建等问题。作为中国文联文艺家的扶贫落地项目，县委县政府要做好与中国文联的对接，做实、落实、落细，真正落到项目上，让老百姓受益。作为文联来说，我们要围绕扶贫项目建立文艺家智库，文艺家要有项目，各个文艺家协会要跟我们当地结对子，跟扶贫项目结对子。比如新建旅游项目，找全国最知名的专家将规划项目中不合时宜的地方提出来。文联的资源是智库，我们不走马观花，要做对当地政府、对老百姓、对民族文化负责任的事。

第二，建议县委县政府出台传统村落资源的当代转化实施方案。我们一定要把传统村落作为县里的文化资源。资源不只是自然资源、物质资源，传统村落就是我们的文化"金矿"。这个资源到底怎么保护？如何转换？转换为财富一定要有个实质的过程。方案现在要建立，如果要做开发，企业肯定要介入的，但专家要先介入。我在全国传统村落保护研讨会和全国政协提案当中都提到过，传统村落保护，要由政府主导、专家介入、村民受益、统筹规划。政府主导不仅是投入的问题，政府主导要分层次，不能一个项目给了旅游公司就公司说了算，没有专家介入，可能好的项目得不到有效的保护。在这一点上，文艺部门要介入，民间文艺家要介入，只有尊重文化，保护好文化，才能谈发展，才是一个完整的旅游景点项目。目前，这

1. 广西贺州昭平县民居
2. 2018 年在广西贺州昭平县黄姚镇北莱村考察

一块力度不够，走访了这几天，明显感觉传统村落的保护和后续旅游产业的推广，还是"两张皮"，有的是没保护好，也存在乱开发。比如在古村前面建一个牌坊，在古围屋的门口建一栋新楼，是一种破坏。昨天走访的几个村都比较新，这么好的资源，没有好好利用，自然村里老百姓乱建，这方面能没有一个制度吗？县委县政府要想打造一个全旅游的县，房屋乱盖能行吗？城市有城市规划，乡村振兴要县乡村总体规划，得有一个风貌。老百姓需要盖房，这是正常需求，但是得有正确的指导。扶贫的根本目的是让村民受益，要有文化的、发展的、长远的眼光和规划。

第三，做一个传统工艺振兴与旅游产品研发的实施方案。发展旅游，要有大的产业布局，要有旅游产品、纪念品的具体设计。旅游产品一方面是软性的，涉及文化推广、品牌推广，一方面是硬性的，包括落地项目、茶产业、农副产品生产销售等。以当地红茶为例，还要有成系列化的产品，产业不只是卖茶本身，茶叶关联产品还要加强开发。如果县里茶叶包装都用竹制品包装，既生态环保可持续，当地有大量竹子可以利用，又把竹编手工艺恢复了，形成一条龙式的文化产业链，可以带动更多的农户致富。工业的产业链需要，文化的产业链也需要。传统工艺振兴是一项国家举措，要做好具有关联度产业规划和发展，做好资源的整合开发，提高产品的文化附加值。总之，要有总规划，有落地项，要重视文化，保护和利用好文化

1. 2018 年调研广西贺州昭平县黄姚镇北莱村民居
2. 2018 年考察广西贺州昭平县凤凰乡鹧鸪村

资源。这一块我们文联有资源，当地政府如果把一个规划两个方案能做好，文联工作才能有的放矢。我看了看墙上的牌子，其实我们文联文艺家扶贫项目就这四句话：访民情，听民意，帮民富，保民安。

综合调研整体情况，对昭平县文化扶贫工作形成如下认识和建议：

第一，文艺扶贫，规划先行，科学认识和保护文化资源基础。

昭平县是广西20个深度贫困县之一，也是自然和历史文化资源的富集地，由于地处桂粤湘三省区交界，风光秀美，壮、瑶、客家等多民族聚居，中原文化、百越文化、湘楚文化等多种文化交汇，自然和人文景观丰富，具有发展旅游文化产业的资源优势。相关资料显示，以黄姚古镇为核心，已形成地方旅游产业的积聚和拉动效应，"据统计，2016年，黄姚古镇产业区实现旅游业GDP 19.56亿元。据估计，2017年，产业区将实现旅游业GDP 28.35亿元，增长44.94%"。同时，黄姚古镇距桂林170公里，具有吸引游客发展旅游的地缘优势。

习近平总书记指出"绿水青山就是金山银山"，依托自然和文化资源发展旅游产业，带动乡村脱贫致富，是一条生态的、文化的致富之路。必须明确，依托历史文化资源发展旅游，要以做好文化资源的基础保护为前提，特别是对于不可再生的历史景观、特色景观、标志景观，要划定保护红线；对于历史与当下、自然与人文、生活与生产相互依存的文化生态、自然生态等的内在联系和总体格局，要有全面认识和系统规划，避免建设性破坏；以"人文无干扰、生态无破坏"作为文化旅游的首要基础。

以北莱村为例，古民居群绕螺山据山势地形层层建造，约有上百座，按上安寨（张家）、潘屋寨（潘家）、大银寨（张家）依次呈扇形展开。其中青砖屋 34 座、泥砖与青砖混合民居 81 座，最早的青砖灰瓦民居历史可追溯到光绪年间，其他均为 1930 年建造，夯土泥砖房至今也有三十多年历史。古民居形制多为单檐尖山式悬山顶，硬山顶多集中于潘屋寨，木架构为抬梁式，天井、厢房、正堂组合成庭院，墙体相连高矮错落，外立面极富层次感，部分古民居仍保留有墙头彩绘和浮雕，门前有插香的石头宝瓶。村中另有水井 3 口、土地庙 4 座、村坪 1 个，原有 4 座门楼已毁于战火，仅存山上石门。上安寨马蹄井前有碑刻对联："马蹄鲛洁钟甲第，井泉生气启人文。"村中屋前水塘边古道呈东南走向，横穿寨子，据传为张家立寨时始建，石子铺砌，沿用至今。另有姚江源头溪水从潘家寨前流过，村中有池塘数口，古民居与地形地貌相融，背山面水，处处见山见水，在村落规划、建造方面体现出传统营造观念和匠心。由于古民居建筑已基本无人居住，年久失修，破坏严重，多数已成危房。如果不能及时整修，因自然原因，风蚀日晒，崩塌损毁，将造成无法挽回的损失。如果因人为原因，盲目拆建、翻新，也将造成不可修复的损失。所以，从古村落、古建筑等专业角度，进行勘测、评估，制定保护修复的规划，并在充分科学论证基础上，以尊重历史、保护文化为原则开展保护和修复，是当务之急和必由之路。如果失去这些宝贵的历史、人文景观和资源，无论建设多么现代、豪华、便利的旅游设施，也是无本之源，难有独特的文化魅力和旅游吸引力。

另以鹧鸪村为例，背山面水，建寨至今的封闭式清式古建筑群，有传统民居 30 余座，古屋均为砖木结构，每排进深 100 多米，整体建筑坐东朝西，建筑风格基本一致，青砖黑瓦，窄门高屋，部分建筑墙壁上还保留有精致的花纹浮雕，墙沿绘写有花鸟、人物、书法等，雕龙刻凤，每户天井上方均布有六边形肌理的铁丝网为安全防护之用。整体有古街巷 3 条，古井 1 口，以及重建的李家公祠。街巷规划为直线型，有门楼祠堂和石板街。我们在调研中看到，鹧鸪村已就传统村落保护制定形成了规划书，明确做出了价值特色分析，包括民居的"活文化价值"，院落结构布局体现了村落社会关系演变和村落发展历程，整体景观、体量和院落及房屋结构反映了村落生长和村民生产生活，客家文化特有的建筑元素和符号为现代建筑的民族化设计提供了基本参考等。规划对文物建筑保存现状进行了类别划分，对建筑现状、用地现状、基础设施、自然环境因素等做出评测，制订了明确的保护规划目标、原则和措施内容。其中划定了核心保护区和建设控制区、环境协调区等，是一项科

1. 广西贺州昭平县民间竹编工艺
2. 广西贺州昭平县民间制作面食的果模

学、系统、翔实的保护规划。古建筑具有脆弱性和不可再生性，将这一科学的规划充分落实到位仍具有迫切性。

在广西昭平，调研所及的中洞村、新华村、四合村、太平村也保留有大量的客家围屋等古民居建筑，是宝贵的历史文化遗产，是重要的旅游文化资源，保存传统村落建筑遗产和历史环境的完整性具有紧迫性和现实而长远的意义。既要做好建筑保护，避免风吹日晒、雨水侵蚀等造成的木材腐化、砖瓦风化，年久失修造成的破损残缺，以"修旧如旧"为原则做好修护，保护本来面貌，也要做好整体环境的保护，认识和尊重传统村落布局和生态环境，避免建设性的破坏，包括旅游开发可能导致的建设性破坏和居民自身较为盲目的私搭乱建造成的破坏。要从根本上形成保护的共识，制定和落实保护的规划，珍惜祖先留下的宝贵的历史文化遗产，留住文化遗产和绿水青山，依靠当地文化资源，走一条靠文化脱贫致富之路。

第二，文艺扶贫，扶心扶志，因地制宜激活文化内生动力。

在调研中，我们看到，昭平县有丰厚的少数民族文化资源和良好的自然生态，但依托自然材质和生活文化的手工艺发展相对不足。以黄姚古镇的旅游产品经营为例，本地传统手工艺转换不到位，特色工艺产品尚显不足。扶贫扶志，授人以渔。手工艺是生态环保的农村特色文化产业，应加以重视和发展。因此，我们对当地竹编等传统工艺进行了深入调研，从调研情

1.2.农耕生产工具

况看，发展竹编工艺具有资源优势、文化基础、市场空间和良好的致富前景。

从竹类自然资源看，昭平县志记载，昭平县"竹类的种类共有 12 属 30 余种。全县现有竹林面积 12206.7 公顷，其中毛（楠）竹 6273.3 公顷，占竹林面积 51.3%，篙竹 3620 公顷，占竹林面积 30%，是主要的竹类，毛（楠）竹蓄积量（立竹）1400 万株，平均立竹度为 220 株 / 亩，篙竹蓄积量（立竹）780 万株，平均立竹度为 380 株 / 亩。2010—2011 年全县完成竹子造林面积 655.3 公顷，其中毛（楠）竹 184 公顷、篙竹 403 公顷、杂竹达 68.3 公顷。县大脑山林场、富罗林场、县林业局世行办、县竹业公司等单位相继营造毛竹基地。其中梧州公路局与昭平镇财政所共同投资在裕益林场联办 66.7 公顷毛竹基地；昭平镇龙潭村多年坚持种竹子，已有毛（楠）竹 66.8 公顷、杂竹 133.3 公顷，全村拥有竹林面积 666.7 公顷；在福登村，以土地租赁形式向外发包集体林场 26.8 公顷种植竹子，该村竹子种植面积达 2866.7 公顷"。

从竹编工艺基础看，当地老一辈村民（20 世纪 40 年代至 60 年代生人）大多掌握竹编技艺，编制篮、筐、篓、帽等生活器皿和用具，就地取材，量材为用，朴素实用，富有地方特色。通过调研采访我们了解到，20 世纪，昭平竹编曾经历两个发展高潮，一是农村合作社时期，竹编由供销社收购，部分产品出口日本，有的村庄形成了家家生产、户户编织的局面；二

1. 2018 年调研广西贺州昭平县凤凰乡四合村

2. 广西贺州昭平县黄姚镇中洞村古村落调研

是改革开放后，实行家庭联产承包责任制，农业生产积极性大大提高，耕田时戴的斗笠、装粮食用的竹筐需求量大增，当时一次圩市能销售竹筐上百担（一担两只）。现在笔头村、鹧鸪村等留村的村民大多从小耳濡目染学习编织，亲身经历了这两个发展时期，掌握关于竹编的全套娴熟工艺，并有愿望继续发展竹编生产。从目前情况看，由于塑料制品等大量使用，竹编市场需求自然萎缩，从事竹编的农户艺人已大幅减少，编制的筐、篓等仅在附近圩市出售，购买的农户主要用于盛装水果或家庭日常使用。竹编的自然和人文基础亟待与更广阔的市场需求对接，激发脱贫致富的文化动力、内生动力。

从市场前景看，发展竹编工艺有助于丰富黄姚古镇等旅游文化产品，以旅游拉动工艺生产，以特色工艺产品带动旅游消费，就此需要在现有产品基础上进行多样化设计开发，不仅生产富有地方特色的传统日用产品，还可进一步开发文具、挂饰、摆件等美观精巧、携带方便，并符合现代生活方式和观念的日用品、观赏陈设品等。同时，发展竹编工艺可以对接当地茶产业，设计开发竹编包装、竹编茶器等，可拉长茶产业链，提升产品文化附加值，使茶产业和竹编生产相互带动，形成产品特色。此外，可积极吸收我国浙江、福建、台湾地区发展竹编产业的成功经验，并坚持广西竹编特色，争取形成昭平竹编品牌，进入国内国际市场。也可在先行先试阶段，尝试加入公平贸易组织，突出扶贫脱贫的公益性，建立昭平竹编的销售渠道，解决脱贫致富的发展问题。

从村民群众的发展愿景看，掌握竹编手艺的农户艺人普遍渴望拓展竹编市场，不离土不离乡，守着家里的竹木就能靠手艺致富。特别是村里六十岁以上的老年人，生活仍然艰苦，以手艺为依托，老有所养、安享晚年是他们的愿望。在笔头村，我们看到年纪在七八十岁的老人仍在批量购买竹材，在家从事编织。竹编是手艺，是文化，也是生计，积极有效地加以发展，是文化的传承，也有助于解决现实的民生问题，增强生活的幸福感和获得感。

第三，文艺扶贫，振兴乡村，以民间文化为杠杆改善乡村民生。

习近平总书记在党的十九大报告中提出乡村振兴战略，将乡村振兴列为全面建成小康社会决胜期的重要战略之一，明确指出"农业农村农民问题是关系国计民生的根本性问题，必须始终把解决好'三农'问题作为全党工作重中之重"。党的十九大报告提出乡村振兴战略的总要求是"产业兴旺、生态宜居、乡风文明、治理有效、生活富裕"协同一体的，是综合生产生活、自然禀赋、文化传统、制度体制的宏伟蓝图。

在调研中我们也深切感受到，把握乡村振兴战略的总要求，"生活富裕"需要与"产业兴旺、生态宜居、乡风文明、治理有效"协同，也要以之为前提，要全面认识"产业兴旺、生态宜居、乡风文明、治理有效"与"生活富裕"的内在联

2018 年调研广西昭平长发瑶寨

系及其必要性。从此次调研情况看，作为贫困县，昭平县在"产业兴旺"方面仍在积极探索和下大力发展，在"生态宜居""乡风文明""治理有效"方面，也需要积极探索和发展。生活垃圾治理和农村住宅建设规划等仍需加强。如河畔塘边、村道路旁、村头屋后生活垃圾散乱抛掷，环境卫生存在不足，影响村容村貌，反映出有效的垃圾处理设施和运行管理机制还不够到位。复制可复制的经验，借鉴其他地区农村垃圾处理的成功经验，加强农村生活垃圾治理是对民生的改善，也是为旅游发展做必要的准备，是乡村振兴的基本环节，需要加以重视。此外，农村新建住房应有合理的规划和引导，在古民居建筑群中建造红砖水泥住房、在清代围屋出入口毗邻不足数米处建造现代钢混毛坯楼房等现象仍存在，自发的、无序的，甚至较为粗糙的新建建筑往往割裂了原有的传统村落规划格局，割裂了耕地林地使用面积，对生活的历史文脉和生产的用地发展都造成破坏，也直接破坏了乡村的自然景观和历史文化景观，盲目建设制约后续的健康发展。

　　生态宜居、乡风文明是生活富裕的前提和基础，也是生活富裕的品质反映。利用老宅基地拆旧建新、私占耕地开展民居建设等情况普遍，一方面合法性存疑，另一方面侵占耕地，导致村落格局散乱，民居建设无序，土地利用效率低下；由于村落缺失针对性规划，村落布局已经由传统的看风水察地理，重视人与环境和谐统一永续发展，转变为逐利趋便主导的沿路建设生成，村落整体环境缺乏与自然环境相宜的美感与兼容性。宝贵的自然资源、优秀的传统文化遭到一定程度破坏；民居营造缺乏有效规范与引导，村民自建房形式简单粗陋，很显然，将难以为全域旅游开发提供高质量的村落景观；民居建设贪大求多，造成耕地、资金、物资、人力等的巨大浪费，致使民居外观粗陋，内里空洞，使用品质低下，宜居水平不高。村民攀比心态风靡，经济压力持续不断，幸福指数低迷；村落及民居营造与传统文化产生严重撕裂。传统院落格局、民居营造手艺、传统民居营造材料、传统民居营造仪轨等在新居营造中全无传承。新民居营造因此缺失地方特色、民族特色，粗鄙低劣、千村一面问题突出；村落集体经济水平低下，村民经济来

1

2

1. 广西贺州昭平县桂岭镇平安村村貌
2. 广西贺州龙胜县龙脊镇金江村镇金江村织绣技艺

源相对单一，收入水平总体不高；村容村貌亟待整治：垃圾收集与处理、家畜家禽散养、雨污排放、水管电线漏明等问题明显；空心村现象普遍。青壮年人口流失，创新创业，脱贫致富中坚力量缺失；传统民居保护状况不佳。传统民居空废、损毁、坍塌现象普遍。我们建议从以下几个方面着力改进：基于县域总体规划，编制镇村规划，坚持"多规合一""一村一规""绿色优先"，并严格依法依规开展村落保护与建设。尤其严禁违法占用耕地开展建设，对于民居建设面积、高度、形态等应规必规，当限必限，坚决不走回头路，不入死循环。对传统民居、传统手工艺等重要的优秀传统文化进行梳理，采取分类、分区、分档等有效措施加以保护、传承，在合适时机以恰当方式发扬光大，使之成为开展全域旅游的重要物质和文化资源，争取实现传承优秀传统文化，发展村落特色经济双赢；针对现有普通民居出现的诸多问题，组织聘请设计院所、高等院校等设计、教育机构的专业人员，吸引镇村干部、广大村民广泛参与，开展针对性调研，把脉问诊，提出总体整治方案，提交经济适用、具体可行、特色鲜明的设计方案。可以从传统村落开始，有的放矢地依照设计方案逐一规范、引导、改善，耐心打造民族特色、地域特色、传统特色鲜明的村落样本，以起到示范带动效用。可以将村容村貌整治工作与旅游开发、精准脱贫相结合，精准发力，连片带动，整体提升；开展村容村貌整治工作，打造与自然环境匹配的美丽乡村，提振村落自信心和吸引力。比如生活垃圾由专人打扫，集中收集处理，建筑垃圾由建设方按规范定期清扫处理；电线电路入地；雨污排放规范合理；家畜家禽在村外远离饮用水源的区域，辟出专地建设集中饲养场等；在全域旅游的总体规划和引领下，按照"宜工则工、宜商则商、宜旅则旅、宜农则农"的原则，突出发展特色产业、文化产业、绿色产业，推动"家门口"就业创业，加快实现村落及村民脱贫致富。整体上，既要从管理层面加强规划和治理，也要从文化层面加强交流和引导，使人民群众认识和传承优秀的乡村文化传统，珍惜历史遗存，热爱家乡自然，进一步激发建设发展的责任感和积极性，坚定文化自信，加强文化的认同、尊重和传承，从具体环节出发，从现实问题着眼，发展乡风文明，增强脱贫致富的动力活力和持久潜力。

民族边疆地区乡村发展调研

2017 年 4 月 15 日至 20 日，全国政协民族和宗教委员会调研组一行赴云南少数民族乡村调研，先后就绿春县、元阳县哈尼族、拉祜族村落进行了考察和座谈。此行不仅加深了对于少数民族边疆地区乡村发展现实的认识，也深化了对于乡村文化与社会发展的思考。

2017 年调研云南绿春县灯马村哈尼族的手工艺传承

一、元阳县梯田文化与扶贫攻坚

调研组一行抵达红河州元阳县对扶贫脱贫工作进行调研。元阳县位于云南南部，红河南岸，哀牢山脉南段，山高谷深，无一平川，构成了"两山两谷三面坡，一江一河万级田"特殊的地形地貌，具有"一山分四季，十里不同天"的气候特点。世居哈尼、彝、汉、傣、苗、瑶、壮七个民族，少数民族人口 39.56 万人，占总人口的 89.32%。元阳是集边疆、山区、民族、贫困四位一体的国家扶贫开发工作重点县。有关资料显示，2015 年年底，全县有 9 个贫困乡、92 个贫困行政村、建档立卡贫困人口 11.72 万人，贫困发生率为 29.22%，贫困人口在全省排第 8 位、全州排第 1 位。为确保到 2019 年全县 14 万余贫困人口如期脱贫，全县展开了脱贫攻坚工作。

元阳县素有"哈尼梯田故乡"的美誉。红河哈尼梯田规模宏大，气势磅礴，绵延整个红河南岸的红河、元阳、绿春及金平等县，仅元阳县境内就有 19 万亩，现有记载已有 1300 多年历史。山高谷深，空气湿润，水源丰富，气候多变，梯田景致富丽多姿。哈尼、彝、汉、傣、苗、瑶、壮各族人民围绕梯田生产生活，形成了富有特色的衣食住行、节日庆典、生死嫁娶和祭祀活动，成为丰富多彩的梯田文化。目前，以梯田景观为核心发展乡村生态旅游业成为当地脱贫攻坚的一个主要抓手。

在调研过程中我们看到，梯田耕作非常艰辛，人多地少，如果仅依靠农耕很难脱离贫困。在发展旅游的过程中，给贫困建档农户优先提供在有关景区经营的资质，确实拓宽了生计渠道，发挥了积极作用。但也必须深刻认识到，生态旅游是一个综合系统，必须保护好自然生态、民族文化生态整体，突出村民主体，实现永续发展。

首先必须全面认识梯田生态文化的内涵和价值，有研究者将之总结为自然生态的翻版、平坝农耕文化的移植、社会结构的基础、物质生活的依托、自然人生观的桥梁、民族性格的写照、社会人际关系的纽带、人神交流的祭坛、生命情调的源泉、文化传承的载体，是值得我们深刻认识和思考把握的，在合理

2017 年考察云南省元阳县梯田耕作文化

开发和利用其经济价值的同时，也要充分保护好其他方面的价值。因为"农业文化遗产与其他遗产类型不同的是，它主要体现的是人类长期的生产、生活与大自然所达成的一种和谐与平衡。它不仅是杰出的景观，对于保存具有全球重要意义的农业生物多样性、维持可恢复生态系统和传承高价值传统知识和文化活动也具有重要作用。与以往的单纯层面的遗产相比，它更强调人与环境共荣共存、可持续发展"。从根本上说，农业文化景观遗产是一个有人参与的、不断发展变化的系统，而且至今仍然是许多地方居民生计来源，必须全面认识它的历史价值、文化价值，在全面的、尊重的、保护的基础上合理求发展。

　　同时，须让村民成为乡村生态旅游的主体和主要受益者。要建立村民的参与机制，保障他们在旅游业发展中的应得利益。尤其要吸取其他地方在乡村旅游发展过程中产生的教训，避免村民在旅游发展中被边缘化，避免"门票经济"与村民无关、发展的景观表象与村民主体的实际割裂脱节，避免旅游经济发展盘剥村民利益。事实证明，村民如果仅作为旅游经济链的低端环节，从事低效雇佣劳动，则缺乏提升发展空间。要关注村民能否在地方发展中获得长远收益和提升，村民的生计生产、文化生活等应与地方发展有效对接，使特色农业、副业等成为地方发展的有生力量，实现可持续发展，避免旅游资源开发脱离村民"架空式"发展。要关注村民祖祖辈辈生活的乡土自然生态是否得到保持，避免"复制式"的设计建设，避免与少数民族传统不符、肢解破坏乡土自然特色和文化肌理的建筑建设，避免文化的"同质化"，保护多样性。

　　此外，乡村生态旅游在产业链构建上要因地制宜、突出特色，发展有机农业和特色农副产品生产、发展乡村手工艺等不离乡土，都是乡村旅游的重要内容。比如红河梯田红米以及丰富的肉、鱼、蛋等农产品及相关生态食品，做好品牌建设，提高综合价值，在发展生产的同时也有助于提高农民种植维护梯田的积极性。当地丰富多彩的传统工艺文化的生产性发展，有助于广大群众在保护和发展中增收致富。

　　发展乡村旅游是生活文化需求，有生态文化价值，具有综合优势。我们脱贫攻坚、发展乡村旅游要突出人文关怀，突出文化生态，突出村民的主体地位，相信守护文化、助益村民生活才是长效持续发展的根源。

二、彝族刺绣融入旅游产业发展

全国政协民族和宗教委员会到达元阳县攀枝花乡保山寨猛弄村进行调研。猛弄村属于山区，世居彝族、哈尼族，人均收入主要以种植、劳务输出为主。村民多为土司家丁后人，承袭了土司盛年时期的工匠、纺织、裁缝、刺绣、饮食等技艺，彝族刺绣工艺也成为当地脱贫致富的一支产业力量，与旅游业融合发展，发挥了积极作用。

彝族传统刺绣纹饰精美，色彩丰富，具有独特风格。主要用于服饰装饰，从美化和耐用出发，绣饰于领边、门襟、袖口、围腰、衣摆。通过刺绣图案、缝贴彩边，增加了美感和服装的牢固性。图案纹样有山水云雷、飞禽走兽、花木虫鱼等自然图案，四方八虎、福禄寿喜、鸾凤和鸣、榴开百子等人文图案，三角、方形等几何图案，马缨花、镰纹、太阳纹等最为常用。配色上，红、橙、黄、绿、青、蓝、紫等大量使用，华丽多彩，尤其尚黑喜红，高饱和色彩鲜艳对比强烈，反映了热烈奔放的民族性格。绣法灵活多变，多以挑、压、镶等工艺结

1. 2017 年调研云南少数民族村落
2. 2017 年调研云南少数民族民俗

合，视觉效果突出，有明显的地域特色。彝族传统刺绣是彝族灿烂民族文化与悠久历史的写照，融入了彝族先民的起源故事、宗教信仰、图腾崇拜和生活愿望，具有重要的文化价值。

近年来，随着哈尼梯田申遗成功，乡村旅游快速发展，当地以"梯田魂、民族情、刺绣美、小康梦"为主题，建成猛弄土司绣品坊，将猛弄村及周边村寨的优秀绣娘组织起来，成立猛弄刺绣农民专业合作社，建成民族刺绣传承实训基地，加快民族刺绣衍生产品的开发。当地资料显示，猛弄刺绣农民专业合作社已发展社员 200 余人，当前，全乡正打造 2 个彝绣专业村，彝绣协会 1 个，有彝绣营销大户 4 户，营销者 10 人，从业者 500 余人。"通过对绣娘进行系统化、专业化、市场化的培训，使绣娘从丝线色彩搭配、图案整体设计、服装裁剪到刺绣手法要领等方面得到提升，增强绣娘设计理念和技艺水平的同时还提高了绣品的质量和美感。此外，还与相关企业合作，将本土民族特色与时代流行元素相融合，探索打造设计—生产—销售（微店销售、网上销售）为一体，产品生产实行顾客与绣娘一对一定做的农村电商运作模式，使得绣品的价格从原来的几十元，提高到百元乃至千元，帮助当地农村妇女不离乡土、不离家庭就能增收。"

猛弄彝族刺绣的发展，在促进扶贫脱贫、传统工艺衍生发展方面积累了不少好的经验，也带给我们一些深层次的思考。现实意义首先在于使当地村民对民族服饰有自豪感，不离乡背

1. 2017 年调研云南少数民族手工艺

2. 云南少数民族纺织工艺

3. 2017 年调研云南彝族刺绣工艺

土、足不出户就能就业创业，让手艺与旅游产品相结合，并引入专业设计师帮扶，形成真正由村民自己组成的刺绣合作社，持续良性发展，培育文化种子，培训技艺水平，培养一支农村文化产业队伍。从长远发展看，如何保护好彝族刺绣的文化种子，关键把真手艺传下去，是发展的根本所在。

应该看到，产业化发展确实给传统工艺发展带来一系列改变：比如在刺绣品方面，不再局限于传统民族服饰，创意了挎包手袋、手机套、桌布杯垫、抱枕靠垫、围巾披肩、壁挂装饰等，图案纹样上融入了一些现代观念的视觉元素，颜色搭配上也打破了不少传统模式，丰富了民族传统工艺元素在当代家居服饰中的应用范围，体现了当代生活和审美的特点。同时，一些彝族妇女的生计方式发生改变，很大程度上转化为职业化的民族民间艺人、商人。市场化、批量化生产，往往用现代印染方法和缝纫设备代替传统手工盘花、贴花、挑花等工艺，传统的自染自织的土布大部分被不同材质、不同规格的布料替代，有传统民俗寓意和功能、随着刺绣者心意而动的带着创作意味的个性化刺绣图案纹样受到市场化、订单化、批量化、程式化的图案纹样的影响。

因此我们建议加强传统工艺的原生态、衍生态认定，促进多元发展。一是加强文化生态基础研究，制定保护与传承措施，保护好工艺文化的母本，尊重手工，尊重原创，鼓励原汁原味地传承。二是在生产发展过程中，加强规范和引导，面向当代生活，丰富题材和品种，提升设计和制作水平，培育知名品牌，提高传统工艺等行业管理水平和市场竞争力，提高从业者收入，提高对城乡创业就业的促进作用，促进传统工艺在当代生活中的广泛应用。要从根本上增强文化自觉和自信，相信少数民族群众自己穿的服饰就是艺术品，就是民族品牌，当然也能转化为高档旅游产品，以勤劳智慧的双手创造更加美好的生活。

2017 年调研云南少数民族刺绣工艺

三、拉祜寨的工艺文化史诗

全国政协民宗委调研组一行抵达云南省红河哈尼族彝族自治州绿春县。一路长途跋涉，遥见云山雾海间民居楼上五星红旗迎风飘扬，宛如画卷，拉祜山寨今昔之别映现眼前。

绿春县平河镇大头村拉祜寨，地处中越边境，位于"大仰龙"山顶，四周山高林密，较为偏远，耕地面积稀少，集"边境、少数民族、直过区"为一体，是典型的"直过民族"聚居村落。统计资料显示，全村有33户167人，157亩耕地，人均不足1亩。在相当长的历史时期里，拉祜族群众过着打猎、刀耕、火种的原始生活，是绿春县脱贫攻坚任务最集中的一个村寨。

近年来，贯彻习近平总书记脱贫攻坚部署，作为平河镇乃至绿春县脱贫攻坚的"关键少数"，拉祜寨扶贫攻坚，依据《平河镇拉祜寨易地扶贫搬迁方案》，依山就势建设民房。2016年12月至今，33户村民都搬进了新居；政府配套产业发展，扶持发展生猪养殖、家禽养殖、土豆、玉米、板蓝根种植，实施中低产田改造和经济林提质增效，切实提高了生产和经济发展水平。

据了解，绿春县境内的拉祜族是清朝中后期（1786—1886年），先后由当时的他郎厅（墨江）迁入，自称"果聪"，他称"苦聪"。1984年底，红河州人民政府责成州民委和金平县

1. 自然环境优美的云南少数民族聚落
2. 2017 年考察云南绿春县少数民族民俗

民委调查研究。同年 12 月，组织金平、绿春两县的乡村干部、小学教师、农民等 28 名代表到澜沧拉祜族自治县走亲认族。代表们走访了 3 个乡 4 个村，与当地群众交流了有关生产、生活方面的日常用语，同时了解拉祜族的历史、节日、习俗、音乐舞蹈等，经互相比对后，认为拉祜族同"苦聪人"同是一种祖源。1985 年 10 月，红河州人民政府根据本民族的意愿，"苦聪人"归属拉祜族族称。绿春境内的拉祜族有平河镇和半坡乡的黄拉祜支系，还有居住在牛孔镇、大黑山镇的黑拉祜支系。其余还有一部分居住在骑马坝乡。据 2012 年统计，境内拉祜族共有 3222 人。生计文化方面与瑶族相似。

在民间文学方面，拉祜族民间传说、故事，是拉祜族民间文学的一个重要组成部分，涉及社会生活的各个领域。在民间广泛流传的故事主要有如：神话传说《扎努扎别》《葫芦兄弟》，神话爱情故事《雅祝西和左雅咪》等。在宗教信仰方面，以"万物有灵"为基础的自然崇拜和祖先崇拜是拉祜族宗教信仰的主要表现形式。虽然明末清初佛教曾传入过拉祜族地区，民国初期基督教和天主教也传入部分拉祜族地区，但绿春境内的拉祜族的宗教观念并没有受到影响，他们仍固守"万物有灵"为核心的原始宗教观。在节日民俗方面，当地拉祜族的传统节日主要有春节、六月二十四、新米节、清明节等。在民间音乐和舞蹈方面，绿春境内的拉祜族母语诗歌、音乐已失传。如今的拉祜族传唱的诗歌、音乐与周围的哈尼族诗歌、音乐完全相同，只是在歌唱的形式表达中用拉祜语即兴填词。传统乐器有芦笙、三弦、巴乌、哩嘟嘎、牛角号、电努答、竹笛、木叶等。绿春县境内拉祜族的民间传统舞蹈主要有《芦笙舞》，由十多个男人围圈，手持芦笙边吹边跳，伴舞者手拉手围圈，踏着节奏而舞。在民间手工艺方面，拉祜族竹编工艺精美耐用，竹编的各种生产生活用品密实得滴水不漏，深受当地人民喜爱。

拉祜族的服饰以黑色与红色为主色，彩虹图案也是主要元素，重色迭彩，深厚热烈，服装在胸前和后背部位绣出精美的图案，配以花边，并沿衣领及开襟装饰雪亮的银泡银牌，端庄纤丽。拉祜族服饰作为一种成型的文化象征，投射着民族历史的影子，是无字的史诗。如长袍开岔口、衣边镶嵌上红、白、蓝等花边，长衫袖口有三道红色的花纹，据说是为了纪念在拉祜族迁徙过程中经历的三次大的战争。妇女的包头长穗，一说是远古时期与外族作战失败后，妇女在围困中用九十九条包头分三十三路逃出城墙，作为纪念，在包头两端各留了三十三条长穗。另外一说是为了纪念历史上牺牲的三十三位巾帼英雄。随着文化交流和经济发展，汉族简洁实用的服装逐渐成为拉祜族民众日常劳动生活的着装，但传统服饰仍是文化的盛装。

在民族传统服饰的背后，是完整的文化和工艺体系，就传统工艺而言，染织、剪裁、刺绣以及佩饰制作等，都富有特色，不仅具有属于民族自身的鲜明的符号意义、民俗功能和历史内涵，也最广泛意义上的生活之美的体现。工艺之美，是劳动者歌唱，是生活的礼赞，是对美好的追求和创造。复兴传统工艺，复兴的正是一种精神、情感、创造力的载体，找到一种有根有源的振兴的纽带和依托。

　　在调研中，我们看到，拉祜寨是民族文化资源的富集地，如何使特色文化转化为独特的发展优势，仍是扶贫脱贫的深层命题。扶贫贵在扶志，增强生产生活发展的内生动力，也将是彻底脱贫、永续发展的关键所在。

2017 年考察云南省元阳县梯田耕作文化

中国乡村社区公共文化服务体系建设新论

——以山东青岛西海岸新区为例

　　城镇化发展进程中，乡村社区公共文化服务体系建设不断呈现新的特点和需求：一方面，乡村人口跨区域、跨城乡流动性加强，文化交流增多，乡村群众的文化视野和需求更加多元，加之政府、市场、社会多元参与公共文化产品供给，以及现代传媒广泛应用，信息化的文化传播不断深入，以往乡村文

调研青岛西海岸新区隐珠街道台兴路剪纸中心

化相对封闭的局面被打破，乡村在推进基本公共文化服务均等化、建立开放的公共文化服务参与机制、丰富公共文化服务的内容和形式等方面，与城市具有一致性，另一方面，地区经济发展不均衡仍然存在，自然生态及文化传承也存在地域差异，不同地区乡村公共文化的资源禀赋、群众需求、服务机制等具有差异性。从城乡一体化发展的总体布局出发，关注乡村的自然生态、文化传统、生产生活等综合因素，研究乡村公共服务体系建设的作用和实践机制，具有必要性。

2018 年，我们就山东省青岛市西海岸新区乡村公共文化服务体系建设进行了调研。青岛市西海岸新区傍海邻山，有独特的自然生态和特色鲜明的民间文化资源，既是青岛市最大的市辖区、第九个国家级新区，也是民间艺术资源丰富、城乡过渡的典型地区。其乡村剧团、农民画院、小品小戏演出等注重发掘乡土文化资源，植根乡村生产生活，以群众喜闻乐见的形式开展公共文化服务，以社会主义核心价值观引领乡村精神文明建设，取得了积极成效。从中可见，乡村社区公共文化服务既是休闲文娱等需求的文化服务，也是优秀传统文化保护与传承的服务，其发掘运用有深厚基础的文化载体，开展具有价值引领、情感内涵、文化记忆和当代生活内容的文化活动，很大程度上也是文化纽带的构建，在乡村社会日益呈现出"原子化"和"去公共化"的趋势下，发挥了互动、认同和凝聚的作用，有助于乡村社会公共性和共同体的重建。

一、乡村公共文化资源的发掘和激活——以茂腔戏为例

青岛西海岸新区的胶州南乡泊里、藏马一带是茂腔戏的发源地，自清代康熙年间至今长盛不衰，深受当地群众喜爱，民谣有云："茂腔一唱，饼子贴在锅台上，锄头锄到庄稼上，花针扎在指头上。"即使在没有专业茂腔戏剧团演出的村落，民众也往往通过戏匣子听茂腔，戏曲融入生产和生活，老百姓的生产劳作和生活里曲韵悠长。当地重视将茂腔戏作为重要的公共文化资源，发掘其当代价值，发挥公共文化服务作用。从其内容和形式上看，茂腔戏作为城乡民众认同度高的地方性剧种，善于提炼生活故事，主张崇德向善，以积极的价值导向化解生活矛盾。如《小姑贤》《墙头记》《寻儿记》《张郎休妻》等传统剧目，涉及婆媳关系、乡村养老、家庭教育、婚姻伦理等，虽是历史剧目，涉及亲情爱情事业的关系处理以及生活中具体的矛盾问题，与当下仍然息息相关，容易产生共鸣，其崇德向善、明知明理、见贤思齐的价值观能够赢得认同，发挥教化作用。戏词使用本地方言，乡间俚语平白如话，曲调质朴自然、婉约悠长，唱腔如泣如诉、悲凉哀怨，场景情节往往以当地民间风俗为依据，熟悉亲切，能将生活中的喜怒哀乐、爱恨情仇淋漓尽致地展现出来。正是"我口唱我心"，"心之忧矣，我歌且谣"，"饥者歌其食，劳者歌其事"，日常经验和审美经验之间是贯通融会的。

1. 茂腔戏《西京·裴秀英寻夫》
2. 茂腔戏《借年》

　　开展乡村公共文化服务体系建设，不能忽视乡土文化现实，积淀深厚的民间文化是开展服务的重要基础，西海岸新区将茂腔创作与演出纳入乡村公共文化服务体系，系统开展工作。在组建演出队伍方面，涉及专业剧团和业余剧团。专业剧团保障艺术水准的提升和剧种的剧目创新，业余剧团由群众自发组织，丰富业余生活。目前，西海岸新区在胶南市艺术团的基础上挂牌成立了"黄岛区茂腔艺术传承中心"，作为文化事业单位隶属胶南市文广新局，开展传统剧目和新创剧目公演。同时，依托群众基础组建了大量业余剧团。据西海岸新区戏剧舞蹈家协会主席王本宏介绍，本地能演起整台戏、能演多个剧目的剧团有 11 个，都属于民营剧团，春秋两季的农闲季节出去联系演出，同时参加区里面组织的"小品小戏进社区"表演活动下乡演出；其中，能够演出茂腔折子戏的剧团有 64 个，能够参加活动民众剧团有 100 多个。在群众业余剧团组织过程中，专业协会也发挥了积极作用，如西海新区戏剧舞蹈家协会组织"茂腔论坛""茂腔名家名段演唱会""业余戏曲比赛""茂腔艺术节"等活动，指导业余剧团和茂腔爱好者提高演出水平，促进专业院团与群众演出团体沟通交流。在剧目创作与传承方面，一方面是传承传统经典剧目，当地复排复演了《西京》《张郎休妻》《罗衫记》等 16 部传统经典茂腔戏，改编并新排了《徐福东渡》《赵氏孤儿》《白蛇传——断桥》等剧目或折子戏，另一方面是加强当代精品创作，如根据原黄岛

1. 茂腔戏《张郎休妻》
2. 茂腔戏《寻儿记》

区灵山卫镇北窑村党支部书记、村主任张玉刚的先进事迹创排的大型茂腔现代戏《支书张玉刚》，表现了当代乡村干部的精神风貌，受到好评。在人才培养方面，当地设立了茂腔传习基地，新编开设"名家传戏"课程，邀请国内戏曲艺术家和茂腔名家等到新区授课指导，传帮带徒。学成学员充实了演员队伍，参演了一系列经典剧目。在观众培育方面，一方面是开展大型茂腔演出活动，排演经典折子戏，向观众免费发放戏票；另一方面是在社区、学校等地开设茂腔艺术传习点，将茂腔艺术欣赏纳入中小学校的校本课程，培养青少年观众群体。比如茂腔艺术传承中心与隐珠小学、育才小学、易通路小学开展了茂腔特长培训课程，每周由专业演员指导小学生从经典唱段的唱腔、动作等基础开始学习茂腔。在文化传播方面，当地重视公共文化服务的网络传播，通过"文化黄岛""青岛西海岸文化惠民卡""黄岛文博""茂腔艺术传承中心"等微信公共号和腾讯网发布演出信息和演出视频，扩大了茂腔艺术作为一种地方特色文化的服务与传播范围。

实践证明，特色文化资源的保护、发掘、活化与服务应用相伴相生，相互促进，茂腔戏作为乡村公共文化服务的特色内容，依托深厚的群众基础，在互动中唤起文化记忆、生活体验和情感共鸣，使人们参与到公共生活中来，深化了文化的认同感和凝聚力。如果说"改革开放以来，我国乡村社会发生了重大变化：从熟人社会走向半熟人社会，从礼治社会走向半法治化社会，从同质社会走向异质社会"，"当农民个体在获得更多自由、自主、权利、利益、机会等的同时，也淡化了对乡村社会的认同感与归属感，同时乡村社会处于'去公共化'状态之中，村庄共同体逐渐解体、传统权威性力量衰落、村庄公共事务参与不足、社会之间的联系越来越松散、农民之间的合作越来越少"[1]，那么，加强公共文化的服务与建设无疑是一个重要的切入点，通过具有历史和生活基础的公共文化活动铸造相互联系的纽带。"我们深深需要一种附属感，需要一种属于我们的文化和我们的社会的感觉，感到我们周围环境和生活方式中有一定程度的稳定和亲近"[2]，民间文化、民间文艺尤其具有这样的优势。与此同时，群众的文化需求、评价反响也对传统戏曲的传承与发展发挥影响，促进剧目不断融会时代精神和内容，成为一种相互影响和建构。做好乡村传统文化资源的发掘、整理和传承是乡村公共文化服务体系建设不可或缺的组成部分。

二、乡村公共文化载体的创新与传播——以胶南剪纸、年画为例

青岛西海岸新区的琅琊、隐珠、宝山、辛安等地有剪纸

[1] 吴理财、刘磊：《改革开放以来乡村社会公共性的流变与建构》，《甘肃社会科学》2018年第2期。
[2] 威尔伯·施拉姆、威廉·波特：《传播学概论》，陈亮、周立方、李启译，新华出版社，1984，第34页。

现代茂腔戏《支书张玉刚》

传统，历史上，当地婚庆、节日以及日常生活中都有剪纸应
用，样式有窗花、天棚花、镜子花、馉饳花、喜字花、鞋花、
枕花、裙围花等，内容有"鸟语花香"等花鸟鱼蝶题材，"喜
鹊登梅"等吉祥题材，"二十四孝"等历史人物题材以及"龙
凤喜字""喜上眉梢"等传统民俗题材，样式朴实简练，工艺
细腻精巧，阴阳结合，粗细兼用，融汇北方剪纸的粗犷豪放和
江南剪纸的纤巧细腻，具有胶东剪纸的艺术韵味。但是随着生
活方式和居住环境改变，传统剪纸用于节庆、婚庆、丧葬的民
俗功能以及家居装饰功能逐渐淡化。作为具有广泛群众性、鲜
明地域性和深厚历史文化内涵的民间艺术样式，剪纸是日常之

诗、人民之歌，其中包含生活的谱系，其在当代社会的延续与发展不只是文化艺术的命题，也是群众文化生活的命题。

青岛市西海岸新区充分认识剪纸文化的历史基础和当代价值，将剪纸作为传播文化和维系社群关系的纽带开展社区公共文化服务。当地以社区街道为组织单位，发展剪纸技艺群体，开展社区群众文化活动和公共宣传，发挥文化交流和宣传教育作用。例如，辛安街道剪纸中心是青岛西海岸新区建立的第一个以剪纸为主体的街道社区文化中心，现有剪纸会员200多人，举办剪纸大赛、剪纸交流活动和有关公益活动，开展公共宣传和文化教育，成为社区公共文化服务的有机组成部分。在社区文化宣传栏，主题剪纸形式生动，内容涉及建设和谐社区，构建邻里关系，赞扬美好家庭，倡导尊老爱幼，歌颂好人好事，以及宣传防火安全等。剪纸成为宣传文化教育的重要载体，传统胶南剪纸题材由传统民俗题材向当代现实题材转变，体现青岛西海岸新区发展变化的"跨海大桥""新区风貌"等通过剪纸语言表现出来，富有时代气息。事实上，传统艺术的发展需要不断融入生活的感受、时代的感受，以不断创造发展的意象性、符号化装饰图案，表现生活的意蕴。在文化交流方面，社区文化中心组织剪纸大赛，选送优秀作品参加国家、省、市展览活动。在交流学习过程中，造型技法呈现出多元化的艺术取向。在社区送福、文化下乡等公益活动中，组织剪纸作者创作"福"字等节日主题作品，增加节日气氛，服务群众生活，

1

2

3

1. 农民观众

2. 学员练功

3."文化下乡，惠民演出"
临时舞台搭建

发挥了文化传播与凝聚作用。在教育方面，剪纸走进当地幼儿园、中小学、大学和老年大学，分设不同年龄和人群的课程层次，传授剪纸知识，目前已初具规模。此外，以社区为主体的剪纸中心也在逐步探索产业化的发展路径，实施剪纸文化带动经济发展的双轨发展机制，主要依托街道剪纸艺术展厅的平台，组织剪纸作品展示、培训和现场体验，通过剪纸文化体验与商业运作结合，发展壮大剪纸文化产业。一方面，细分剪纸规格、纹样、题材，适应市场需要，另一方面，加大特色作品开发和营销力度，开发衍生产品，拓宽销售渠道。据了解，辛安剪纸文化艺术中心还与当地景区联系，设置了专门的剪纸销售点，并以现场剪纸体验的方式销售作品。青岛西海岸剪纸作为特色地域文化，融入新区公共文化服务建设，增强了社区文化的凝聚力，对当地文化服务乃至文化产业发展发挥了带动作用，体现了特色公共文化服务的作用和活力。

胶南年画是从传统年画发展而成的富有当地特色的现代民间绘画，也是青岛西海岸新区重要的民间艺术样式。胶南年画主要沿袭了传统潍县木版年画特点，在不同时期吸收了工笔绘画、剪纸艺术、过门笺、上海月份牌等艺术造型手法。新中国成立以来，胶南年画的创作主体与创作风格发生了几次主要变化：20世纪70年代，生产队社员在专业画家的辅导下从事创作，逐渐形成了写实年画创作的方向；20世纪80年代到21世纪初，以地毯厂图案设计师为代表的创作者，吸收民间艺术语言，形成了装饰绘画特色；21 世纪以来，以中小学美术教师为主力的创作队伍，结合专业优势，进行多元化探索。整体上看，由于早期从事胶南年画辅导的艺术家多数受到西方美术专业训练，造就了追求严谨造型的特点。由于画家的生活经历不同且往往有自己的绘画风格，胶南年画具有鲜活的内容和韵味。如生活在农村的作者，画作多体现胶南民俗生活的记忆和童年乐趣，渔民多表现海上渔业场景；女性作者多表现母爱主题和生活感受；还有身处转型期的作者对生活境遇的反思和思索。由于贴近生活，胶南年画也充满了持续发展的生命力。

当地重视运用这一特色文化资源开展公共文化服务。当地政府鼓励各类画院、协会组织健康发展，全区形成现代民间绘画创作的各类画院画室 140 多所、社团协会组织 20 多个，为相关创作繁荣奠定了基础。在展览交流方面，一方面，以胶南年画为载体，表现国家政策、社会主义核心价值观和反腐倡廉等主题，以生动的形象和富有特色的绘画语言，发挥宣传作用，另一方面，以胶南年画为纽带，增强乡土文化的凝聚力，如胶南年画的许多骨干作者来自张家楼地区，青岛西海岸新区文化馆就此举办"张家楼籍作者回乡巡回展"，增强作者队伍的凝聚力和荣誉感。在教育传播方面，胶南年画很早就开始进入课堂教学，如胶南师范学校开设的"图案课"，主要讲授胶南年画的创作方法。胶南师范学校毕业的中小学教师大多在自己的教学中融入了胶南年画创作，为年画进课堂打下了坚实基础。据统计，2016 年，当地文化局组织的美术培训中，五分之二的作者是中小学美术老师。当地小学或建有年画社团、胶南年画博览馆和传习所，中学有胶南年画主题的文化讲堂和校园开放日活动，驻地高校如中国石油大学组织出版了乡土教材，包含胶南年画等乡土文化，引导学生了解家乡文化。此外，青岛西海岸新区一直在探索胶南年画文化产业发展的方法和途径。民营性质的现代民间绘画院兴起，集研究、收集、培训、创作、展示、销售功能于一体，迈出了胶南年画市场发展的步伐。政府和企业关注胶南年画及其衍生文化产品开发，建设年画体验馆，通过现场操作木版年画印制和对胶南手绘年画的展览，促进胶南年画相关的旅游体验和文化消费。胶南年画富有地方特色和群众基础，其传承和传播体现了公共文化服务的本质需求和规律，及有特色，接地气，融入时代精神，才能发挥积极充分的作用。

历史上，剪纸、年画相对于书法、国画等精英艺术，以乡村劳动妇女和农民为主体，以图形纹饰为核心，与生活习俗相联系，在乡村社会中自发传承，有深厚的历史文化和群众基础。社会发展，生活变迁，剪纸、年画的民俗性和集体叙事的程式性不断弱化，但作为积淀深厚的民间文化样式，剪纸、年画不仅是一种平面化的纹饰叙事，也蕴含活态的历史语境和生活本身，具有本原的文化根性，将之作为公共文化服务的有机组成部分，符合其生成基础和发展规律。比如剪纸"图中有图"，年画"画中有戏"，作为公共文化宣传教育的载体，极富影响力和传播力。剪纸的"一事一剪""一物一剪"，年画的"一时一画""一地一画"等，作为公共文化活动的抓手引导人们深刻感知并创作表达今天的生活，以艺术语言塑造社会生活图像与境像，完成当代民间的生活叙事，是民间文化生活的丰富和发展。总之，以剪纸、年画的民间文化艺术样式为载体开展公共文化服务，不仅在社区公共空间塑造了富有影响力、传播力的传统符号象征，而且激发和深化了大众对民族民间文化的认同与热情，是公共文化服务"公共性"作用的实现。

三、乡村公共文化服务的探索与普及——以"小品小戏进社区"为例

"小戏"是青岛地区具有深厚群众基础的文艺样式。从历史渊源看，小戏本身大部分源自农村，是"地方戏"一词的前身。在历史形成与发展过程中，主要由民众自己参与创作、表演和观赏，娱乐自我、表达自我，演出方式往往因陋就简，演技也不乏粗糙稚拙，但作为自由表达的形式，融入民众的生活情感，反映许多民间的生活状况，成为民族文化精神最鲜活最重要的载体，在发生剧变的社会环境中，也被视作民族戏剧精

神走向的代表。青岛具有民间戏曲说唱表演的历史文化基础，茂腔等地方戏曲在乡村社会拥有广阔的群众腹地，小戏备受乡村民众喜爱。"小品"作为一种大众文艺样式，自1983年央视"春晚"首次搬上舞台，即以短小精悍、幽默风趣、贴近生活，深受群众喜爱。小品创作和表演往往以幽默诙谐的语言、短小精炼的表达、简单明了的抒怀、意味深长的主题为特色，抓住日常生活里的小题材、小事件、小人物的喜怒哀乐，从乡里乡亲的家长里短、社会热点的世相百态出发，反映生活里的琐碎烦扰，并从这些琐碎中升华出对真善美的深情呼唤，而"艺术的伟大意义，基本上在于它能显示人的真正感情、内心生活的奥秘和热情的世界"，优秀的小品创作和演出交流，起到了审美、教育、交流、文化娱乐等多方面的作用。

青岛市西海岸新区在公共文化服务中抓住小品、小戏这一群众喜闻乐见的文艺载体，自2006年开始组织"小品小戏进社区"活动，十几年来，实现了乡村、城镇、社区全覆盖，广受城乡居民欢迎，在说唱表演、互动共鸣中实现了文化交流、文艺审美、政策宣传、教育普及的综合作用，在宣传党的方针政策、传承民间文艺传统、创新地方文艺样式、丰富乡村文化生活等方面产生了深刻影响。从内容主题上看，青岛市西海岸新区"小品小戏进社区"活动把握社会主旋律，弘扬社会主义核心价值观，追求真善美，发挥了以文化人、以艺养心、以美树人、价值指引的积极作用，是新时代乡村文化建设的生动课

1. 赵丽华在黄岛街道大福岛社区义务给孩子们传授剪纸技艺

2. 乡镇社区组织的春节剪纸进万家活动

堂。剧目关注时事，反映当下，探讨民众关心的社会问题，引领民众正确处理国事与家事、社会与自我的关系，引导乡村群众树立现代公民意识，更加明确自己应担负的责任和应有的追求。不少小品小戏的创作者和演员表示，在乡村，小品小戏比传统大戏的受众面要广，群众的反响要热烈。主要的差异在于，传统戏曲剧目多为历史题材和程式化表演，受众以老年人居多，一定程度上与现代社会脱节；小品小戏常演常新，取材现实生活，新事物、新词汇、新观念融入其中，有浓厚的时代气息，因此，在综艺小品和传统戏曲不同程度地面临发展困境之时，乡村舞台上的"小品小戏"却如山花烂漫，深受群众喜爱，根本原因是作品内容与生活的联系。把握鲜活的民间文艺载体，关键是把握鲜活的内容生产机制，"文以化人"根本要实现生活相连、心灵相通。青岛市西海岸新区"小品小戏进社区"文化活动在小戏传统的传承和内容的创新上，做出了卓有成效的探索。

从艺术形式上看，"小品小戏进社区"活动抓住小品小戏的精髓，把握"小品小戏"之"小"，篇幅短小，情节简单，人物关系简明，演员少至三两个，艺术形式保留了乡土歌舞的戏剧特色。坚守"小品小戏"之"朴"，由城镇乡村中民众自发创作，表演者往往未受专门训练，表演时采用日常生活动作或歌舞动作，表演特点、人物装扮等与日常生活更为接近，歌舞化、程式化程度不高。追求"小品小戏"之"真"，剧目内容源于生活事件、新闻等，表现人们日常的生活、情感，真实、迅速地反映当下群众的生活状况和思想，整体上保留了民间文艺的"民间"品格。如《中国民间戏剧研究》所指出："直接由人民大众或其民间艺人所创作或传播的小型歌舞剧，反映的思想感情和艺术趣味，完全是民间的。在专业剧作家中，有时也创作过一些小型戏剧，有的经过长期流传后，得到人民大众和民间艺人所加工、润色，基本上或完全民间化了，这也应承认它是民间小戏。"[1]

　　从创作和组织机制上看，"小品小戏进社区"文化活动的展演剧目均为城乡社区居民的原创作品，由城乡民众自发创作，不仅不同于专业的、精英的文艺创作，具有民间文艺的乡土本性，而且基于业余创作者和表演者职业、身份的多元化，具有城乡文化融合的内在基础和动力，在乡村巡演的互动交流过程中，形成了新时代乡村文化的"众创"机制。值得指出的是，演、创团队的多元化形成了多元化的视角和观念，基层文化站工作者、城镇企业职工、军转干部、大学生志愿者的加入，增加了剧作内容的时代气息，对现实生活的理解、对时政热点的解读、对日常矛盾关系的处理等，都有更开阔的视野。"小品小戏进社区"在其多元化的创演机制上是一种城乡文明的融合，而且这个融合的过程，不是说教，不是城乡文化孰优

---

[1] 谭达先：《民间小戏的特征和较著名的剧种》，载《中国民间文学理论丛书之六　中国民间戏剧研究》，商务印书馆香港分馆，1981，第30页。

孰劣的区分和"给"与"送"，而是在某一个具体生动的戏剧冲突里通过共鸣来实现。因为从根本上说，"小品小戏进社区"文化活动中的创作者、演出者和观众来自城乡社区、各行各业，他们是生活在同一地区、承袭同一文化传统的群体，拥有共同的民间文艺传统，秉承共同的历史记忆、生活知识、文艺技艺和乡土情感，他们对方言乡音、乡土民情构成的小品小戏充满了创作、表演、观赏的热情，任何一员都不是被动的接受者，而是积极的参与者。青岛市西海岸新区"小品小戏进社区"文化活动创建了乡村文化的"众创"机制，把握了民间文艺集体创造与传承的基础，回归民众这一民间文艺创造的万千生活主体，保持文化的感染力和创造力，为乡村文化建设以及民间文艺的传承与发展提供了可贵经验。

从活动的影响效果看，小品小戏在当地人的习惯、爱好中生成，这些短小活泼的节目，形制虽小，却有大的接受空间。小品小戏在乡村文化建设中发挥了新的人际纽带作用。特别是从近一段时期以来的乡村常住人口构成来看，青壮年进城务工，乡村常住者以老年人和女性居多，小戏在历史上就有"拴老婆橛子戏"的别称，切中这一乡村群体的文化需求。相对于农家书屋遇冷、乡村电脑室闲置等现象，小品演出作为互动性强的大众文艺活动，深受乡村群众喜爱，常常是锣鼓一响、村喇叭一广播，就有万人空巷的盛况。活跃在乡村群众舞台上的小品始终坚持小品的真谛，走进生活、创新题材、挖掘内涵，

1. 外国友人学习剪纸
2. 滨海新村幼儿园大三班剪纸课堂

在接地气的同时传递艺术的真、善、美，丰富寓教于乐的表达形式，不仅给观众带来欢乐，更带来思考。乡村文化建设要抓住鲜活的载体，因为"文以化人"不是一个生搬硬套的僵化过程。青岛市西海岸新区"小品小戏进社区"文化活动对于把握当下语境中乡村文化鲜活的、富有感染力的、人民群众喜闻乐见的文艺载体，做出了深入的探索和开拓。乡村文化建设的本质，不是舞台聚光灯下的佳绩、展赛名录上量化的成果，而是民间日常世俗世界里的人文气息、善与美的追求和比物质更恒久的幸福感与获得感。如诸多小品小戏的骨干作者表示，十几年如一日的坚持源于发自内心的热爱。这种表演的形式、内容、语境，都是完全归属当地的和传统的，由地方民众群体在其原生场域共同实现。

四、关于乡村公共文化发展的思考和建议

公共文化建设是提升乡风文明，提振乡村振兴文化动力的重要举措，也是提升乡民满足感、获得感和幸福感的关键举措。2018 年的中央一号文件指出加强农村公共文化建设，按照有标准、有网络、有内容、有人才的要求，健全乡村公共文化服务体系，深入实施，全面推进，取得了积极成效。结合调研情况，我们建议进一步强化内容引领，对接文化需求，突出文

1

2

1. 青岛西海岸新区乡土文化读本

2. "大手牵小手"小学生与老年大学一起剪纸

3. 新区明月剧团表演小品《立嘱》

4. 大场镇彩虹剧团表演的小戏曲《张老栓圆梦》

3

4

化特色，健全多元机制。包括以下几个方面：

第一是注重"内容化"，以社会主义核心价值观为引领，开展"乡风文明创建活动"，推进社会主义核心价值观落地。加强公共文化服务体系建设的内容统领，多渠道、多形式、多角度培育和践行社会主义核心价值观，针对乡村文化实际，开展"乡风文明创建活动"。一是发掘本地乡风民俗、村规民约、家训家规，开展优秀传统文化传播，实现地方道德文化资源的创造性转化与创新性发展，推进家风、乡风、民风建设。二是针对乡村文化具体存在的问题，如人情攀比、厚葬薄养、酗酒赌博、封建迷信、好逸恶劳、家庭不睦等，通过通俗易懂、针砭有力、诙谐生动的村头讲座、漫画海报、小品演出等，把道理化为口头语，使教育有内容，引导有目标，文化活动见成效。三是宣传当地有关环境美、风尚美、人文美、秩序美、创业美的典型，图文并茂、丰富载体，崇真向善，建设文明家园，把社会主义核心价值观转化为自觉追求。

第二是加强"精准化"，以乡村生产、生活需要为出发点，开展"乡村文化需求调查"，使文化服务更接地气。乡村文化是一套生产和生活经验体系，由社会的生产和生活条件所决定，乡村公共文化建设要与农民的生产生活相融合，不仅要避免"以工业的方式发展乡村，以城市的文明统合乡村"，也要避免"一刀切"造成的资源浪费。调研发现，一些地方的送书、送电影、建电脑室活动，由于内容、形式与农村群众的需求不相适应，加之后续利用管理不够，作用不够理想。文化服务要讲求精准化，对不同乡村的人员、产业结构、文化需求等项目进行精准调查研究，根据不同地方的农民对不同公共文化产品的实际需求，做精、做细，"订制"重内涵、重品质、重效果的文化产品和服务，切实提高各类文化基础设施及公共文化产品的使用效益。

第三是注重"特色化"，以乡村文化资源为载体，举办"乡村戏台""乡村学堂"等品牌文化活动，使文化服务有根基有传统有影响。广大农村历史文化底蕴往往比较深厚，有宝贵的文化遗产和鲜明的地方特色文化，要把公共文化服务和文化遗产的保护传承结合起来，一方面，运用群众喜闻乐见的文艺样式，使文化服务更对胃口、更有共鸣，满足文化娱乐、交流、建设的需求，另一方面，推动当地历史文化遗产的保护与传承，促进契合乡民的内生型文化成长和发展。具体可以举办"乡村戏台"活动，组织当地群众喜爱的小品小戏演出，融入有关民间曲艺、文艺样式，提供真正适合农民口味的文化服务和文化产品。可以举办"乡村学堂"，邀请生产能手、致富带头人、能工巧匠、文化传承人、道德模范以及有关专家学者、管理者做主讲人，讲讲身边的文化，提高文化的自觉度和传承发展水平。

第四是推进"多元化"，以提高地方的公共利益为目的，培育多元文化服务队伍，充实文化服务力量。我国乡村地域广

薛家岛街道海韵剧团表演茂腔小戏《一条项链》

阔，经济社会发展程度和文化资源基础存在差异，乡村基层群众的文化认知、文化需求也日趋多元化、复杂化，乡村公共文化服务要以提高地方的公共利益为目的，培育多元文化服务队伍，充实文化服务力量，以适应多元需求。一是要以基层文化站、文化中心为骨干，配齐建好专业人才队伍、训练活动场所和教练辅导力量，发挥好带动影响作用，吸引更多的农村基层群众参与到文化活动中，丰富文化生活，全面提高农村基层群众的生活质量和综合素养。二是引导组建乡村各类文化协会，扩大农民文化活动参与面，推动农民自演自赏、自娱自乐的文化骨干队伍，提高广大农民的文化生活质量。三是开展民办公助，吸纳社会力量。制订相关办法和方案，实施政府购买公共文化服务扶持民间文艺社团，注重培育多元文化服务主体，引导社会力量参与，发挥高校、民间文化机构等在乡村公共文化服务体系建设中的作用。

从根本上说，"人文化成"之文化，是有根基、有文脉、历久弥新的积淀过程。正如传统乡村社会里生产生活方式、人伦关系、价值系统等作为一种赋形机制，形塑了风俗、礼仪、信仰以及工艺造物等具有"内聚力"和特定内涵的文化传统礼俗规约工艺造物，赋予衣食住行用之物以秩序和规范，不仅以自上而下的典章制度实现"器以藏礼"，而且在民间礼俗中寄予自然、人伦之理，使"物"除具有实用功能外，还富有象征意义和伦理价值，具有礼俗约定下的意义世界。"文以化人"不是一个生搬硬套的僵化过程，文化建设要因地制宜，厘清文脉，把握根基，在传承的基础上实现创新和发展。乡村是一个生活共同体，公共文化服务要因地制宜，抓住鲜活载体，发挥民众创造力，做到寓教于乐、群众喜闻乐见，构建文化的互联的纽带，维系更具情感性质的生活，化解乡村文化变迁过程中可能产生的矛盾，在以艺术审美和文化交流为核心的互动中重塑和改变着乡村共同体的结构和内容，实现文化振兴、乡村振兴。

乡村振兴带动民间文化生态变革

20世纪三四十年代，陶行知、梁漱溟、晏阳初、费孝通等一批有识之士就意识到乡村衰败的问题，开始乡村自救的探索，开始从文化、教育和经济方案进行自救的探索，这些改良手段虽成为完整和丰富乡村生活而不使之成为消解或破坏的力量，但那个年代注定不会产生规模性效应。新中国成立以后，农业的基础设施地位得以确定，乡村工作主要从保障供给、稳定政权的角度出发，但乡村依然十分贫穷。改革开放以后，工业化、城镇化加速，乡村的空心化、发展相对滞后等问题日益严重，策源于对西方经济逻辑和城市社会理论的片面复制，不仅破坏了乡村物理空间，更为重要的，它正在稀释一个民族持续生长和持久成长的文化动量。

乡土文化是乡村社会得以延续的核心。乡村文化作为一种最基本、最深沉、最持久的力量，以其原发性、活态性特点，为乡村社会可持续发展提供了精神激励、智慧支持和道德滋养。基于此，国家新型城镇化规划以及党的十九大报告提出的"乡村振兴"战略两股巨流的融汇，都把发展征程指向了"美丽中国"建设，成为推动乡村文化繁荣与乡村社会复兴的重要力量。

本文部分节选自国家社科基金艺术学重大项目"城镇化进程中民族传统工艺美术现状与发展研究"总报告。

在城镇化深入发展的关键时期，国家新型城镇化规划明确将"发展有历史记忆、文化脉络、地域风貌、民族特点的美丽城镇，形成符合实际、各具特色的城镇化发展模式"作为原则之一，意在从思想上纠偏"千城一面"的发展困境，具有重大现实意义和深远历史意义。毋庸置疑，这是对如何推进我国城镇化建设做出的清晰定位，是对城镇化建设的初衷和目的做出的明确阐释，也是对近年来城镇化过程中一定程度上片面追求速度，忽视质量和实效的纠正。同时，为进一步提高城镇化高质量发展的需要，中央提出实施"乡村振兴战略"，正视在工业化、城镇化进程中出现的乡村荒废、民风不淳、文化式微的现象，避免重蹈一些发达国家所经历的历史覆辙。乡村振兴就是要注入新时代的文化元素，把宜居宜业、记住乡愁的工作方式、生活方式与造物文化、历史文化、农耕文化、生态文化融为一体，提升为一种令人羡慕的理想的生存状态，最大可能地满足新时代大众对美好生活的追求。

新型城镇化与乡村振兴都将"文化传承，彰显特色"作为国家战略决策的重要原则之一，必将为重构民间文化生态和美丽中国建设提供强大的助推力。

赵丽华在黄岛街道大福岛社区义务给孩子们传授剪纸技艺

一、乡土文化的根性和遗产价值将进一步释放民族
　　传统文化的活力

　　聚落、村社、礼仪、民俗、节会、信仰、道德、生态等在内的"文化河床"，是一切民间造物文化和精神文化活动生发、创新、传播的源头活水。千百年来，人们在长期的乡村劳作和生产中积累和孕育的乡村族谱、家风家训、人文历史、乡风民俗、乡贤乡绅、百工之事等，无一不是得益于源头文化的滋养与浸润。河水是形，河床是本。文化的河床是

涵养、保护、滋生民间文化的基础，是民间文化创作主体意识和共同价值的信仰高地。民间文化主要是通过人、聚落、礼仪、自然节律和生境等活态载体进行寄生活动，任何一种载体的变化都可能对民间文化活动的存灭产生影响。传统手工艺往往也是将整个造物活动融入生产、生活现场，汲取文化的营养，一旦脱离生产、生活活体就无法继续生存，绝大部分正在或已经消亡的传统工艺样式都属于这种情况。因此，重新审视乡土文化的根性和遗产价值，重构传统手工艺与新型城镇化双边互动关系将成为可能，包括修复传统手工艺的自然节律载体，还原和培育传统节日里丰富的手工艺内容，在当下生活空间里发展工艺文化活动。修复传统手工艺的人生礼仪载体，培育传统手工艺应用的文化空间。修复传统手工艺的社会聚落载体，推动传统村落保护，促进恢复传统民居以及生境营建。尊重民俗信仰，增强文化凝聚，恢复优秀的乡约民规。修复传统手工艺的传承人群载体，推动城乡民众双向交流，让更多传承人回归情感沃土和精神家园。

二、乡村文化的传承与创新将进一步延展民族传统
　　文化的功能

在当前全球化、城市化和互联科技迅猛发展的现实背景

下，学校教育、传媒影像、消费催化、互联网社交、民族旅游等新兴起的族群（实体与虚拟）开始出现大规模接触，成为民族传统文化传播的常态，乡村已不可能回到以前封闭寂静的固化状态，为了满足外来者近距离的文化理解与文化消费的要求，当地人不得不在民族传统文化中融入新的元素，并借助多种形式进行文化包装与展演。如此一来，传统文化因涵化与濡化带来文化接触及变迁的现象便不可避免。

一段时期以来，由于缺乏文化自觉与自信，乡村文化受西方文化扩张而引起原有文化的涵化与变迁现象较为普遍，表现为不同状态。应该说，文化变迁是一个渐行不息、对话交流的过程，既有对传统的萃取与摈弃，又有对外来文化的批判与吸收；文化创新是民族文化的自觉建构、吐故纳新的过程，既要有"拦河防洪"的文化抵御能力，又要有"蓄水发电"的文化传播能力。正因为创新，才能在文化变迁过程中树立以传承、建构而不是毁灭为导向的涵化与濡化观。当然，这一切都有一个前提条件，就是要最大程度保持本原文化的特色和活力。

三、乡村文化的保持与发展将成为民族传统文化发展的主流

乡村聚落是乡村居民生存、生产、生活、繁衍、发展的基

1.《绣锦旗》，刘汉进绘
（1985 年）

2.《春风万里暖人心》，邓泽胜绘
（1977 年）

本地理单元和重要的精神原乡。它既有社会组织功能和生产功能，也有精神和价值育化功能。从中国乡村聚落文化生态角度看，自古至今，无论遇到何等的异质文化冲击和人为破坏，它都能发展出一种强韧的文化适应性，并经过自我修复使得本土文化的基因得以传承和传播。经与外部文化接触产生的应激反应，往往传导给内群体文化遗传基因，在通过与周围环境进行物质、能量、文化和信息交换、加工之后，便会产生三种不同的乡村文化类型，即"变异性适应""应激性适应"和"免疫性适应"。

"变异性适应"使乡村文化体能够派生出新的性状，形成新的文化形态或物种以适应外部变化。"应激性适应"是文化体内部对环境中某一刺激做出的短时间动态反应，通过调节自身的存在样式及造物行为，以适应环境的变化。不同手工艺面对同一刺激的反应是不一样的，因而会形成各不相同的形态、结构、功能和审美。"免疫性适应"是文化体识别、排除外来的和内在的异质文化，以维持机体相对稳定的一种适应能力。它往往以自身强大的文化排斥与文化自信能力，让传统工艺的种群得以存续和发展。前两种的发展类型重创新、重改变，后一种发展类型重原型、重补充。当前，随着乡村生产力水平的不断提高以及"自然、经济和社会等区域环境的不断更新变化，为处于不同阶段的乡村聚落提供了不同的发展机遇，乡村空间结构由分布上的同一性、职能上的同构性逐步向多样性和综合性方向发展"[1]，乡村聚落空间及其自身文化的适应性必将大大增强，乡村功能也将由单纯的生产型分化为生产、消费、休闲、旅游、创意等多功能形态，本土文化将会变得更为开放、多元和兼收并蓄。

四、乡村文化的消费与传播将极大唤醒民族传统文化的自信与自觉

当代社会之所以被称为消费社会，很大程度上是由于消费已经逐渐取代生产，由纯粹物质化交换行为演变成一种集体性的和主观意识的文化行为，并关联着道德坐标、意识形态、价值体系以及交往系统的方方面面，成为占据社会生活的主导力量，生活剧本化、情景化、仪式化、意义化、怀旧化和象征化等要素开始在消费领域的兴起。有专家表示表示，在物质极大丰富，人们已跨过温饱的今天，物质炫耀将失去其优势，取而代之的是人们为了渴望得到承认而在技能、品位、精神等文化消费方面的炫耀和竞争。换言之，社会的重心正在从物质生产转向带有本原文化色彩的精神消费。从乡村文化母体中，自觉寻找和明确共有的历史记忆、情感维系、乡愁寄托和文化凝聚的精神内核和文化本原，并将之内化于心灵空间、工艺境界和

[1] 李君、陈长瑶：《生态位理论视角在乡村聚落发展中的应用》，《生态经济》2010年第5期。

生活现场，进而升华为一种标榜身份价值的文化自信。

对乡村本原文化的关注和消费，主要是基于人们习惯上将手工艺视为乡村文化的特殊标识和文化丛。根植于乡土社会的手工艺文化丛，往往在功能上与哲学、宗教、风俗习惯、文学、艺术、科技、环境、制度文化等文化质点发生一系列的连带关系，构成一连串的活动方式，并通过消费进行文化传播与扩散。与汉字的传播功能相似，手工艺既是各种文化的载体，同时又是文化传播的媒介。它一般通过两种方式进行文化传播，一种是同一文化内知识、观念、价值规范等的纵向传承与传播，如剪纸、刺绣、乡土建筑等，另一种是不同民族文化间的横向接触和传播，如手工草艺品、陶瓷、传统花炮技艺的焰火艺术转化等。纵向传播往往通过内群体共有的聚落、节日、场所、仪式、消费等载体，借助大众、电视、群体、人际等媒介进行文化传播与扩散。横向传播则一般通过政治事件、展览展演、公共文体活动、经贸活动等载体，借助现代化的文化艺术形式和现代文化传播手段进行跨国传播。乡土文化与传统手工艺蕴藏着一个民族的集体意识，铺陈着一种文化的共同底色，同时更是以文化创新形塑文化自信的最好抓手，处在人类现代化、全球化、信息化的转折点上，只有持续重视并深入挖掘民族本原文化潜藏的核心价值，才能塑造中国人的文化认同和身份认同，打造最持久、最深沉的文化自觉、文化自信和文化自强。

1.《正月里》，陈明绘（1995 年）
2.《大花褥子大花被》，张存玫绘（2005 年）

五、关于乡村文化振兴的思考和建议

首先是传承发展农耕文化。乡村是中华优秀传统文化的福地，农耕文明是乡村的文化根基。具体可从以下几个方面加强：

一是把农耕文化传承与乡村道德高地建设相结合，抓住文化载体，建设"文化之乡"。"人无德不立，国无德不兴"，加强乡村道德高地建设有助于解决城乡流动过程中出现的乡村情感、道德的"空心化"问题。具体措施如：评选慈孝文化之乡、重阳文化之乡、忠义文化之乡等典型乡村。发掘具有深厚基础的、与社会主义核心价值观一脉相承的优秀乡土道德，注重发现和表彰典型人物、事迹和乡村集体，加强宣传和弘扬，促进乡村道德高地建设。实施"民俗文化+"计划。充分结合农耕文化和传统习俗，用好庙会、灯节、歌会、赛龙舟等文化载体，用老百姓喜闻乐见的形式发挥陶冶作用，形成具有积极价值观导向和深刻自觉的健康生活方式，增强人们对优秀传统文化的理解和当代主流价值的认同。建立"耕读文化学堂"，传承乡土文化，鼓励耕读传家。耕读文化是我国耕读文化的优良传统，不仅对我国的农学、田园文学、思想哲学发展有深远影响，而且建构了乡村生活方式和文化追求。开展相关文化建设和引导，有助于提高乡村文化的生命力和凝聚力，振兴乡村文明。

1

2

3

4

1.《春分——耕耘》，庄向辉绘（2017 年）

2.《扎糊棚》，牛增娥绘（1989 年）

3.《童乐》，马洪顺绘（1984 年）

4.《奔富》，刘文艳绘（1991 年）

二是把农耕文化传承与农村生态文明建设结合，留住绿水青山，发展生态农业、绿色农业。如：举办"二十四节气"节令活动，传承农耕文化智慧，传播生态发展理念。"二十四节气"是我国历史上关于天文、物候、农事和民俗完美结合，从建立生态理念、尊重自然规律、传承生态智慧的意义上组织相关文化活动，引导乡村生产、生活、生态"三生"共赢发展。建设农耕生态文化示范区，促进生态、有机、循环现代农业发展。就道法自然的农耕智慧与生态种养模式、农业地理文化与农业生态品牌建设、农业多功能性与一二三产融合发展等，建立示范区，总结推广经验，发挥带动作用。

三是把农耕文化传承与乡村旅游产业发展相结合，发展当代田园生活。如：开展农业景观普查与保护，尊重和爱护传统农村田园风貌，传承历史文脉。避免农民被上楼、避免外墙贴瓷砖、避免采用卷帘门、避免乱建防雨棚、避免滥建防盗栏、避免破坏林盘风貌、避免耕作半径过大等问题。加强"小规模、组团式、微田园、生态化"的新农村综合体建设，丰富农耕文化生活体验，发展富有特色的乡村文化旅游产业，提高村民对农耕文化认同感和生活幸福感。

同时，要注重传承红色文化基因。党的建设与发展始终重视乡村，历史上留下了可歌可泣的红色文化。如何把红色文化资源转化为乡村建设、社会发展的精神资源，做好乡村革命历史、奋斗历史的精神文化传承，需要进一步探索和实践。

1. 青岛西海岸新区弘德小学年画馆展品
2. 青岛西海岸新区弘德小学年画社团教室
3. 学生体验木板年画印制

一是红色文化与社会主义核心价值观的培育弘扬相结合，建设乡村红色文化基地，把现代乡村的历史文化精神传承好、弘扬好。做好历史研究与梳理，做好文献总结与文物发掘保护，分主题、有重点地建设党史教育基地、社会主义核心价值观的示范基地、创业实践基地，发挥教育示范作用。

二是红色文化与当代乡村文艺作品创作相结合，开展当代传承题材的主题发掘和创作。定期组织反映红色文化新时代发展的主题展览、学术研讨、影视剧创作，重点反映红色文化激励下的新时代发展风貌，带动相关文化活动、文化建设、思想宣传工作。

要进一步加强乡土文化景观的修复。不仅在于保护传统村落，还要重视现代乡村的建筑风貌问题。从根本上说，传统建筑文化保护与乡村民生发展相结合，保持保护凝聚乡愁的田园风光和具有幸福感、获得感的乡村生活。

一是实施"一村一规划"，划定保护红线。对耕地和建筑用地做出规划，严禁违法占用耕地开展建设，对于民居建设面积、高度、形态等应规必规，当限必限，坚决不走回头路。

二是对文物建筑、传统民居保护做出规划，对建筑现状、用地现状、基础设施、自然环境因素等做出评测，制定实施保护措施。注意在外观风貌保持特色、修旧如旧的同时，做好内部生活设施便利合理的设计规划。

三是对村容村貌整治做出科学规划，涉及垃圾处理、雨污排放、电线电路入地、家畜家禽集中饲养等，提出总体整治方案，打造与自然环境、历史文化匹配的美丽乡村，构建有历史、有特色、有人文精神的田园生活。

要补齐乡村公共文化服务短板。农村文化建设应根据各地实际，体现地域特色。

一是从乡村文明出发完善基础设施。建设具有共同价值的"乡土博物馆"等文化设施，重视具有识别价值的乡村聚落、民居住宅等"乡土景观群"，使集物候节律、传统节日等与日常生产生活一体的"农业遗产带"焕发活力，进一步发展集循环农业、创意农业、农事体验于一体的"田园综合体"，发挥乡土景观人文辐射作用。

二是从地方文化出发，开展群众喜闻乐见的文化活动。调动农民参与热情，自创文化阵地。鼓励民间艺人为农村文化服务多做工作，让民间文艺活跃在民间。

三是加强"三农"题材文艺创作，反映乡村振兴的历史进程，叙述优秀的"三农"故事，体现乡村价值、乡村精神，鼓舞人们建设乡村、发展乡村。

要大力培育特色乡村文化产业。

一是重点发展乡村手工艺产业。发展乡村手工艺产业应着重实施乡村手工艺振兴计划，从发展文化事业和文化产业的高度，对乡村手工艺产业予以引导、扶持和推动，促进全面发展。要完善乡村手工艺文化保护与传承机制，针对手艺传人、管理者、经营者等不同从业人员，分类认定、分类保护、分类奖励，形成自上而下不同从业人员构成的"保护链"与"传承链"。要打造乡村特色手工艺产业基地，在手工艺资源丰富地区成立"乡村手工艺合作社"，发展龙头企业和农民专业户合作经济组织。要推行手工艺民生工程，在欠发达及贫困地区推广"一村一案"的"手艺农村"扶贫助困工程，在有条件的地区建立"乡村手工艺研发培训基地"，促进高校师生、企业设计师和手艺农户等开展交流协作，破除行业垄断，减少中间环节，开放手工创意产品发行传播通道。

二是统筹发展乡村休闲生活产业。随着人民生活水平的显著提升和消费结构升级，健康、安全、生态成为消费导向，都市消费开始转向乡村消费，追逐穿粗布衣、用手工作坊物品、吃自己种的有机粮蔬，已成为一种高质量生活方式。随着生产力的发展，人们休闲时间开始超过工作时间，休闲正在成为中国人的生活常态。休闲时代，乡村旅游逐渐走向乡村旅居，向着观光、休闲、度假复合型方向转变，乡村旅游产品进入个性化、品质化、审美化与创意化发展新阶段。乡村休闲生活产业，应在乡村农业公园、生态农业示范区、都市休闲农庄、乡村户外运动基地、乡村旅居营地、乡村民宿、乡土博物馆、乡土景观群、农业遗产带、田园综合体等发展模式上进行开拓创新，其发展定位应借鉴我国台湾地区创意生活思路，从人们的衣、食、住、行、育、乐等与生活息息相关的方面，开展系统化的设计规划，注重挖掘乡村旅游的"生活内容"与"美学内涵"，强调服务和活动所传达的"深度体验"，强调"传统文化的重要性"和"地方资源的依赖度"，重视"设计创意"与"日常生活"紧密对接所呈现出的"文化特色"和"品质生活"，发挥"生活内容与心灵体验"高度一致的创意，深刻体现乡村文化厚度、美学内涵、创意风尚与地方特色，以此彰显乡村传统文化、地域资源对于现代人品质生活的重要意义。

三是推进发展乡村健康养老产业。我国银发社会正在到来，而乡村正是发展健康养老产业的主要区域。乡村发展健康养老产业具有独特优势，田野、森林、河流、山地等生态环境良好，利于身体康养；浓厚的乡村文化气息和特色手工技艺，有利于文化体验和身体锻炼；叶落归根是中国人的传统观念，部分老年人生于乡村长于乡村，对于乡村有一种天然的亲切感和归属感，居于乡村能够激发他们对生活的积极态度，满足心理需求。乡村健康养老产业也有助于延伸农业产业链，改善乡村环境和景观，挖掘农业的潜在价值，形成区域性农产品的高端消费市场、休闲旅游和老年护理服务市场。

四是加快发展乡村"互联网+"产业。"互联网+"是促进乡村产业兴旺的重要抓手，是推动新旧动能转换、实现农业现代化的有效途径。以"互联网+"为工具载体，推动乡村产业融合，有助于构建新型农业生产经营体系，实现农业由生产导向向消费导向转变；有助于发展"智慧农业"和"精细农业"，

1. 长江路街道琴韵剧团表演茂腔小戏《沉甸甸的爱》
2. 隐珠街道烟台东剧团表演小戏《秋菊的嫁妆》

完善农副产品质量追溯体系，打破束缚乡村发展的时空限制和"信息鸿沟"，助力精准脱贫工作。乡村"互联网+"产业包括乡村 IP 开发、电商农业、电商扶贫、创意农业、共享农业、众筹农业等模式。例如现在市场上出现一些以互联网对接农场的新型业态，将互联网与生态农业结合，通过"线上认养、线下代养"的共享农业模式，实现了从农田到餐桌的无缝连接。

五是创新发展乡村文创公社产业。文化兴生活，产业促生计。乡村文创公社产业以地方文化资源为基础，以文化创意和设计服务为手段，以产业融合发展为路径，可以实现自然生态营建、历史古迹保护、产业协同发展的共生之道，重塑社区生活，形成特色公社。乡村文创公社产业包括乡村艺术公社（农民工笔绘画、农民画、渔民画等）、旧村"废屋利用"、乡村公共艺术规划、乡村文创研发中心、乡村创客孵化基地等发展模式。例如日照的凤凰措，便是"废屋利用"的典型。该项目建立在一个废弃的空心村上，设计师在保留老街巷肌理、保护原有生态的基础上，通过艺术设计，将废弃村落打造成为乡村艺术社区。

六是着力发展乡村研学体验产业。乡村是研学体验的重要目的地。作为传统文化的富集地，乡村拥有历史文化、手工文化、民俗文化、农耕文化、游牧文化、渔猎文化等各种文化资源，通过开辟针对中小学学生的乡村文化教育基地，有助于拓展其视野、丰富其知识，培养其乡土情怀，加深学生与自然和文化的亲近感，增加其对传统生活方式和社会道德的体验。乡村研学体验产业应以乡村自然生态与农业文化资源为基础，开展乡村生活态度体验；以民间故事、传说为重点，开展乡村生活故事体验；以农业生产劳作与村落生活休闲为载体，开展乡村生活方式体验；以乡村手工艺与民间艺术为依托，开展乡村生活艺术体验。

　　整体上，乡村振兴离不开乡村文化的振兴，离不开对乡村文化基础、资源和规律的认识和发掘，更离不开习近平总书记关于优秀传统文化"创造性转化与创新性发展"的战略部署，要因地制宜，把握规律，激发活力，使文化成为乡村振兴的核心动力，凝聚人心，维系乡愁，促进发展，建设新时代的田园生活，实现乡村振兴。

关于中国乡村设计命题的调查报告

农村发展一直是我国社会发展的关键问题。作为传统农业大国，农业文明绵亘数千年，农村、农民、农业很大程度上成为社会发展的基础和命脉。近现代以来，虽然经历了从农业文明向工业文明的转型，2010 年农业总产值在国民生产总值中所占的比重已降至 10% 左右，但地域意义上的"农村"面积仍达城市建成区面积的 320 倍，农村人口占总人口相当大的比例，促进农村发展的意义不言而喻。当前，从国家宏观战略出发，促进农村发展，不仅要消除经济意义上的二元分化，更要深入探究农村经济文化要素与国家整体产业布局和文化发展的内在联系，真正从产业联动、文化与经济协调的意义上推动农村发展。因此，问题的关键不是要以城市模式去改造乡村，而是从农村的实际——包括农村的文化生态和产业要素等出发去统筹城乡发展，发掘建立内在的互动联系。

一、农村文化生态与设计

近现代以来，农村传统文化受到现代工业文明、商品经济

1. 2010 年调研山东临沂郯城县红花镇中国结工艺
2. 广东潮州木雕，陈树东作

1

2

冲击，一方面，经济发展改变了农民对土地的依赖，扩大了农民的活动范围，经营中的契约关系冲破了血缘伦理纽带，科学技术理性地改变了经验的思维与教育方式，农村文化经历了现代化的建构与发展。另一方面，在相当程度上，天然的情感纽带、经验化的思维方式、生活重复而又丰富的农村文化状态，仍然更深层地延续在农民的衣食住行和社会交往方式中。具体来看，伴随农村劳动力外流和工业化冲击，加上文化建设相对滞后和缺失，农村文化存在的一系列具体问题值得关注。包括：（一）在社会持续转型的大背景下，现代多元文化不断流入农村，乡土文化的本源凝聚力减弱，文化认同开始下降，原有文化模式对农民思想行为的影响力和约束力减弱，引发农村民风民俗、伦理道德等一系列问题。（二）中青年农村劳动力大量外流，农村留守人口中妇女、儿童、老人比例大。据《第二次全国农业普查主要数据公报》，截至 2006 年末，农村劳动力资源中，初中及以下受教育程度人口比例达 89%，其中 44% 人口为小学文化程度及文盲。此外，早在 2000 年，我国农村 65 岁以上的人口所占比重已为 7.69%，标志着我国农村已进入老龄化社会。可以说，在劳动力流动转移的过程中，转移出去的多为受教育程度相对较高或较容易接受技能培训的劳动力，"农民工"作为新兴产业工人没有获得相应的城市居民地位，同时，"非农化"形成的剩余劳动力人力资本（指受教育程序、技能水平等方面的内容）整体水平较低。（三）工业文明导入使原有的农业生产方式受到了近乎毁灭性的冲击。如农业问题研究专家所指出，"在中国农业发展的历史中，我们的祖先通过使用农家肥、青肥、土地轮种、套种、灌溉、修建梯田等多种方式，基本实现了对土地的永续利用，而在现代社会，土地有了问题就依靠化肥和农药，天气有了问题就用大棚，农民更多的是以能获得最大经济效益的经济作物作为劳作的第一选择。随着化肥、农药等工业产品的进入，土地在短短的30多年时间里就出现了硬化、板结、地力下降、酸碱度增高"。农业生产本身包含生态价值观的文化选择。（四）就农村延续的传统文化而言，一方面，原有的文化价值体系和社区记忆正在逐步消失，传统民俗、技艺等面临危机；另一方面，传统文化在"非物质文化遗产"保护的意义上受到重视，在艺术形式、活动仪式、集体记忆、情感认同、传统技能等方面受到关注，同时也存在盲目的商业开发，对传统文化等造成肢解和破坏。

　　一段时期以来，我们的农村文化政策主要目标是以现代化的文化来建设和发展农村，很大程度上忽视了农村文化自身的意义以及农村传统文化对现代生活方式的无形影响。城市"文化下乡"以及消灭所谓的城乡差别，往往把农村当成了没有文化的区域。事实上，切断传统意义上的乡土文化之根，将直接对文化生态构成人为破坏，引发文化的"水土流失"，离散传统文化的凝聚力。与西方文明的源头在城邦文化不同，中国文明的源头在乡土文化，中国的乡土文化之根必将是中国当代发展的历史传承和文化观照。中国的农村拥有几千年传统文化的遗存，缺少的不是文化，而是当前社会发展中认识和传承文化的整合机制。在思考解决人与人、人与自然沟通问题的过程中，我们也需要让"农村文化进城"，我们要做到的是统筹城乡发展，而非同化城乡文化。设计在其中应当发挥重要的协调作用，探索解决以下几个问题：

其一，设计能否有效发掘农村文化价值？农村是传统文化的母体，农村文化中包含的生活方式、乡土信仰、道德习俗等，成为农民精神世界和整个乡村社会的文化生态系统。虽然在现代化进程中经受冲击并发生转折，但仍作为一种内在的、稳定的、隐性的传统，存在于人们的生活方式、习俗、情趣、人际交流活动的无意识中，具有内在的凝聚力。从设计视野看，应当充分理解和认识这一具有无形影响力的文化价值观，把握其在民间起居、器用、穿戴、祭祀、装饰以及游艺等民俗活动中的具体表现形态，形成具有文化根脉的当代设计，一方面使乡土文化传统在新的文化生态环境中经过涵化、调适而获得重生；另一方面，也是通过具有文化血脉的设计真正唤起农民对自己家园的记忆和认同，实现传统乡土文化在当代文化环境中的复兴。

其二，设计能否促进优秀传统文化的传承？在现代教育的背景下，依据学历教育考量，近九成农村人口是初中以下文化程度。不可忽视的是，农村也有自身的文化体系、文化信息和语言，例如手艺、民俗、乡礼等具有较强的社会性和传承力，广大农民就是天然的传承者。这些经验形态的传统文化，固然不同于科学，往往是日积月累而获得的感性认识，是文化层面的技艺经验，只能在具体的生产过程中直接传授，但在信息化和创意化的时代，文化和艺术本身也成为生产力的要素，农村手艺、乡土民俗等经验形态的文化应当作为重要的设计资源受到重视，通过设计介入，从符号、技艺、价值观等层面进行发掘和转化，实现优秀传统文化的设计传承。

其三，设计能否创造与生产生活结合的农村文化发展方式？我们认为，农村文化建设必须与农民生产生活相结合。无论是增强文化认同感和凝聚力，还是改善农民的精神需求，都应当有具体的着力点。文化认同不是凭空建立的，农民精神需求的改善也不是抽象的，往往植根在具体生活中，需要在其切身利益不断提高的过程中完成。农村文化建设，一方面必须与改善农民生活、增加农民收入结合起来，提高农民的幸福指数；另一方面，必须与传统文化的保护联系起来，使农民有尊严，有自信，有认同，不盲目攀比，不盲目崇拜，更不盲目放弃，自觉自信地传承和发展传统文化，造福一方水土、一方百姓。就此可将设计作为增强内生动力和区域竞争力的核心要素，充分发掘广大农民潜移默化传承的知识和技能，就地发展手工艺等农村特色产业，实现农村文化生态和产业生态并举的永续发展思路，以设计为突破口，增进民众的综合文化素质、幸福指数和社会责任，推进新农村文化建设，利用低碳经济创富。

其四，设计能否整合关乎农村发展的产业与教育资源？农村文化建设应融入优秀的教育和产业力量并形成合力。发挥设计的协调与整合作用，目标是在农村文化遗产保护、农村手工艺的产业开发中，真正使农民作为生产和文化的主体，并融入专业的教育和产业资源，整合优秀的艺术创造力量、工程技术力量与市场研究力量，借助新的科技思路、创意思路与营销思路，形成综合性、本土化的"创意产能"，全面提升工艺水平，突出文化内涵。事实证明，只有找到合适的切入点，搭建合作桥梁，才能在拉长做大农村文化产业链、集聚文化资源的意义上，把农村文化服务落到实处，实现"文化富民"。

总体上说，农村文化是一个完整的开放的动态的文化生态系统，既建立在相应的自然生态环境、农业生产方式和农村生活方式之上，也在工业化和城市化进程中受到多元文化的影响，需要在更广阔的背景下分析和把握。事实上，无论是非物质文化遗产保护，还是科技普及培训，无论是重建传统记忆、群体认同，还是拓展现代性的文化空间，都不是孤立的举措，应当把握内在的系统联系。农村的文化生态建设也将成为中国文化生态建设的基础工程。设计介入，有助于从转化实践层面进一步深入认识和把握农村文化资源，发掘其文化要素间潜在的逻辑关系和网络系统，激发其稳定性、自洽性和发展演变的动力，从农民生产生活的实际和本土文化的实际出发，开展文

1. 2018年调研浙江省遂昌县独山村
2. 陕北窑洞民居样式

化建设，激发民族文化的自信和生命力，实现以文化为动力的发展和繁荣。

中国设计要面向广大的农村和小城镇需求，建构中国当代生态田园的生产生活方式和空间。中国传统村落多为家族或宗族聚居模式，注重人与人之间的和谐，在村庄选址、建筑布局和风格等方面注重人与自然的和谐。一段时期以来，固有的文化凝聚力和人居环境，在新一轮产业发展、人员流动和城乡建设过程中，遭到不同程度破坏。设计如何充分发挥作用，使优秀的文化资源得到有效发掘和传承，使民间智慧和创造力得到有效应用，使人与自然亲善和谐的生活方式得到保留和延续，是重要命题。

二、传统村落保护与设计

就维护村落文化生态环境而言，当前最为突出和紧迫的莫过于古村落保护和发展。如果说村落作为中国农村广阔地域上和历史渐变中的一种实际存在的最稳定的时空坐标，作为一个个有活力的传承文化和发挥功能的社会有机体，其变迁始终是中国历史变迁的主要内容，那么，古村落则更是社会传统的活化石，具有突出的历史文化价值，古村落的破坏消逝是民族文化历史性的损失。但现实发展中，古村落及其文化景观的破坏、消失仍在加剧。

导致古村落破坏的原因，主要有以下几个方面：其一是历史性老化，即历史性老化造成老房子的自然颓败和无力修复。其二是城市化冲击，从外在角度看，城市化发展进程对古村落保护构成的压力在于"无序的随意的抢占性的新建、翻建，与乡土环境、历史风貌不和谐的各类现代建材破坏着村落的古风古貌；公路和高速公路的建设对村落景观的破坏，如穿膛破肚、砍伐古木；国家和地方水力发电站建设对流域下游古村落的冲击，大量古村落因此拆迁移址"，还有土地集约化导致的对民居宅基地的兼并。一些地方在推进农村发展中，忽视故有的自然生态和文化传统，导致原有的文化特色资源大量流失。从内在要素看，村民对现代城市生活方式和品质的合理追求与对原有居住环境的不满意，构成古村落保护的内部压力，村民外出务工造成的空巢现象加速村落颓败，老房子倒塌，传统习俗和生活方式后继乏人。其三是开发性破坏。一些地方对新农村建设目标与实质的误读造成了对农村的"大拆大建"。有调查显示，我国村落的个数平均每天减少约70个，造成大量历史文化村镇和乡土建筑遗产的消失和损毁。此外，还有经济利益带来的开发性破坏，追求利益最大化造成"旅游污染"。一些盲目追求经济效益的旅游项目导致村镇文脉资源被破坏，加剧农村文化"空心化"问题。

如何在当代社会空间里实现古村落的可持续发展，是问题的核心。在加紧保护传统民居、古亭、庙宇、祠堂、戏台等建筑物，及碑刻、雕塑、书籍、书法与绘画、铭文、家谱、传统生产工具等历史文物、物质文化遗产的同时，需进一步从非物质文化遗产的层面寻找突破点，尤其是至今还被人们使用，其生活方式、产业模式、技术工艺、艺术传统和行为观念没有中断而且继续发展的文化遗产，要加以发掘和发展，使传统生产、生活方式融入当代空间。

就此，加强设计实践，发掘古村落文化遗存，既可在传统与现代中找到平衡，促进古村落的活态保护与发展，也可不断为设计注入文化的灵魂。例如，日本在古城及村落保护中广泛确立了一种"尚技"意识，尊重并推进传统手工艺发展，提出"造物技能启发事业"；日本设计界亦强调对传统的尊重和爱护，提出"未来设计，源于地方传统工艺"，"让传统工艺与思想融入现代设计，进而活化地方产业"。设计与传统的结合在古城和村落保护中发挥了支撑生产、生活发展的深层作用。我国也有设计与传统工艺结合，从而带动村落原生态保护与发展的案例，如贵州雷山县西江镇控拜村以打制苗族银饰作为主要经济来源和生活方式，全村几乎家家户户都会制作银具，其银饰手工艺不仅成为独具控拜风格的苗族装饰艺术，其制作工艺、演变、类型，也是研究苗族精神信仰和社会关系的重要依据。而今，该村由以前只有十几户人家打制银饰，发展到190余户，不仅是从事传统意义上的手工艺制作，也不断融入了当代设计语言。在新的文化语境中，记录苗族人的精神世界，诠

1. 竹编作品《咏鹅图》
2. 2017 年陕西宝鸡凤翔县六营村调研泥玩具

释苗族图腾崇拜、宗教巫术、历史迁徙、民俗生活等方面的文化记忆，表达控拜村苗族人民对本民族文化的理解和认同。控拜村的银饰产品销往广西及其他苗族支系，并远销欧美、泰国、日本、中国台湾等国家和地区，在产业发展和文化传播过程中，其村落文化生态得到涵养和发展。又如山东潍坊杨家埠村，早在明初村民就凭借祖传的雕版技艺刻版印制年画以维持生计，同时用印年画余料绘制扎糊风筝，逐渐发展为商品。清乾隆年间，风筝制作已成为当地重要的手工产业，杨家埠风筝作坊已达 30 余家，年产风筝 40000 只。清末民初，杨家埠风筝从业户达 60 余家，从业人员 200 余人，年产风筝 18 万只。现在，杨家埠成为潍坊风筝的主要生产地，所产风筝占潍坊风筝市场总量的 95%，产品销往山东各地及河北、河南、安徽、江苏、福建等地。

由此得到的经验和启示在于，结合古村落自身的资源特点，加强设计开发，对实现具有文化内涵的、可受益的、可持续的发展，具有重要意义。应该说，发展旅游并不是第一选择，更不是唯一选择，还有多方面路径可探索。应具体以当地丰厚的文化资源为基础，依托自然条件，发挥村民的积极性和创造力，开展手艺等特色文化资源的设计创作和生产，加强品牌和产业链建设，这不仅有助于促进村民就业，带动其增收致富，而且有利于在发展生产和生活的基础上，增强文化认同感和凝聚力。同时，将村民作为非物质文化遗产的创造者和传承者，重视对村民"活态"文化的保护，并通过保护改善村民的生产、生活条件，让绝大多数村民在保护中得到实惠，使活生生的文化得到延续，是当前古村落保护中不可忽视的重要内容。

因为古村落是一个文化生态系统，古村落的保护要从生态系统整体着眼，单体保护则较难实现"活态"保护与传承。保护古村落必须充分考虑村民的发展问题。就此，在更深的层面上，可围绕手工艺等设计项目进一步建立城市和古村落在经济、文化上的互动联系，充分发掘古村落传统文化的辐射力和影响力，为设计产业、创意产业发展提供文化资源，并充实建构当代民族文化心理；同时借助市场机制以及全球化的信息和营销体系，拓展古村落文化和产品的传播渠道，提升村民知识信息、契约协作等方面的素养和能力，这也是古村落及传统手艺生产的可持续发展，从而真正使古村落保护工作由少数专家呼吁演变为全民参与的保护运动，从保护与发展两个方面，实现古村落的现代转型。

从设计实践的角度看，古村落保护的关键，还是其可持续发展的问题。这既是在社会转型、经济发展过程中产生的，也是关系文化传承和发展的核心问题。传统农业文明向现代工业文明转型中，具有突出历史文化价值的古村落受到了严重冲击。在生产、生活相联系，农村和城市文化资源相结合的基础上，以文化传承为核心，充分发掘广大农民潜移默化传承的知识和技能，有助于加强文化认同并在传承传统文化的同时吸收前沿信息技术，融入当代生活，实现动态的、生态意义上的保护和发展。这应作为切实的发展方案加以探索和完善，促进古村落文化的"活态"传承以及整体上的可持续发展。

三、农村文化产业与设计

农村文化产业是中国特色设计产业不可忽视的重要组成部分。以农民为创作和生产主体，集聚在特色文化资源和自然资源丰富的农村地区，集中在手艺文化产业、乡村旅游产业、地方土特产等领域的产业形态，具有生态环保、劳动力密集以及循环经济的特点。

手艺农村创意展区

从国情看，我国是传统农业大国，农村是数千年传统文化的天然载体。从文化建设层面探索解决发展问题，以文化为核心驱动，通过整合农村自然和文化资源，激发农民创造力，健全包括生态农业、手艺产业、民俗旅游、土特产加工等在内的产业机制，可以促进手工艺等非物质文化遗产的生产性保护，拓展具有中国特色的文化产业空间，更好地弘扬中华民族文化传统；有助于实现文化富民，增加农民收入，改善农民生活；有助于进一步为传统文化传承提供物质保障，助推中国文化走向世界。这不失为解决农业、农村、农民问题的一条新路，一举多得，意义重大。以山东农村手艺文化产业为例，当前年生产总产值已突破千亿元，带动150万农村人口就业，创造了显著的经济和社会效益。但是推进农村文化产业发展非常不易，涉及农民思想观念特别是市场观念、商品观念淡薄的问题以及如何保护传统手艺的问题，涉及一家一户、小作坊式生产与社会化大生产衔接的问题，涉及政策扶持问题，等等。农村文化产业的发展需要一个较长的培育和发展过程。尤其当前，农村手艺文化产业等很大程度上仍处于自发状态，亟待加以全面规划、有效引导，采取切实措施加以扶持。

根据笔者多年来对于"手艺农村"的调研，就设计介入农村手艺文化产业而言，可以实现以下几个方面的提升和发展：

其一，是以当代设计观念转化传统手艺样式。随着新的生产方式、工作方式、生活方式、家庭模式、新的道德伦理关系

1. 传统民间工艺设计转化：首饰设计

2. 青少年当代艺术创作体验活动现场

的深刻变化，中国经济、社会、文化价值坐标体系也明显发生变化。生产的过分规模化、批量化、标准化和文化的过分精英化、山寨化，正逐渐趋于小型化、多样化、情感化、仪式化、原创化、娱乐化。在这种观念调整的时代背景下，设计的关注点必然更多地从物质走向文化，从功能靠向情感。中国传统手艺所蕴含的生态循环意义、生活审美意蕴和人文社会价值等特点，恰好契合和满足了社会转型过程中民众对创新转化的心理需求。传统手艺是伴随社会发展和生活实践过程的一种生产、生活方式，具有情感传递和交流的功能。手艺的优势在于个体主观的表现和创造发挥，与当代设计观念的高度融合，不仅可以满足民众生产、生活对日常用品的文化需求，而且可以快速融入现代城市生活空间，发挥设计服务大众的最大效能。

其二，是以当代设计语言转化传统手艺文化元素。中国传统文化资源库中存有大量与手艺相关的传统知识、象征符号、艺术形态、生态材料和文化空间。在整合现代制造技术、设计创意和传统文化元素，塑造中国产品设计语言的过程中，应注意三点：一为"传承"。能在"中国制造"全球推广体系下发挥设计创新的有效功能，使产品成为中国文化基因的携带者和中国人文理念的载体，用传统的价值观眺望未来。二是"尊重"。因大多产品选用自然材料，采取手工制作，故在制造、流通过程中摒除造成环境负担的因子，以示尊重自然生态与消费者的决心。三为"融合"。以人文与自然、设计与制造、使用者与创造者、传统与现代、东方与西方之间的和谐关系为出发点，以文化精神、精工技艺和生态环保为产品语言追求，使中国设计重新回归民众的生活基底。

其三，是以当代设计创意产业转化传统手艺产业。未来，传统的第三产业将面临产业结构调整和转型升级的巨大机遇与挑战，实体经济的粗放式发展开始在更多领域让位于可持续发展的理念，传统产业业态与新兴产业、新兴技术、新的国际惯例融合的趋势已成为可能。产业与设计样态的互动衍生，将给设计产业自身以及相关产业延伸带来前所未有的调整机会。通过设计创新，因地制宜、因势利导地将手艺资源优势转向设计发展强势，并与小城镇经济中的第一、二、三产业体系充分融合，实现"结构优化、产业升级、财富积聚"的跨产业、多行业联动效应。加强传统手艺资源战略性、生态性、生产性创意设计研发，促进传统文化与当代设计融合，培育和发展以创意设计为核心的"创意农业""创意生态产业""创意生活产业""休闲观光产业""创意会展产业"和"创意商贸产业"等新型业态体系，以此探索设计在小城镇空间再造、产业结构调整、发展方式转变和稳定劳动力就业等方面的应用和实践。

其四，是以当代品牌设计转化传统手艺代工。中国制造业发展模式基本是依靠国际企业、资本、技术和国外市场（特别是美国市场）的大循环来带动本地的小循环。在这个经济运作模式中，生产利润的绝大部分让外资获取。如果从手艺整条产

1

2

3

4

1. 家具设计
2. 藤编坐具设计
3. 编织灯具设计
4. 传统民间工艺设计转化：风车书架

业链来看，中国除了发展低价格的劳动密集型贴牌代工之外，其他环节的版权和定价权几乎都被西方发达国家所控制。设计与品牌文化是国家经济成功突围的两大利器，从单项设计到工程、系统设计，都亟须传统手工文化智慧的启明，这些稀缺的国家文化战略资源才是我们创新的动力。中国传统手艺通过设计资源转化为品牌资源，关键依靠优良的设计、精湛的工艺和成功的国际市场开拓能力。让品牌植入到传统手艺创新中，让传统手艺创新支撑品牌，这对中国设计"走出去"，并被世界广泛接受，是一个非常有效的方式。

具体而言，一要发挥流程管理和行业标准制定两个端口的作用，切实提高手艺产品的质量和标准。二要加强手艺产品源头创新，孵化若干各具特色的"贴牌"产品和更多"创牌"产品，全面实施农村手艺产业的品牌战略。三是发挥手艺产品名牌效应，因地制宜地实施品牌带动战略，提升手艺产品的附加值，扩大手艺产品市场占有率，提高市场覆盖率，实现手艺产业规模效应。之所以把手艺农村与设计创造有机地联系在一起，是希望中国的设计师应关注美丽中国的田园乡村，关注生态文明最有代表性的中国手艺，关注那些农村的手艺人，关注我们生活中到底缺少了什么。

总之，从设计与农村的联系可以看到，中国的设计应调整战略定位，既要引领风尚，又要服务民生；既要关注时尚，更要关注农村；真正面向大众，面向现实，解决产业发展和文化传承的现实问题；真正从概念的艺术设计转向大众的生活设计，从奢华的装饰设计转向朴素的实用设计，做到回归生活，服务产业，服务民生，服务消费者。我想，设计既是时代的产物也是领跑者，中国设计要植根中国现实，体现中国智慧，真正具有时代性并持续而有效地发挥引领作用。

乡村文化产业的"六大集群"

本文摘自 2018 儒商大会演讲稿,《大众日报》2018 年 10 月 10 日刊发,有删改。

乡村是中华优秀传统文化的母体,乡村文化中包含的生活方式、乡土信仰、道德习俗等,成为整个乡土社会的文化生态系统,具有内在的凝聚力。一段时期以来,我们以现代化的城市文化来建设和发展农村,很大程度上忽视了乡村文化自身的意义以及乡村传统文化对现代生活方式的无形影响。中国的乡村拥有几千年传统文化的丰富遗存,缺少的不是文化,而是当前社会发展中认识和传承文化的整合机制。我们自 2006 推广

湖南通道侗锦制作

"手艺农村"项目以来，以乡村传统工艺文化资源为基础，从传承乡村文化、重塑文化生活、发展特色产业等多维视角，提出发展乡村文化产业的新命题。[1]事实证明，以文化为核心驱动，发展乡村文化产业，对于拓展具有中国特色的文化产业空间，弘扬中华民族文化传统，创造性地解决农业、农村、农民问题具有重要意义。特别在当前国家推动乡村振兴的战略背景下，促进乡村全面发展，不仅要消除经济意义上的二元分化，更要深入探究乡村经济文化要素与国家整体产业布局和文化发展的内在联系，真正从产业联动、文化与经济协调的意义上推动乡村可持续发展。

乡村文化产业是以农民为创作和生产主体，将乡村特色文化资源与生态资源转换为文化商品和文化服务的现代产业形式。乡村文化产业首先是乡村的特色产业类型，扎根乡村生活，依赖乡村资源，服务乡村消费，吸引城市人民下乡。乡村文化产业也是"乡村文化"的产业化发展方向，推动优秀传统文化的创新转化，促进乡村文化进城。推进乡村文化产业的发展，应遵循保护、传承、创新、衍生的基本发展理念，保护原汁原味的乡村自然与文化生态、传承优秀的传统文化基因、创新发展现代文化生活方式、衍生特色手艺产品消费。山东是农业大省和文化大省，农业发展基础良好，儒家思想与齐鲁文化

---

[1] "手艺农村——山东农村文化产业调研"系2006年中宣部批准设立的全国宣传文化系统"四个一批"人才资助项目，潘鲁生为项目负责人。

资源丰富，乡村文化产业发展的优势明显；当下，山东正致力于塑造新旧动能转化的试验区和乡村振兴的齐鲁样板，着力发展乡村文化产业具有示范引领意义。本文以山东为例，提出培育乡村文化产业的"六大集群"：

一、乡村手工艺产业

历史上，在"男耕女织"的农耕社会结构中，作为农民家庭副业的手工艺生产是主要的产业形态。自 20 世纪 20 到 30 年代，传统手工艺被作为重要的精神价值和审美资源，纳入中国现代文化构建中。新中国成立后，20 世纪 50 到 80 年代，传统手工艺作为对外贸易的重要抓手，在国家经济建设时期发挥重要作用。1956 年，根据毛泽东同志在《加快手工业的社会主义改造》中关于保护、发展和提高手工业的指示精神，国家和政府制定了一系列发展措施。先后成立"中央手工业管理局""全国手工业生产合作社联合总社"等各级管理机构，推动以往分散的、作坊式的手工艺生产走向集中，形成了以集体所有制经济形式为主体、城乡结合、专业生产与副业加工结合的生产体系。与此同时，中央工艺美术学院挂牌以及各地相继成立工艺美术学校，为地方手工业发展输送人才。全国各地也成立工艺美术研究所，在传统手工艺研究、保护与产品创新方面发挥重要作用。大家对手工艺保护与生产方针也取得社会共识。可以说，在这一时期，手工艺作为重要行业纳入国家轻工体系，在规模上已经具备现代工业组织化、产业化的特征。20世纪90年代以来，市场经济体制下，大量手艺企业改制，生产要素转移，手工艺生产主体由城市工厂又回到乡村作坊，形成了"经销公司＋加工公司＋中间人＋农户"的产销组织形式。

当前，手工艺是乡村文化产业的重要增值部分，中国小城镇最具普遍意义和提升潜力的产业类型就是乡村手工艺产业。事实证明，发展乡村手工艺产业具有独特的生态优势、产业优势、文化优势和传播优势。据调研统计，山东乡村手工艺资源丰富，产业发展基础良好，涉及17地市9个门类共计130个代表性手工艺项目。近年来，山东以乡村手工文化为基础，以农民为生产主体，借助现代产业组织形式运作的乡村手工艺产业，发展规模不断壮大，从业人员不断增加，产业产值逐年增长。乡村手工艺产业已基本形成专一产业独立生产的整合模式、专一产业规模生产的辐射模式、多元产业交叉的联动模式等三种发展模式。例如，临沂郯城红花乡是中国结最大的专业生产基地，中国结编织专业村发展到40个，产品在国内市场占有率达到70%以上，村里大多数老人和妇女是生产制作者，男劳力和回乡大学生是市场推售者。村民回乡有了职业、有了作坊、有了市场、村民增收致富有了实惠，同时也促使一些农民工返乡，有了家庭的团聚、有了归属感，生产生活有了属于

1. 民间传统剪纸技艺

2. 山东临沂郯城红花镇中国结手工编织作坊

自己的文化内容，"中国结"编织出现代乡村幸福生活。乡村手工艺产业具有广阔的市场前景。根据 2016 年联合国教科文组织发布的《文化贸易全球化》报告，中国是全球文化产品最大出口国，也是手工艺品类最大的出口国。但也要清醒地认识到，乡村手工艺产业仍以传统贴牌代工的旧动能为主，如何开展乡村手工艺设计创新动能转换，以当代设计观念转化传统手工艺样式，以品牌设计转化传统手工艺代工，以当代设计创意产业转化传统手工艺产业，唤起平常生活文化的美学价值，服务当代生活方式，是乡村手工艺产业亟须培育发展的方向。特别是伴随经济社会发展，人民美好生活需求日益凸显，在信息技术、文化消费等新的发展机遇下，手工艺国内市场发展潜力较大。据有关资料显示，2010 年开始，内贸超过外贸，并逐年增长，已成为新的经济增长点。

发展乡村手工艺产业应着重实施乡村手工艺振兴计划，从发展文化事业和文化产业的高度，对乡村手工艺产业予以引导、扶持和推动，促进全面发展。完善乡村手工艺文化保护与传承机制，针对手艺传人、管理者、经营者等不同从业人员，分类认定、分类保护、分类奖励，形成自上而下不同从业人员构成的"保护链"与"传承链"。打造乡村特色手工艺产业基地，在手工艺资源丰富地区，成立"乡村手工艺合作社"，发展龙头企业和农民专业户合作经济组织。推行手工艺民生工程，在欠发达及贫困地区推广"一村一案"的"手艺农

1

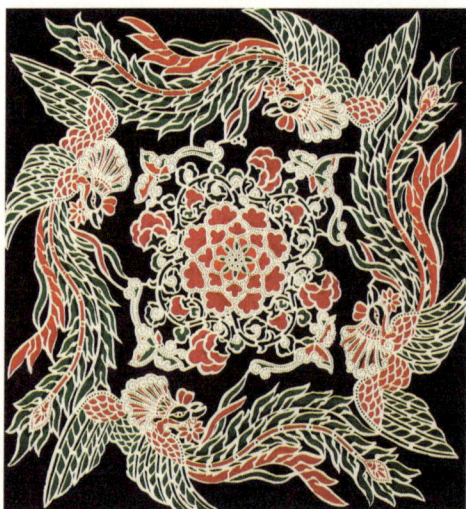

1. 曹县农民画《红色记忆》，高
潭印绘
2. 调研山东临沂民间印花布技艺

2

村"扶贫助困工程，在有条件地区建立"乡村手工艺研发培训基地"，促进高校师生、企业设计师和手艺农户等开展交流协作，破除行业垄断，减少中间环节，开放手工创意产品发行传播通道。

二、乡村休闲生活产业

休闲是人类生存发展的基本需求，也是社会文明进步的重要标志，休闲生活是现代人向往的生活方式和生活态度，也是对文化旅游产业内涵的进一步深化与提升。2017 年，中国国内旅游人数超过 50 亿人次，中国已经成为世界最大的国内旅游市场，旅游成为人民群众日常生活的重要组成部分。大众旅游时代，旅游更加泛化，统一规划布局、优化公共服务、推进产业融合、共建共享的全域旅游成为发展趋势。根据国家旅游局数据，乡村旅游人数已占到全国游客总量的 1/3，乡村游呈现出超出一般旅游业态的蓬勃活力。乡村游的兴盛与"逆城镇化"的社会现象有关，在当前快速城市化的同时，越来越多的城里人开始向往着去乡村生活、居住。"城镇化、逆城镇化两个方面都要致力推动。城镇化进程中农村也不能衰落，要相得益彰、相辅相成。"[1] 乡村游融合三产，连通城乡，更富含中国

[1] 2018年3月7日上午，习近平总书记参加十三届全国人大一次会议广东代表团审议时发表重要讲话。

人的田园情怀和乡愁情结，适应城市居民日益增长的周边短途休闲度假消费需求，在推动城乡融合发展、提高城乡居民生活质量、促进贫困地区脱贫等方面发挥越来越重要的作用。

随着人民生活水平的显著提升和消费结构升级，健康、食品安全、生态成为消费导向，都市消费开始转向乡村消费，追逐穿粗布衣，用手工作坊物品，吃自己种的有机粮蔬，这已成为一种高质量生活方式。随着生产力发展，休闲时间开始超过工作时间，休闲正在逐渐成为中国人的生活常态。休闲时代，乡村旅游逐渐走向乡村旅居，向着观光、休闲、度假复合型方向转变，乡村旅游产品进入个性化、品质化、审美化与创意化发展新阶段。乡村休闲生活产业创新乡村农业公园、生态农业示范区、都市休闲农庄、乡村户外运动基地、乡村旅居营地、乡村民宿、乡土博物馆、乡土景观群、农业遗产带、田园综合体等发展模式，其发展定位应借鉴我国台湾地区创意生活思路，从人们的衣、食、住、行、育、乐等与生活息息相关的方面开展系统化的设计规划，注重挖掘乡村旅游的"生活内容"与"美学内涵"，强调服务和活动所传达的"深度体验"，强调"传统文化的重要性"和"地方资源的依赖度"，重视"设计创意"与"日常生活"紧密对接所呈现出的"文化特色"和"品质生活"，发挥"生活内容与心灵体验"高度一致的创意，深刻体现乡村文化厚度、美学内涵、创意风尚与地方特色，据此彰显乡村传统文化、地域资源对于现代人品质生活的重要意义。

三、乡村健康养老产业

"银发社会"正在到来，乡村是发展健康养老产业的主要区域。根据国家统计局数据，2017年底全国60岁及以上人口占比达到17.3%，预计2050年前后达到35%左右，中国将成为世界上老龄化最严重的国家之一。[1]同时，根据国家民政部的统计年鉴显示，超过80%的社区居家养老服务设施分布在乡村。[2]乡村发展健康养老产业具有独特优势，田野、森林、河流、山地等生态环境良好，利于身体康养；浓厚的乡村文化气息和特色手工技艺，有利于文化体验和身体锻炼；叶落归根是中国人的传统观念，部分老年人生于乡村长于乡村，对于乡村有一种天然的亲切感和归属感，居于乡村能够激发他们对生活的积极态度，满足心理需求。乡村健康养老产业也有助于延伸农业产业链，改善乡村环境和景观，挖掘农业的潜在价值，形成区域性农产品的高端消费市场、休闲旅游和老年护理服务市场。随着"健康中国"战略的推进实施，群众健康意识也不断增强，医养健康产业未来将成为重要的支柱性产业。乡村健康养老产业的发展模式包括田园康养基地、自然理疗中心、中医养生基地、乡村养老宅院、乡村养老社区等。例如在丹麦，老人选择与自己志趣相同的朋友一起住在乡村，共同建设属于他

[1] 数据来源：国家统计局2018年1月18日发布老年人口统计情况。
[2] 数据来源：国家民政部《2016中国民政统计年鉴》社区养老机构以及互助养老设施分布情况。

们的家园，乡村自助养老社区成为一种流行方式。

四、乡村"互联网+"产业

网络全民化时代，中国互联网产业发展潜力巨大。截至 2018 年 6 月，我国网民规模达 8.02 亿，互联网普及率为 57.7%，其中手机网民规模达 7.88 亿。[1] 乡村蕴含着丰富而独特的 IP 内容，通过设计创意与数字转化，借助互联网传播优势，可以打造乡村成为文化原创生产中心。乡村电子商务保持快速发展态势，发展潜力逐渐释放，产业规模不断扩大。"淘宝村"是乡村电商主要模式，例如，山东滨州博兴县湾头村发展草编产业，成为国内 14 个大型"淘宝村"之一。2016 年，湾头村草编电子商务从业人员达 2000 多人，建立草编工艺品网店 500 多家，年销售额过百万元的网店有 30 余家。"互联网+"是促进乡村产业兴旺的重要抓手，是推动新旧动能转换，实现农业现代化的有效途径。以"互联网+"为工具载体，推动乡村产业融合，有助于构建新型农业生产经营体系，实现农业由生产导向向消费导向转变。乡村"互联网+"产业包括乡村 IP 开发、电商农业、电商扶贫、创意农业、共享农业、众筹农业等模式。例如现在市场上出现一些以互联网

---

[1] 数据来源：中国互联网络信息中心（CNNIC）发布第42次《中国互联网络发展状况统计报告》。

对接农场的新型业态，将互联网与生态农业结合，以"线上认养、线下代养"的共享农业模式出现，实现了从农田到餐桌的无缝连接。

五、乡村文创公社产业

文化兴生活，产业促生计，乡村文创公社产业以地方文化资源为基础，以文化创意和设计服务为手段，以产业融合发展为路径，实现自然生态营建、历史古迹保护、产业协同发展的共生之道，重塑社区生活，打造特色公社。以台湾地区的社区营造为例，台湾社区以乡村为主，始于20年前的社区营造，被当地专家称为"台湾展开的一场最基层、最普及、最温和，但影响却难以估计的社会运动。它的作用在于一点一滴唤醒人们对土地、对家乡的感情，拉近了邻里间的关系，是一个由下而上、浩大绵久的家园再造工程"。总结其经验，将社区历史文化的发掘作为社区营造的基础，社区产业作为社区营造的主轴，有效地盘活了当地资源，注重本土村民的参与和社会多方协力，准确把握社区本身与外来协助者之间的关系。乡村公共艺术形塑传统精神空间，增强情感联系、提升审美素质、增进文化认同、深化精神追求。以山东莱州市初家村"村碑"的营造为例，以本土材料与技艺营造"村

1

1. 木版年画衍生产品设计
2. 旅游文化衍生品设计

2

碑",并融入村民生活信仰,重塑了百姓日常生活的精神标识,在美化村口这一公共空间的同时,也实现美化教育、保存历史、承继文脉、促进和谐等功能。乡村文创公社产业包括乡村艺术公社(农民工笔绘画、农民画、渔民画等)、旧村"废屋利用"、乡村公共艺术规划、乡村文创研发中心、乡村创客孵化基地等发展模式。例如日照的凤凰措便是"废屋利用"典型,该项目建立在一个废弃的空心村上,设计师在保留老街巷肌理、保护原有生态的基础上,通过艺术设计,将废弃村落打造成为乡村艺术社区。

六、乡村研学体验产业

中国研学体验产业面临的市场空间巨大。在国际上,营地教育早已成为课堂教育的延伸,美国每年有 1000 万学生参加营地教育,加拿大、俄罗斯、澳大利亚等国家的研学体系也已非常完善。中国作为人口及经济大国,符合时代需求的教育理念势必提上日程。据统计,当前全国中小学在校学生总数接近1.3 亿,研学市场份额将达到 1000 亿人民币。2016 年以来,教育部政策推动研学旅行,并将其纳入中小学必修课程。借鉴国际先进经验,如何做好研学体验的基地建设和保障体系是推动产业发展的关键问题。作为传统文化的富集地,乡村是研学体

1. 山东日照凤凰措艺术乡村建设
2. 调研临沂传统手工技艺与传承

验的重要目的地。乡村饱含历史文化、手工文化、民俗文化、农耕文化、游牧文化、渔猎文化等各种文化资源，开辟针对中小学学生的乡村文化教育基地，有助于拓宽视野，丰富知识，培养乡土情怀，加深与自然和文化的亲近感，增加对传统生活方式和社会道德的体验。乡村研学体验产业应以乡村自然生态与农业文化资源为基础，开展乡村生活态度体验；以民间故事、传说为重点，开展乡村生活故事体验；以农业生产劳作与村落生活休闲为载体，开展乡村生活方式体验；以乡村手工艺与民间艺术为依托，开展乡村生活艺术体验；以民间信仰、民俗节庆为主，开展乡村生活信仰体验。

中华优秀传统文化的根脉在乡村，与当代中国文化建构、经济社会发展有血脉联系，乡村振兴的内涵既包括物质上的富裕，更包括精神上的富足。发展乡村文化产业，促进乡村产业结构调整，重塑城乡关系，实现文化富民，对传承发展优秀传统文化和加强乡村道德文化建设也具有积极作用。乡村文化产业应主动融入国家文创产业发展框架，着力发展六大产业集群，建构中国当代生态田园的生活方式和生活空间，满足人民群众对美好生活的需求。发展乡村文化产业应从乡村生产生活实际、本土自然与文化资源实际出发，激发乡村文化自信和生命力，推动以文化为动能的乡村振兴发展，最终实现"农业强、农村美、农民富"的振兴目标。

第二章　村落保护

第二章　村落保护

关于传统村落保护问题的思考

　　传统村落保护问题的实质，是传统社会向现代社会转型的问题。一方面，由于经济快速发展、城市化进程加快，伴随产业结构调整、劳动力流动以及生活方式和生活节奏变化，传统村落不可避免地经历种种变迁。西方社会也曾面临并寻求解决村落转型发展的问题，1975 年"欧洲建筑遗产年"提出《关于保护历史小城镇的决议》，认为当时小城镇和村落发展存在的主要问题在于：经济活力不足、人口外迁、古镇风貌被破坏。这与我国目前面临的现实相似，是人类社会城市化过程中存在的、需要共同面对的问题。另一方面，在自然演进的因素之外，社会转型期人们在价值判断、文化认同以及措施导向等方面存在的具体问题，进一步人为地加剧了传统村落的破坏。基于客观原因和主观因素，传统村落保护问题需多角度、多层

江南水乡的民居村落

次地加以分析和解决。

一、提高对传统村落的文化认同

如果身处一个"一次性物品充斥的社会"，很难形成对历史遗产和文化真正的尊重。对于传统村落而言，尤其需要在政府、公众等更广泛的层面形成关于传统村落价值的共识。

首先要进一步认识到农村与城市具有同等重要的价值。所谓"城乡等值"，消除城乡差距的重点在公共服务、社会保障、生活便利程度等方面，而非简单地以城市文化模式"同化"农村，不能忽视农村文化特色和历史积淀。特别在信息化的社会

1. 2017 年调研广东潮州东凤镇下张村"营老爷"民俗
2. 2018 年考察广西贺州昭平县凤凰乡鹩鸪村

背景下，对城乡的社会结构的认识应该有所更新，地域的、农业意义上的农村还有新的发展空间，巨大的传统文化信息含量，可以激发创造新的社会价值。同时要进一步明确传统村落保护，保护的是一个"文化的空间、文化的整体、文化的模式"。必须遵循"整体性"保护原则，重视建筑构建、空间组织、生存环境、当地居民活动等各构成要素，避免和减少不同形式的破坏。

文化认同不是抽象的、凭空建立的，往往经过"利益驱动""情感驱动"和"知识驱动"几个递进提升的层面，要重视文化认同的载体，通过具体的措施加以推进。如通过编村史村志、修家谱族谱、开展村落文物普查、申请历史文化名村、争取生态补偿等具体措施，发挥村民主体作用，提高民众认同感。同时要与经济和生活环境的改善相联系，加大对传统村落公共设施的投入，补贴居民修缮改造费用，而且要重视地方文化特色和传统工艺的作用。

二、探索实施"废屋利用计划"等资源转化措施

要真正使固有的特色文化生成发展，融入当代，创造价值，而非破坏性开发。具体可围绕传统村落的废弃房屋实施"废屋利用计划"，做好传统文化资源融入当代生产生活空间

的转化工作。

　　首先，民居等遗址资源丰富地区可考虑建设生态博物馆。这有别于将地方景观作为旅游项目的组成部分，而是尽可能加深人们对文化遗产的关注和诠释。首要是发挥村民的主体作用，比如收集、保存和展示对当地人们有意义的事物，组织村民参与展览，充分激发当地居民对文化的认同。由当地民众决定展品、藏品的选择，增强博物馆与村落、社区的相关性和互动性，使博物馆成为认同感和创造性的重要源泉。在此基础上，可以尊重文化、关心文化为核心，适当开展文化旅游项目。同时，相关传统建筑可修缮建成村落信息资料中心。吸纳村民参与当地历史研究，开展积累和记录工作，如口述历史、收集照片资料等，使之成为当地的"记忆库"。建立资料文件中心并向公众开放，联合高校及相关研究机构，增进对当地遗产和研究成果的理解，通过展览、出版书籍等活动进行研究。

　　此外，相关废旧传统建筑可启用建成传统手工艺传习基地，为当地手工艺提供传承和交流场所，同时开展收集、保护和展览。参考国际经验，如英国可马丁屋建成"考古景观诠释中心"，在其系列展示内容中，手工艺制作是一项重要内容，当地手工艺品长期在大英博物馆、苏格兰国家博物馆等巡回展出。在瑞典手工艺村、韩国民俗村等，特色手工艺都是核心内容。我国农村传统手工艺资源丰富，尤其传统村落蕴含极具特色的手工艺文化，可以在保护相关建筑遗址的同时，开展手艺

1

1. 2016 年考察河南信阳新县西河湾村

2. 2015 年调研云南大理挖色镇大城村

3. 集市上的草柳编产品

4. 2017 年调研广东潮州传统工艺美术

2

3

4

文化传播与交流，促进文化遗产的活态传承和发展。

三、加强社会转型期传统村落发展问题研究

当前，激发经济活力仍然是传统村落发展的一个核心问题，但经济发展往往会引起强势文化对弱势文化的渗透，造成对传统乡土聚落文化的损害。因此要重视对社会转型期传统村落模式变异问题的研究。

如传统村落变迁的平衡问题。一方面，旧的平衡已经打破，原先的经济发展模式无法满足村落居民新的发展需求，但

2012 年考察山东荣成东楮岛村

是单纯的城市化发展，会使传统村落被消解和破坏。另一方面，社会对传统村落有了新的潜在需求，包括研究者、文化旅游者、文化保护者等构成的多元群体，其介入是传统村落发展新的平衡力量。需要进一步明确保护的基本原则，深入研究如何使当地居民生活方式和社区结构既有稳定性又有发展活力，既使生活品质得到提升又不破坏文化内涵等。如当前学术界认识到，"景观化"为传统村落提供了一种新的可能和发展途径，伴随现有景观格局的保存甚至复兴，支持原有的生活方式和社会结构，有可能缓解和避免城市化流动和改造带来的破坏和文化认同的危机。但在实际操作中，"景观化"必然伴随旅游发展问题，一方面，乡村旅游为平衡聚落内部和外部使用者需求提供了一个文化产业通道；另一方面，旅游活动容易打破内在的渐进发展节奏，带来"不适宜的跨文化传播现象"。如何实现综合的社会价值是一个现实问题。

要进一步研究和把握传统村落的"生活性"核心。传统村落是生活的基本单元，生活是其存在发展的核心。关键是紧扣可持续发展的原则，引入一种可持续的现代生活方式，在景观、建筑遗产、传统活动和社会习惯之间建立联系和创造价值。具体在研究领域，可就传统村落社会结构变迁探讨家族文化变迁、传统生计变迁、传统民间组织变迁等，进一步去理解由众多要素构成的整个传统村落社会结构的宏观变迁，探索如何保留现存的事物并指出未来可能的改变方向。

　　总之，传统村落保护具有紧迫性，为了妥善、有效地对传统村落加以保护，还需及时抢救与长效工作同时展开。在尽可能划定"红线"保护传统村落文化遗产的同时，还要争取形成全社会对于传统村落价值的共识，使传统村落保护的基本原则更加深入人心。既要采取积极有效的具体措施，还要开展深入的学术研究，使古村落保护有学术引领，有群众基础，有可行的保护方案，做到以文化认同为根本，以村落居民为主体，以学术研究和策略为支撑，实现及时有效地保护和长远可持续地发展。

城镇化进程中的传统村落保护与文化生态修复

传统村落是农村文化的重要载体，是国民的集体乡愁。传统村落保护的现实背景是"城镇化"，"城镇化"涉及数以亿计人口的生产、生活的变迁发展，包括产业结构调整、劳动力资源迁移、公共服务体系建设、民生需求完善和乡土文化转型。城镇化进程中，要守住农村的文化底线，"以人为核心"的城镇化要从经济、政治、文化、社会、生态文明"五位一体"的全局来推进，要作为民生工程并关注农村文化建

2014年12月12日，全国政协在京召开双周协商座谈会，就"城镇化进程中传统村落保护"问题进行讨论。本文根据作者在会上就城镇化进程中的传统村落保护与改善民生问题提出的建议修订完善而成。

2016年调研贵州黎平县堂安侗寨

设，涵养文化水土，修复文化生态，保护传统村落，留住乡愁，建设有情感、有文化、有田园的城镇，提升生活质量，让人们有家园的归属感、家族的荣誉感、家庭的幸福感，愿意衣锦还乡，把传统村落保护与建设这对看似矛盾的因素转化成为发展的机遇。从根本上说，传统村落保护是一个文化战略问题。

我国传统村落保护经历了从专家学者呼吁保护到政府与村民开始自觉保护，从物质文化遗产保护拓展到非物质文化遗产保护，从文化遗产保护到改善民生的整体保护几个发展阶段，这是历史发展的必然选择，也是社会达成一致共识的过程。当前，对传统村落的保护要提升到"文化生态保护"的高度来认识，提升到保护文化生态的综合层面和战略高度。具体的任务包括修复村落文化生态系统，促进村落文化资源的转化发展，发展传统手工艺的生产力，实施传统村落整体性综合保护措施，实现农村文化的良性发展。

一、修复文化生态

关注文化生态，要对空壳空巢的村落进行内容补给，发掘盘活村落文化资源，激活村落文化的活力，提振村落的文化面貌，既要促进传统文化再生，恢复乡规民约，也要鼓励

精英知识分子等回归乡村。具体而言，民俗
活动是一种文化凝聚力，传统村落保护要有
生活内容，要有传承人。在一些传统村落，
要充分尊重当地的民俗信仰，可以自发恢复
一些地方性民俗礼节活动，自愿举行宗亲祭
祀活动，鼓励恢复本地优秀的乡约民规。比
如云南的一些传统村落，家家户户有宗族和
随时代更新的"天地国亲师"供奉，这是当
地老百姓朴素的信仰，也是民间的文化血脉，
对于这种文化的凝聚力应当重视和维护。

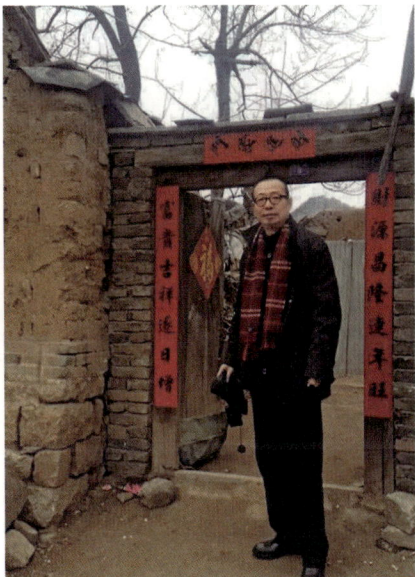

2015 年 2 月，春节期
间先后赴山东、河南、
山西等地考察传统村落
年俗

　　专家学者可以组织志愿者，帮助开展乡村口述史整理，修
家谱、族谱，留存村落记忆，增强传统村落的向心力，开展传
统村落宣传，增强村民的文化优越感。同时，可适度发展以村
民为主体的乡村旅游，让他们享受传统村落保护的红利，增收
致富。但乡村旅游要有特色，有文化保护意识，不能使传统村
落沦为旅游增收的工具，而破坏保护传统村落的初衷。

二、活化文化资源

　　一些传统村落手工艺资源非常丰富，而且富有特色，可以
因地制宜发展农村手工艺，鼓励村民从事传统手工艺劳作，以

家庭作坊为主体，前店后坊，成立农村手艺合作社，并加强与高校和专业设计机构的教育科研协作，帮助村民增收致富。在手工艺资源特别充分而且手工艺形式适宜的村落，可以完善手工艺循环经济模式，实施手艺品牌战略，既保护文化遗产又使村民致富。从近十年我们在山东开展"手艺农村"课题的跟踪调研来看，传统手工艺发展得好，村民安居乐业，能让传统村落焕发新的生机。一些在城市打工的村民也回乡利用当地手工艺创业，发展农村文化产业，村民对传统村落的自觉保护意识不断增强。

特别是手工艺资源丰富的少数民族地区，传统村落保护与传统手工艺保护应综合考虑。建议设立"国家扶贫公平贸易机构"，给民族地区的手艺人开设"直通车"，提供公平贸易信息，引导公平贸易发展，为相对闭塞贫困地区的手工艺生产者直接寻找市场和消费者，减少贸易中间环节，提高村民的收入。同时，要加强民族地区的手艺人培训，可以鼓励公益机构办学助教，培养农村传统技艺人才，动员吸收社会力量来发展民族地区传统村落的特色手工艺。

三、健全工作机制

传统村落保护是个系统工程，要统筹好政府、专家与村民

1. 山东民居建筑

2. 2017 年调研河南开封清明节民间习俗

3. 调研杨家埠木版年画技艺传承

1

2

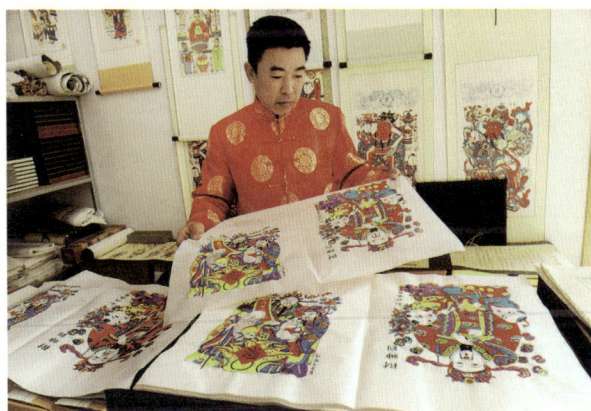

3

的关系，本着政府主导、专家参与、村民受益的原则，重视村民的意愿和选择，修复传统村落的文化生态，留住村民，留住文化，避免村落空心化。

在村民层面，"以人为核心"的城镇化，要保护传统村落，就要设身处地考虑传统村落里世代生活的村民的权益和愿望，从保护村民的根本利益出发，将传统村落的保护与建设列入改善民生工程，使村民成为传统村落保护的首要受益者和责任人。以居住条件为例，要使传统村落的历史文化形态和现代化生活的便利设施充分融合、互为表里，通过合理规划，在保有历史形态和格局、传统选材和工艺、民间装饰和风格特色的同时，更新其内部水电、冷暖、卫生、厨用、家电等设施、设备和功能，保留历史文化并充分提升生活品质。

在政府层面，要有所为有所不为。在加强传统村落的基础设施建设、加大公共设施投入、支持私有民居维修维护、改善村民生活条件、改变传统村落是贫穷的象征方面，要积极作为，加大财政支持力度；在劳动就业、教育培训、创造发展条件和机会、促进安居乐业、实现可持续发展方面，要加强扶持和帮助。对于民间良好的风俗、习惯、信念等，要充分尊重，不过分干预。

在专家层面，民俗学、建筑学、社会学等多方面专家要站在村民的立场上，从村民的角度、利益、权益等方面出发解决保护与发展问题。对于村落来说，不仅要避免破坏，还要留住

2011 年"手艺农村——潘鲁生主持山东农村文化产业调研成果展"

人，留住生活。所以关键不是冻结标本，而是盘活资源，修复文化生态，从固态保护到活态保护，从保护村落物质文化、非物质文化到保护村落村民的整体利益，从文化生态的整体保护来综合考虑。

四、方案因地制宜

传统村落保护要讲规范，专家要在具体的规划和引导上发挥指导作用，实现"一地一规划"，"一村一方案"。如福建省编制了相应的技术指南和发展导则，对历史建筑、道路工程、垃圾治理、生活能源、安全防灾、绿化树种等作出了符合当地实际的科学指导，为社会各方面的保护工作提供参照，很有借鉴价值。举例来说，福建客家传统村落，建筑布局与水系网络交织，相关保护工作必须深入研究村落与自然生态的有机联系，不能用简单的机械技术实施线性规划、道路硬化等硬性发展。

传统村落保护要因地制宜，具体还要结合当地的实际情况，要充分重视和尊重当地百姓关于民宅居所的习俗、观念和工艺。往往是凭着土生土长、世代传习的选址布局、选材应用、营造工艺、工程时序等民居建造经验才能建造和修缮好原汁原味的乡土建筑。就此可设立专项经费，鼓励和帮助村民和当地工匠应用木工、泥瓦工等民间传统工艺，让村民自我保护、修缮、营造。同时，要协调好现代化的生活设施与传统民居构造和形态之间的关系，比如太阳能热水器如何安装才能与传统民居形态协调？铝合金门窗、防盗网等功能能否隐性植入传统门户，而不肢解破坏传统民居形态？这些都应深入研究和规划。此外，要研究好经济生产发展与地方特色传统文化发展

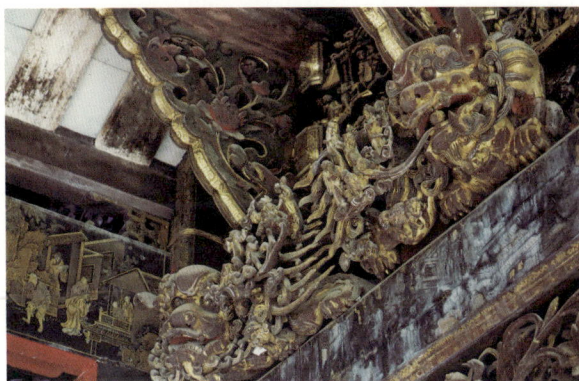

1. 2018 年考察广西桂林龙胜县龙脊镇金竹壮寨
2. 龙脊镇民居建筑上的木雕工艺

之间的关系，要使文化成为一种内生动力，而不是经济创收的工具。举例来说，原生态的文化体验本身富有价值，所以要维护好独特的历史文化，而不是断章取义、短视地开发。就此，可会同经济学、社会学、建筑学、民俗学、工艺美术等专家进行全面论证，并建立传统村落的文化基因库和数据库，研究和推动资源的再生发展，使保护工作因地制宜、科学规范、切实可行。

五、纳入制度轨道

传统村落保护要讲规章和法制，建议政府出台《传统村落保护与发展条例》。参照 1997 年国家出台的《我国传统工艺美术保护条例》，各级建立了相应的配套措施，取得了积极成效。出台《传统村落保护与发展条例》，有助于进一步理顺相关工作机制。

具体而言，首先是解决传统村落的认定、评估和保护的原则问题，划定保护红线。进而是明确传统村落保护的实施机构和主体责任，确立科学、系统的传统村落保护措施，并明确传统村落保护的法律责任，避免挂着保护的牌子，却长期处于缺乏监管与维护的状态。由专门机构负责古村落保护的规划、管理、实施、协调、修缮、审定等工作，由政府相关部门对本行政区传统村落保护发展进行监督管理。同时要上升到维护文化安全的高度，充分考虑人居环境、建筑风貌、民俗风情等特色，改变目前文化与审美缺失的问题，避免追求眼前利益的破坏性开发。从整体上使传统村落保护有法可依，规范传统村落的保护发展秩序，将传统村落保护纳入制度轨道。

　　总之，对传统村落的保护问题上，政府、专家、村民的角色与立场很重要，大家要立足国情，实事求是，从城镇化建设的发展全局来衡量，必须站在农村土地改革、农村文化建设和传统文化生态保护的宏观角度来思考，制定科学、实际、符合村民意愿的政策与措施，制订传统村落保护条例，从中华民族永续发展的文化战略意义上，在有法可依的基础上，把传统村落保护与发展落到实处，造福一方百姓。

健全传统村落保护的法制体系

2012 年 4 月以来，国家四部局联合启动中国传统村落的调查，认定传统村落。在普查认定的基础上，传统村落保护还需要进一步深化和发展。具体应纳入法制轨道，从法制层面解决传统村落的保护红线与保护原则、保护主体和法律责任、保护机制和保护措施、保护监督和评价执法等问题，从制度上协调和处理好传统村落保护与发展中的现时和历史、保护和发展、经济和文化等问题。

相关立法亟待跟进，1982 年颁布的《中华人民共和国文物保护法》、2002 年颁布的《中华人民共和国文物保护法实施条例》和 2011 年颁布的《中华人民共和国非物质文化遗产法》，在物质文化遗产和非物质文化遗产上各有侧重，但对于兼有物质和非物质文化遗产性质，兼容生产和生活，具有活态性、复杂性，内涵丰富、现状复杂的传统村落缺少针对性。2008 年颁布的《历史文化名城名镇名村保护条例》涉及村落，但侧重于对历史文化纪念意义的认定和文物保护，尚未从建筑、规划、民俗、艺术以及人类学等整体角度对大量具有独特历史意义的传统村落进行立法保护，未解决传统村落的保护主体、保护内容、保护机制、保护监管、保护责任等问题。因此，建议国家

1. 2006 年考察陕西安塞县民俗
2. 2014 年新疆伊犁察布查尔锡伯自治县堆齐牛录乡考察锡伯族迁徙节习俗

出台《传统村落保护与发展条例》。内容如下：

一、划定保护红线，解决传统村落认定、评估和保护的原则问题

明确整体性保护原则。范围包括传统村落的自然景观、历史建筑和人文内容三部分，专门制订体系化的保护标准，具体就保持传统格局、历史风貌和空间尺度等划定保护红线。

确立民生发展原则。传统村落是基层农村社区，不是文物保护单位，要使保护与发展相统一，着眼民生需求，改善生活条件，切实提高农村人民生活质量，处理好传统村落的现代化问题，使保护更加牢靠。

突出文化生态保护原则。把握传统村落生产生活基础，发展生产，修复文化。保护有形的物质文化遗产和各类非物质文化遗产，及时记录、充分尊重传统村落独特的历史记忆、宗族传衍、俚语方言、乡规民约、手工技艺、生产方式等，全面增强文化认同感和凝聚力，激发传统文化资源的活力。

二、实现有法可依，明确传统村落保护的主体
　　责任、实施机构和法律责任

明确主体责任。县级以上地方人民政府制定本行政区域国民经济和社会发展计划、土地利用总体规划和城乡规划，应落实传统村落保护总体规划规定的保护措施。管辖村落的地方政府需签署保护承诺书，地方官员为指定责任人。

明确实施机构。政府组织专门机构负责传统村落保护的规划、管理、实施、协调、修缮、审定等工作，具体确立相应地区传统村落保护的标准和重点，明确保护范围和建设控制地带，建立系统的传统村落档案，形成科学的保护措施，协调社会力量参与，解决传统村落保护中存在的突出问题。

健全监督执法机制。由政府相关部门对本行政区传统村落保护发展进行监督管理，避免挂着保护的牌子，却长期处于缺乏监管与维护状态。对破坏传统格局和历史风貌、违反保护规划的建筑物、构筑物等，加以禁止并追究法律责任。

三、做到因地制宜，建立"一地一规划""一村一方案"
　　的传统村落保护措施

因地制宜做好建设规划。根据当地实际编制技术指南和发

展导则。对传统村落的历史建筑、道路工程、垃圾治理、生活能源、安全防灾、绿化树种等做出符合当地实际的科学指导，为社会各方面参与保护工作提供参照。以乡土工艺复原传统村落特色。针对传统村落民居建筑修缮与维护等现实需要，切实把握复原文化特色和乡土性的关键，保护乡土技艺有关的传统建筑体系和工艺技术，积极扶持传统技艺工匠队伍，并做好当地工艺文化记录、保留和传习，在传统村落保护和发展中发挥作用。

突出优势，发展特色产业。保护农业生态。划定农业保护红线，结合南方、北方、平地、丘陵等不同地区传统村落的农业发展条件，加强农业生产扶持和农业基础设施建设，保护农耕生态和生产基础，发挥农耕在传统村落形成发展中的基础作用。发展特色副业。鼓励建立地理标志，发展特色农副产品生产、手工艺生产等。结合传统村落历史文化优势，拉伸延展农业及农副业产业链，促进与相关文化创意产业融合发展。适当发展旅游业。以文化为主线、以原生态生产生活为基础发展旅游业，融入相关文化创意设计，使旅游业多元化，避免简单和片面化。

1. 2016 年调研广东潮州木雕

2. 2016 年调研广东潮州石雕

3. 2010 年调研山东曹县江米人制作手艺

4. 2016 年调研浙江丽水遂昌县独山村

四、突出民生主体，健全"政府主导、专家参与、村民受益、社会协作"的传统村落保护机制

突出民生主体。加强传统村落基础设施建设，加大公共设施投入，支持私有民居的维修维护和基础设施建设，改变传统村落是贫穷象征的现象。营造教育培训和就业创业发展机会。切实考虑村民的发展愿望，包括居住生活、劳动就业以及教育培训等发展机会，创造条件安居乐业，实现可持续发展。

建立协作机制。政府从民生保障和文化战略出发，开展传统村落保护与建设。专家从建筑学、民俗学、社会学等多方面论证解决传统村落保护与发展问题。村民参与传统村落建设和规划发展，成为传统村落保护与发展的主体。社会力量积极协作，成立志愿者服务组织，开展文化活动，设立传统村落保护基金，向社会、企事业单位和个人募集基金，探索建立民营资本投融资机制。

五、重视文化生态，修复农村文化生态系统，激发农村文化活力

加强民俗传承。在一些传统村落，鼓励恢复地方性民俗礼节活动，自愿举行宗亲祭祀活动，鼓励恢复本地优秀的乡约民

1. 2005 年，潘鲁生主编《民间文化生态调查丛书》，山东美术出版社

2. 2018 年调研广西贺州昭平县黄姚镇笔头村

规。组织专家学者和志愿者，帮助开展乡村口述史整理，修家谱、族谱，留存村落记忆，增强传统村落凝聚力。

复兴传统村落工艺文化。加强传统村落特色工艺知识产权保护，开展标识注册，培养传承人，推动技艺传习与推广应用，鼓励村民从事传统手工艺劳作，以家庭作坊为主体，前店后坊，成立农村手艺合作社，加强高校和专业设计机构的教育科研协作，帮助村民增收致富。

实施少数民族地区传统村落连片保护。对少数民族一些根基性的原始聚居地与核心区域实施成片保护，从整体上保护历史与自然生态环境。

传统村落的文化保护历程

中国民间文化抢救工程巡礼活动在山西晋中榆次区后沟村举行具有特殊意义。2002 年 10 月，在冯骥才先生的带领下，我们首次对后沟古村进行了采样调研，随后在 2003 年 1 月，后沟古村被选为中国民间文化遗产抢救工程的古村落农耕文化遗产保护采样地。一项事业与一个村庄的联系并非偶然，其中包含了学术的视野、关切和方法体系。十几年来，冯骥才先生引领的中国民间文化遗产抢救以及传统村落保护行动，在历史

2002 年潘鲁生与冯骥才考察山西古村落

性的社会经济文化的转型进程中，存续民族文化的薪火，存留民间记忆的载体，可谓旷日持久、艰苦卓绝。其中，引领性的理念、科学的方法、对民族文化命运和乡土民生的关切是一条贯穿的轴线，也是如今我们回看中国民间文化抢救工程的价值和意义所在。

一、后沟古村与中国民间文化抢救工程的出发点

首先，后沟古村发现伊始就建立了民间文化遗产与传统村落保护的紧密联系，也倡导着中国民间文艺家协会的学术主张。可以说，冯骥才先生带领的团队对民间文化遗产的抢救，从未停留于孤立的民间文化事象本身，而是时刻关注其得以孕育生成、赖以演化发展的村落母体，不仅在学术上建立了民间文化研究广阔而深刻的社会视野，也在实践领域拉开了传统村落保护的序幕。同时，这奠定了中国传统村落保护的内容基点，即并非仅从表层关注建筑遗产，更从民间文化与艺术意义上关注传统村庄的聚落形态和生存发展内涵。民间文化遗产与传统村落保护一体双生，这是我们深入开展相关研究与实践的重要的出发点。

同时，后沟古村的发现与认定，意味着我国对于传统村落评价标准的确立形成。如冯骥才先生在《古村落是最大的文化

山西晋中榆次区后沟村环境

遗产》一文中指出："关于古村落的标准有四条。第一个有悠久的历史，而且这个历史都被村落记忆着。第二个就是应该有较完整的一个规划体系。比如较完整的村貌、建筑、街道以及庙宇、戏台、桥梁、水井、碑石等等，应该是一个基本完整的体系。第三个，应该有比较深厚的非物质的文化遗存。包括各种民俗、民间文学、民间艺术等等。当然可能这个村庄没有剪纸，那个村庄可能根本没有民间戏剧。但是它应有较丰富的非物质文化遗存。第四个，有鲜明的地域特色，有它的独特性。独特性就是不可替代性，不可替代的价值。"其中包含了传统村落评价与认定的指标体系和价值取向，对传统村落的历史、规划、遗存、特色作出界定，也启示我们进一步研究分析传统村落构成要素的相关性价值、潜在信息价值，具有原点意义。

此外，后沟古村的村落民俗采样活动，也标志着我国当代民间文化普查研究的方法体系进一步形成。2002 年，在围绕后沟村展开的民俗普查活动中，确立了涵盖生态、农耕、工匠、交易、交通、服饰、饮食、居住、家族、诞生、成年、结婚、拜寿、殡葬、信仰、医药、游艺、岁时等调查内容；采用了逐一调查全村 70 岁以上的老人，对周围村落不同年龄、不同文化层次、不同社会阅历的村民进行走访调查的方法；采用了问卷调查座谈、随机抽样等调查形式。由此形成的是一部村落及民间文化的调研范本，如冯骥才先生在《中国民间文化遗产抢救工程普查手册》中所作的提升和深化，是一个科学的方法体系。

二、传统村落保护与发展的方向

伴随经济和社会发展，传统村落甚至更广泛意义上的农村的凋敝没落是一个普遍趋势。由于生产技术提高，解放了大量农村劳动力，城市化、工业化集聚吸收，加速了农村人口大量外流；加之交通、通讯、物流发展，传统乡土社会的封闭性被打破，生产生活的内容和需求更加复杂化；而且乡土建筑等在物质层面的实用功能势必逐渐老化和减弱，实用功能层面的淘汰在所难免。由此导致农村人口萎缩、传统的农渔林业和工艺产业日趋衰落、城乡发展失衡、传统文化与社会价值开始动摇等一系列问题。值得关注的是，传统村落中包含着历史形成的、具有唯一性的传统价值和记忆秩序，如果简单地以新代旧、寻求物质利益和功能的满足，消解的将是历史形成的文化主体性、认同感、凝聚力和特色文化资源的发展动力。

在漫长的农耕社会发展过程中形成的村落文化十分丰富。传统村落作为一种文化形态和文化意象，内部交织的是制度、礼俗、农业生产以及乡土社会里人才不脱离草根、精英力量始终参与乡土建设等内在机制，在转型过程中，很难孤立地保留建筑遗迹等物质外壳，必须深入文化的血脉肌理，考虑其根本性的生成和发展。特别是结合当前传统村落保护中遇到的现实问题，我们必须进一步研究和解决：拥有独特历史文化禀赋的传统村落，是以文化驱动经济生产，还是用经济市场来肢解文化？是实行相对静态的遗产保护，还是开展动态的乡村与社区营造？是采取自上而下的、外力干预为主的消极保护，还是多方参与、村民为主的主动保护？就此，必须进一步明确传统村落保护与发展的主体、对象、机制和目标。

参考日本"再造魅力故乡"实践和韩国"新村运动"，初衷都在于拯救社会转型冲击过程中凋敝的乡村，出发点是独具特色的地方文化，开展的是具有主动性的"营造""再造"，主体是地方居民。如日本"再造魅力故乡"运动提出，"以独到的眼光来发掘地方的资源，以积极的思考方式来重新评估地方发展方向；即使受到一些限制，也能换一个方向来进行，而得到非常好的成果。更重要的是，不再是仅仅以不满来面对现状，而能平实地勾勒出今后将要如何前进的情景。因为这样，我们就能使都市的魅力重新散发出光辉，使人们和工作机会再度回流到地方上来。"[1]韩国"新村运动"等也在于探索乡村的现代化之路，以人的发展、文化的发展带动乡村的建设和发展。

从根本上说，传统村落的保护与发展必须回归文化，着眼社会发展，即更加重视文化生态和文化资源保护，变静态保护为动态营造，并进一步发挥村民的主体作用。传统村落要延续和发展下去，必然要与当代社会对接，发展经济和生产，因而发挥其文化资源禀赋和特色优势，发展具有文化创意内涵的产业，具有契合度和可行性。关键在于，是充分认识文化的独特价值、尊重文化的生态和内涵，以独具特色的历史文化来增加产业附加值，还是以短期的市场收益、逐利需求来开发、肢解、改造原本具有唯一性的历史文化遗存。其中涉及深层次的认同、发展的监督机制，以及主动营造和发展的共识。

一段时期以来，我们对农村文化缺少认同和尊重，甚至将农村、乡土作为鄙夷嘲谑的对象，也将农村视为需要城市"送

---

[1]［日］西村幸夫：《再造魅力故乡：日本传统街区重生故事》，王惠君译，清华大学出版社，2007，第23页。

2002 年调研山西晋中榆次区后沟古村

文化"加以帮扶的文化贫瘠地带。像这样缺少自觉和尊重，其实是对文化历史传统的某种背弃，也是我们不能深入到文化层次加以传承、建构、营造和驱动发展的原因所在。应该说，传统村落要生生不息发展下去，不能仅依存于自上而下的名录体系，必须建立村民主体的文化自觉与参与机制，全面考虑以文化为内核和驱动的地方经济社会发展路径，实现以特色文化资源为根基的营造性的发展。

三、传统村落保护与发展的建议

后沟村的经验是，在全面梳理、深度认识和尊重认同文化的基础上，形成了整体性、风貌性和原真性的保护原则，解决了修旧如旧与舒适生活的矛盾，从民居建筑到作坊工艺，全面复原传统风貌，从而使文化价值全面凸显，并在后沟村发展中发挥了重要作用。总之，传统村落保护与发展是一项社会事业，需要动员社会各方面力量理性参与，而且制度化、精细化、系统化，使之成为一项可以量化决策、透明管理、社会整体受益的公共事业。建议出台《传统村落保护与发展条例》，划定保护红线，解决传统村落认定、评估和保护的原则问题，实现有法可依，明确传统村落保护的主体责任、实施机构和法律责任，做到因地制宜，健全"一地一规划""一村一方案"的传统村落保护措施，突出民生主体，健全"政府主导、专家参与、村民受益、社会协作"的传统村落保护机制，重视文化建设，修复农村文化生态系统，激发农村文化发展活力。

具体结合目前传统村落保护与发展中存在的问题以及发展趋势，建议从文化生态、主动营造、主体作用发挥等几个方面予以加强。

其一，深化传统村落文化资源转化研究，搭建公益性专业支持平台。研究者是传统村落保护与发展事业的理论建构者，应该发挥先导作用，不仅要全面梳理和科学认定传统村落历史

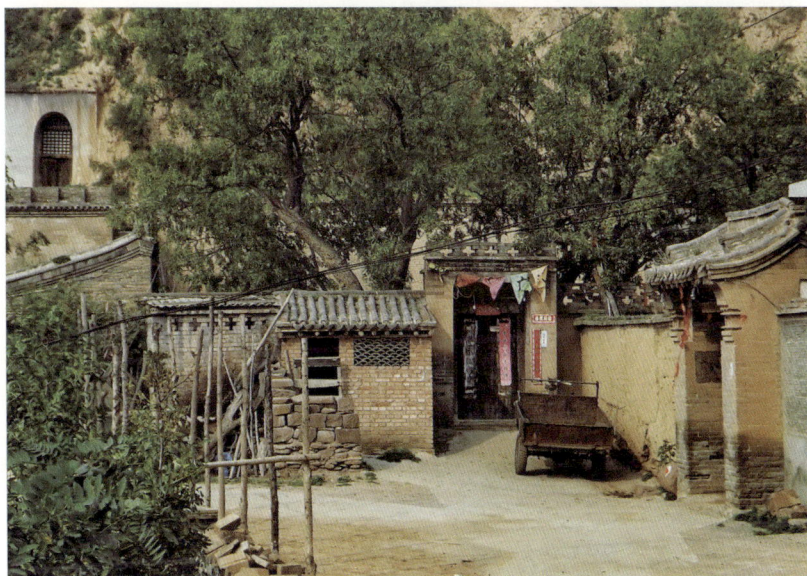

1. 2002 年调研山西晋中市榆次区后沟古村

2. 后沟古村

文化的脉络和价值，确立保护规范和策略机制的理论依据，也要加强实践转化和应用研究，找到历史文化资源传承发展、活化利用的可行途径，并就此建立研究转化"雅俗共赏"的信息交流平台，为村落基层发展提供智力支持，促进学界研究成果转化为社会价值。

其二，制定传统村落活化营造策略。政府公共管理部门除了担负起有效的保护职责外，必须深刻认识传统村落现代化转型的现实意义，进一步研究制定发展措施，从传统村落活化的意义上推动再生发展。如台湾地区在社区营造中提出，"贫困的乡镇社区，想要在经济上继续维持生机和活力，只有依赖独特性、在地性、稀有性的'文化产业'方向来开发。一方面为原有的各种产业和地方特色赋予文化性的意义和价值，另一方面将具有魅力、独特的地方文化，透过行销概念予以商品化，赋予其实体与心理价值，即将文化经由企业化经营的方式创造市场的新气象，提升市场的价值"。[1]在产业转型升级的整体趋势下，我们应通过制定传统村落活化营造策略，重振地方文化，实现地区机能重塑，提高生活品质，以期解决衰退问题。

其三，健全村民自主保护与发展机制。村民是传统村落保护与发展的主体，正所谓"地方的魅力事实上是由于居住在这

---

[1] 杨敏芝：《地方文化产业与地域活化互动模式研究》，博士学位论文，台北：台北大学，2002，第80页。

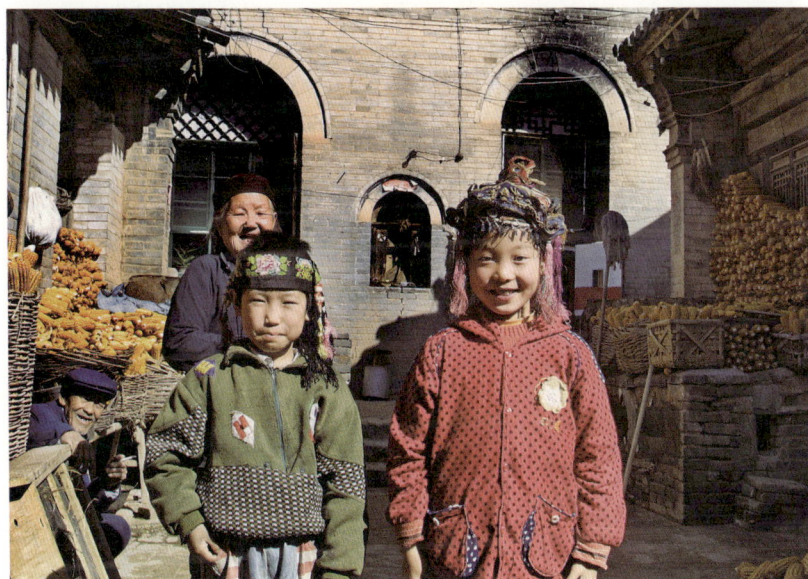

1. 后沟古村民风淳朴
2. 后沟古村的儿童

片土地上的人的魅力而产生出来的"[1]。具体应建立健全传统村落保护的专业咨询机构"传统村落保护咨询委员会"，成员由政府机构成员、专业技术人员、乡土社区代表、社区外部公众代表组成，就传统村落价值专业分析与认定、保护资金落实、文化价值实现等进行监督和管理，目的在于有效引导、监管基层自治组织对传统村落的保护管理实践，保证传统村落保护组织在实践中的社会综合效益。

总之，传统村落是历史形成的，有其形成过程和内容内涵的丰富性，它在当代的转型发展也不可避免。我们既要从文化传承发展的意义上加以认识，为中华民族伟大复兴存续血脉和见证，也要精细化地剖检解决转型发展中面临的现实问题和矛盾，以文化的认同和创造为根基，重视整合资源，重塑环境，建立共识，发挥基层主体作用，实现传统村落的活化与发展。

---

[1]［日］西村幸夫：《再造魅力故乡：日本传统街区重生故事》，王惠君译，清华大学出版社，2007，第19页。

传统村落保护要突出村民权益

2002 年，从山西晋中榆次区后沟村调研传统村落开始，"中国民间文化遗产抢救工程"拉开了序幕。十几年来，在七部委等政府部门的积极推动下，在专家学者、有识之士的参与下，全社会动员起来，从过去缺乏对传统村落的关注，到现在积极行动开展保护工作，形势发生了巨大变化。2012 年以来，国家建立《传统村落名录》。2013 年，住房和城乡建设部印发《传统村落保护发展规划编制基本要求（试行）》，明确了传统

本文根据 2016 年 11 月 22 日作者在"何去何从：中国传统村落国际高峰论坛"上的发言整理而成。

2015 年 6 月赴山西晋中榆次区后沟村调研古村落

村落保护规划的一系列要求。2014 年，住房和城乡建设部、文化部、国家文物局、财政部出台《关于切实加强中国传统村落保护的指导意见》，防止出现盲目建设、过度开发、改造失当等修建性破坏现象，推进传统村落保护项目实施。2016 年，住房和城乡建设部办公厅、文化部办公厅、国家文物局办公室、财政部办公厅、国土资源部办公厅、农业部办公厅、国家旅游局办公室七部门联合印发了《中国传统村落警示和退出暂行规定（试行）》，对中国传统村落实行警示和退出管理，"中国传统村落"名号不再"一劳永逸"。可以说，传统村落保护的社会共识普遍建立起来，保护的自觉意识普遍增强，一系列有重要保护价值的濒危文化遗产得到了抢救，许多传统村落基础设施等生产生活条件得到改善，传统村落保护的制度建设不断加强，从一定程度上遏制了传统村落快速消失的局面。

现阶段还要进一步关注和解决的有村民权益问题。因为村民是传统村落里的生命，是我们所有保护行动中的主体，往往村民权益保护得好，村民安居乐业，传统村落就有生机，有内生动力；如果相反，还是难逃"空心化"和衰败的命运。

一、解决"空心化""同质化"和"景观化"问题

"空心村"是城镇化发展过程中出现的问题。为了生计，

1. 2015 年 6 月赴山西灵石董家岭村考察传统村落生态

2. 3. 4. 2015 年 6 月赴山西灵石董家岭村考察传统村落生态

农村青壮年纷纷涌向城镇工厂、工地，农村老龄化社会提前到来。同时存在"小手拉大手"现象，为接受更好的教育，学龄少儿将父母和祖辈拉到了教育资源优势集中的城镇。传统村落的发展主体相应缺失，村落先于城市进入老龄社会，相关硬件基础设施、医疗养老服务、文化建设疏导等需要跟进。

同时，传统村落存在格式化建设现象。承载历史文化传承意义和丰富内涵的宗祠、村庙未能有效修缮和应用，统一新建的小广场、大舞台等往往因脱离农民生产生活需求被空置、闲置。部分地区存在高度趋同的景观设计开发现象。把一种景观模式复制到不同村落，甚至通过资本运作方式进行推广，导致原有自然肌理、人文风貌遭到建设性破坏，难以修复。此外，一些新村建设脱离老村传统，导致高度雷同。一些地方，趋利求便的"沿路村"和整齐划一的"兵营村"大量产生。老村、新村面貌迥异。传统营建工艺以及附着在传统村落空间中的民俗民艺等缺乏用武之地，老村所承载的文化内容和功能趋于弱化。还有"重面子，轻里子""重地上，轻地下""先破坏，再修复"的问题要避免，引导解决山寨洋楼、内涝频发、宜居品质低下的问题。

要警惕传统村落开发存在的过度"景观化"现象。在旅游经济开发中，为了追逐经济效益，脱离生产生活，生硬制造景观表象，往往无视村民的生存安全保障、生活质量提升、生产效率提高等需求。比如大量建造观光景观，仅供游客游玩，与

1. 2. 2015 年 6 月赴山西灵石县董家岭村考察传统村落生态

当地百姓生活严重脱节，村民成为村落规划营造的局外人。以及以市场为主导，运用地产开发等商业模式运作，建造高度雷同的"小吃街""酒吧街"，传统村落沦为"山寨影视城""伪传统村落"，造成开发性破坏。还有旅游经济"架空式"发展，有的村落保护与发展目标不明、目的不纯，加之部分村民出于经济、能力、认知等原因，保护意愿不强，自觉意识不足，村民权益被排斥在外甚至受到盘剥，旅游成为景观表象，村民成了成果与收益的旁观者，未从发展中真正受益，主动发展的动力不足。

二、传统村落村民的生活、生产、文化权益

传统村落在现阶段出现的问题在于，没有充分重视对村民权益的保护。传统村落的村民权益，主要包括以下几个方面：

一是现代化的生活权益。其中有村民的教育需求。在调研中我们看到，往往重视教育的村落就有活力。有学校、有孩子、有一家几代生活的村落，与没有小学、没有青壮年、只有留守老人的村落，形成非常鲜明的对比。教育发展是地方发展的基础要素。同时，还应考虑现代化的生活需求，包括防火、抗震、给排水、垃圾处理、公共卫生等功能在内的基础设施建设，是对基本生活需求的保障和尊重，应该科学合理地加以规

划和建设。此外，还有养老助老的需求。养老问题不容忽视，相关服务设施、医疗保障、心理疏导等都应跟进。总之，一个缺乏人情关爱的村落只能是一个空壳，传统村落的保护还要从村民生活实际着眼，留住人，留住生活形态，留住传承发展的活力。

二是特色化的生产权益。必须关注资源开发过程中村民是否被边缘化。比如有的村落变为景区，"门票经济"与村民无关，发展的表象与村民主体的实际割裂脱节。同时，要关注旅游经济发展是否存在对村民的利益盘剥。村民如果仅作为旅游经济链的低端环节，从事低效雇佣劳动，发展则缺乏提升空间。要关注村民能否在地方发展中获得长远收益和提升。村民的生计生产、文化生活等应与地方发展有效对接，使特色农业、副业等成为地方发展的有生力量，实现可持续发展，避免旅游资源开发脱离村民"架空式"发展。

三是传承发展的文化权益。具体涉及村民的文化传统是否得到尊重和支持。如果忽视村落的传统公共文化空间，大量新建标准化广场、舞台等，缺乏对乡土文化传统的传承，容易导致整齐划一的格式化建设。要关注村民祖祖辈辈生活的乡土自然生态是否得到保持。比如"复制式"的设计建设、缺乏文化传承的快速复制等，容易肢解破坏乡土自然特色和文化肌理，使村落面貌趋同，特色尽失。关注村民的文化生活需求是否得到满足，特别是在开展"城市文化下乡""城市文化扶贫"的同时，传统工艺、民俗、民间文化应受到重视，避免缺少舞台、传承断档，要解决文化多样性受到破坏、文化"同质化"加剧的问题。

三、传统村落村民权益保护的建议

为解决传统村落中的村民权益保护问题，提几点建议：

第一，纳入法制轨道，明确传统村落保护的主体责任、实施机构和法律责任。对破坏传统格局和历史风貌、违反保护规划要求以及侵害村民合法权益的行为加以禁止并追究责任，有效保护传统村落的自然景观、历史建筑和人文主体。

第二，做到机制健全，政府要科学规划、加强引导，专家要提供文化、学术的有力支持，村民要做传统村落保护与发展的主体和责任人，社会公益力量可积极参与。避免市场、资本一家独大、主导开发，避免脱离历史文化和生产生活基础的破坏性建设，避免留下不可修复的生态创口。

第三，做好政策对接，保障村民土地承包经营权、宅基地使用权和集体收益分配权等基本权益。引导村民依法自愿有序流转土地经营权，发展多种形式适度规模经营，尤其减少土地撂荒、非法占用耕地等，增强粮食等重要农产品安全保障能力，推动乡村特色产业多元化发展。积极开展宅基地相关确权工作，及早明晰村民相关责权利，协调传统村落保护与民居维护、修缮、开发、利用中凸显的矛盾，实现乡村多元化价值的细化落地。

第四，突出民生主体，多措并举实现村民的发展愿望和权益诉求。包括加强传统村落基础设施建设，加大公共设施投入，支持私有民居的维修维护和基础设施建设，改变传统村落是贫穷的象征。营造教育培训和就业创业发展机会，比如从文化发展、乡土建设等长远的角度考虑，调整中小学合校并校的策略，保留乡村学校，通过固定教师制和轮流支教等方式，丰富教学方式和内容，尤其据实增设乡土民艺课程，提高教育水平，增强学校与乡村的根性关联度和吸引力，留住村落中成长的力量。整体上，积极创造条件让村民生活在传统村落空间，享受现代生活方式，安居乐业，实现可持续发展。

第五，发展乡村文化，培育传统村落保护与发展的内生动力。今天的传统村落是历史形成的，村落形态及民居类型塑造着村民们的生活方式和精神气质。不同时期、不同地域、不同民族、不同样式的村落与民居并存，需要我

1. 山西灵石县董家岭村木作工艺
2. 山西灵石县董家岭村砖雕工艺

们包容乐观地看待，做到"各美其美，美美与共"。要努力留住乡愁寄托，守护我们共有的历史记忆、心灵空间、工艺环境和生活气息。要尊重民俗信仰，恢复优秀的乡约民俗，增强文化凝聚力。要培育乡土情怀，培养扎根乡村的有思想、有意愿、有情怀、有能力的乡村人才队伍，鼓励知识精英回归乡村。要重塑乡村文化活力，积极发掘乡村手工艺等文化创造力。

总之，传统村落保护不只是遗迹的保护，不只是遗产的保护，必须解决活态发展过程中存在的矛盾和面临的问题。传统村落是文化的聚落，是人的聚合体，必须在保护中突出人文关怀，突出村民的主体地位。村民的需求是政策制定的依据，助益村民的改变才是村落长效持续发展的根源。村民权益保护是一个具体的出发点，也是传统村落保护和发展的一个必要基础，只有解决好其中存在的问题和短板，保障好村民权益，才能在文化传承发展中发挥积极的作用。

城镇化发展与乡土文化景观保护

城镇化进程中的设计治理提升，涉及城市、小城镇、村落的空间设计规划问题，包括历史文化景观的保护、新的功能建筑和文化空间设计规划发展等，本质是城镇化进程中的文化空间设计问题。过去几十年，我国在城镇化快速发展过程中，较大程度上忽视和搁置了文化空间设计问题，导致难以挽回的文化肌理破坏和文化景观遗产损失，伴之失去文脉基础、诉求模糊状态下一系列建筑和景观垃圾的产生。在新型城镇化发展过程中，相关视觉形态的、景观和空间层面的设计治理亟须纳入政策议程，划定新与旧保护发展的红线，明确勘察和尊重文化肌理的原则，积极引导城镇化发展过程中具有文化内涵的空间与景观塑造。

原文发表于《民间文化论坛》2017 年第 5 期，《新华文摘》2018 年第 3 期全文转载。

1. 2016 年调研浙江遂昌县独山村
2. 浙江遂昌县独山村传统民居木质构件

1　　　　　　　　　　2

一、划定保护红线

回顾世界城市改造与发展的历史可见，经过 20 世纪 30 年代经济大萧条和第二次世界大战的破坏，西方国家在战后开始大规模的"城市更新运动"（urban renewal），重点是城市物质环境的改造，通过推土机式的推倒重建，大面积拆除城市的破败建筑，清理贫民窟等，完成城市旧建筑、旧设备的翻新，解决城市物质层面上的空间布局与基础设施建设问题。这种城市改造活动的核心是从形体规划（physical design）出发的城市改造思想，把城市作为静止事物大规模地推倒重建、拆旧建新，很大程度上忽视了原有的社会肌理和脉络，破坏了城市历史和文化多样性，甚至被称为战争破坏之后的"第二次破坏"，带来大量社会问题。由此引发一系列学术反思和立法治理。1961年，美国学者芒福德在《城市发展史——起源、演变和前景》中对大规模地改造和规划做出深刻批判："……使城市的生活内容从属于城市的外表形式，这是典型的巴洛克思想方法。但是它造成的经济上的耗费几乎与社会损失一样高昂。"[1]1964年，《威尼斯宪章》提出，"历史古迹的概念不仅包括单个建筑物，而且包括能从中找出一种独特的文明、一种意义的发展或一个历史事件见证的城市或乡村环境，这不仅适用于伟大的

[1] 刘易斯·芒福德：《城市发展史——起源、演变和前景》，转引自金经元《近现代西方人本主义城市规划思想家霍华德、格迪斯、芒福德》，中国城市出版社，1998，第78、79页。

1. 2016 年调研四川阿坝藏族羌族自治州理县桃坪羌寨

2. 2015 年调研云南楚雄彝族自治州南华县岔河村

艺术作品，而且亦适用于随时光流逝而获得文化意义的过去一些较为朴实的艺术品"，"一座文物建筑不可以从它可见证的历史和它所产生的环境中分离出来"。就此，许多国家出台法律法规，认定历史文化价值，划定建设发展中的保护红线，如法国于 1962 年颁布《马尔罗法》，立法保护历史街区；英国于 1967 年颁布《城市文明法》，保护有特殊建筑艺术价值和历史特征的地区，包括户外空间、街道形式以及古树等；日本在 1975 年修改《文化财保护法》，建立"传统的建筑物群保存地区"制度。此外，英国还颁布有《眺望景观战略与保护规划》，法国有《历史环境保护与景观规划》，意大利有《法定风景规划与历史中心区保护》，美国有《城市设计策略与历史环境保护》，德国有《环境政策与城市风景经验》等。在 20世纪 60—70 年代，发达国家基本上建立了城市景观的控制规划，划定了包括建筑线、建筑等级、特别指定纪念物、历史保护地区等的保护红线，从立法和治理上明确了文化遗产不可复制、不可再生，是一个城市最大的资产。应该说，一个国家、一个地区独具特色的景观，不只是自然生成或历史遗留的，也是常年的文化经营形成的。

城市更新运动的教训以及之后的一系列政策经验未能及早引起我国重视。20 世纪 80 年代中期以来，从改善居民生活条件到以房地产开发为主的提高城市经济效益，以及广场、草坪化的城市形象塑造，使大量历史文化景观消弭于"旧城改造"。

城市化节奏加快，历史性老化和许多地方统一化、模式化的"新农村建设"，以及以经济效益为主导的旅游开发等，导致"万村一面"的建设性破坏，传统村落、历史文化村镇和乡土建筑遗产大量消失或损毁，中华民族数千年沉积的历史文化景观遭到同质化消磨。如果说"人们的住家、商店、教堂、住宅区、珍贵的纪念性建筑物，是当地人们生活习惯和社会关系赖以维持的整个组织结构的基础。把孕育着这些生活方式的建筑整片拆除常常意味着把这些人们一生的（而且常常是几个世代的）合作和忠诚一笔勾销"[1]，那么相对于难以挽回的损失和破坏，从设计规划角度划定保护红线，已不只是对历史遗迹和文化景观的保护留存，而是对民族生存、生活空间的历史文化维度的设计和建构。这一道道保护红线的有无，代表的不是政策的健全完备与否，而是我们更深层的历史观和文化观。是否总要以新的取代旧的，以断章取义的欧式元素或复古仿造取代具有真实信息的历史遗存，以统一和标准化的样态取代具有记忆和情感的参差多态的遗迹？是否用模仿来削平记忆，用消费式的追新逐异来代替历史延续、文化认同的平和与安宁？"千城一面""万村一面"背后的文化与历史观是需要反思的。

从设计政策的角度加以完善和推进具有紧迫性。参照 1987 年国际古迹遗址理事会《保护历史城镇与城区宪章》对各国

---

[1] 刘易斯·芒福德：《城市发展史——起源、演变和前景》，宋俊岭、宋一然译，上海三联书店，2018，第362页。

经验的总结，无论是传统村落、城镇，还是城市的历史文化地段，保护红线须考量聚落或地段的格局和空间形式，建筑物与自然环境的空间关系，以及包括乡土民居在内的历史性建筑的内外面貌，如体量、形式、建筑风格、材料、色彩、建筑装饰等，还有历史上该地段或聚落的功能、作用、影响等。在此基础上划定保护范围，包括不容破坏的格局、建筑风格、色彩体系，以及天际线的轮廓视野等。在我国，苏州市政府于2003年颁布的《城市规划若干强制性内容的暂行规定》以及于2013年修订颁布的《苏州市城乡规划若干强制性内容的规定》具有示范意义，其明确就建筑高度、道路宽度、建筑色彩等作出强制性规定，提出"古城内不再新建医院、学校及行政办公楼。现有医院、学校及行政办公楼控制其建筑规模和用地规模的总量，不得扩大"，"建筑色彩应当以黑、白、灰为主，体现淡、素、雅的城市特色"，"广场、人行道、传统街巷的地面铺装应当采用传统建筑材料及形式"等，最大限度地保留原有的历史信息、自然景观和人文风貌。相对于过去一段时期里人们并未把"城市"作为一种文化遗产加以保护，而只是保护其中的"文物"，现今从设计政策角度来划定保护红线，则是基于城镇、村落的景观遗存，超越了文物古迹范畴，承载着生产生活流动的内容，交织生成独有的意义和联系。即使仅从建筑角度看，"某一社区共有的一种建造方式；一种可识别的、与环境适应的地方或区域特征；风格、形式和外观一致，或者

使用传统上建立的建筑型制；非正式流
传下来的用于设计和施工的传统专业技
术；一种对功能、社会和环境约束的有
效回应；一种对传统的建造体系和工艺
的有效应用"[1] 也包含极其丰富的社会内
容，不能作为僵化的存在销毁或者封存，
而要纳入建设与发展的视野，使城镇化
发展有空间设计的自觉及规约与限定。

2001 年调研安徽黄山
黟县西递镇古村落

二、勘定文化肌理

借鉴国际经验，西方国家自 20 世纪 70 年代以来经历从
"城市更新"到"城市复兴"（urban regeneration）的转变，美
国于 1973 年废止了《城市更新》法案，英国在 20 世纪 70 年
代中期的《英国大都市计划》中提出了"城市复兴"的概念。
"复兴"不同于"更新"，它是"失落或损失组织的重新生长，
或者是系统恢复原状"，意味着一种发展观念的转变，不是追
求新的，而是修复旧的，不是外在面貌的转变，而是内在结构
的完善。"它涉及已经失去的经济活力的再生或振兴；恢复已
经部分实效的社会功能；处理未被关注的社会问题；以及恢复

[1] 国际古迹遗址理事会第十二届全体大会：《关于乡土建筑遗产的宪章》，1999。

已经失去的环境质量或改善生态平衡等等。它更着眼于对现有城区的管理和规划，而不是对新城市化运动的规划和开发。"[1]从"城市重建""城市更新""城市再开发""城市再生""城市复兴"等一系列概念看，西方现代城市发展过程经历了一个由表及里、由静态改造到连续不断的更新、由拆旧建新到复兴发展的转变。这也为我们反思"旧城改造"等概念提供了参照。无论大城市还是小城镇，发展首先应该建立在对文化肌理的尊重和勘定基础上。"城市的形态必须从生活本身的结构中发展起来，城市和建筑空间是人们行为方式的体现"[2]，相对于城市发展的物质规划，内在的社会脉络、人文内涵等有机结构和文化多样性更值得深刻关注。

从文化肌理上看，物理空间的存在有相互联系，正所谓："乡土建筑的存在方式是形成聚落，各种各样不同类型、不同功能、不同性质的建筑在聚落里组合成一个完整的系统。这个系统和乡土生活、乡土文化的系统相对应，是一个有机体。"[3]因此《关于乡土建筑遗产的宪章》明确了乡土建筑遗产保护的五项原则：一是传统建筑的保护必须在认识变化和发展的必然性，和认识尊重社区已建立的文化特色的必要性后，借由多学科的专门知识来实行；二是当今对乡土建筑、建筑群和村落所

[1] 吴晨：《"城市复兴"理论辨析》，《中国建设报》2006年5月26日。

[2] 张京祥等：《城市规划的社会学思维》，《规划师》2000年第4期。

[3] 陈志华：《由〈关于乡土建筑遗产的宪章〉引起的话》，《时代建筑》2000年第3期。

做的工作应该尊重其文化价值和传统特色；三是乡土性几乎不可能通过单体建筑来表现，最好是各个地区经由维持和保存有典型特征的建筑群和村落来保护乡土性；四是乡土性建筑遗产是文化景观的组成部分，这种关系在保护方法的发展过程中必须予以考虑；五是乡土性不仅在于建筑物、构筑物和空间的实体构成形态，也在于使用它们和理解它们的方法，以及附着在它们身上的传统和无形的联想。

以村落为例，传统村落以宗祠、门楼、戏台、水井等精神空间和开放空间为聚散活动的中心，以古驿道、商业街、水圳等线性生长带为轴线，以交通、交往、商贸的街道、巷道为骨架结构，以居住、商贸、交往、教化、祭祀、防御等民居类、礼仪类、防御类、风水类建筑群为细胞和肌理，以檐下空间、门前空间为界面，形成了"核、轴、架、群、界面"等丰富而又错落统一的空间形态和架构。[1] 其中，既有戏台、宗祠等与公众节庆、游乐、教化活动相关联，具有艺术交流功能的公共空间，也有昔日常见今日渐少的门楼、牌坊、井台、拴马桩以及形形色色的民居建筑。在今天的语境中保留历史记忆，在历史和当下并置的时空与文化界面里，包含深层的历史文化内涵。这些历史遗存承载着无形的文脉，反映了一个民族、一种文化独特的环境模式、生态经验、文化观念和思维方式，其

---

[1] 何峰：《湘南汉族传统村落空间形态演变机制与适应性研究》，博士学位论文，湖南大学，2012，第77页。

中包含的往往就是一个宗族村落赖以生存的物质基础和精神根源。尽可能全面深入地认识这样的文脉是设计规划发展不可或缺的前提和基础。

反思我们对建筑景观里潜藏文脉的忽视，既有历史原因，也有当代特点。历史上，地区经济不足以支撑城市的生存和发展，城市往往作为政治中心而发展，所以都城的拆毁与重建往往与朝代的兴亡相关。秦都咸阳随着秦的兴起而建设扩展，成为公元前后规模最大的城市，也随着秦的灭亡遭到根本性的毁灭。还有多次成为都城的洛阳，几经盛衰，遭遇焚城命运。如今，经济在地区发展中发挥关键作用，但我们仍然面临如何对待承载历史和记忆的城市遗址的问题，以及曾作为中华民族文化母体的广大乡村的拆旧建新问题。后现代消费观影响着人们对于包括建筑物在内的所有物质和生活方式的认识。突出一次性物品般的即刻性、易变性和短暂性，放弃对事物的长久依恋，无所谓深刻的意义和稳定的关系。为了功能和效益，旧有的可以随时被铲平销毁、即刻废弃，新的甚至新奇的可以即时建立，这样一种普遍存在的消费主义逻辑，使我们较少关注城镇化进程中环境的品质以及文化和历史特征之间的关联性。从文化层面看，提升设计政策的文化自觉度，从纵深层面保留发展文脉是必要而且必需的，政策要考量的不只是经济和便利，还有沉之久远的文化。

浙江遂昌县独山村传统民居木质构件

三、塑造文化空间

我国城镇化是经济社会发展的必然。统计公报显示："1978 年至 2013 年，城镇常住人口从 1.7 亿人增加到 7.3 亿人，城镇化率从 17.9% 提升到 53.7%，年均提高 1.02 个百分点；城市数量从 193 个增加到 658 个，建制镇数量从 2173 个增加到 20113 个。京津冀、长江三角洲、珠江三角洲三大城市群，以 2.8% 的国土面积集聚了 18% 的人口，创造了 36% 的国内生产总值。"[1] 相关数据背后，是社会城乡格局、产业结构、劳动力

[1] 人民网.我国现有城镇常住人口7.3亿人[EB/OL].http://politics.people.com.cn/n/2014/0317/c70731–24656561.html, 2014–03–17/2014–08–08.

流动与分布的巨大变化，也包含社会深层文化结构变迁。我国传统社会以农业生产为基础，以血缘和地缘关系为纽带，随着工业化、城市化和商品经济发展，社会关系发生改变，宗族影响力弱化，血缘网络逐渐被地缘、业缘取代，由此也加剧了人们文化心理上的断层。一方面，传统社会外在的礼法纲常、内在的道德追求被不同程度地消解，与工业化、商品化相伴而生的物质主义、消费主义来势迅猛并导向物质财富追求，内在的精神文化产生断层。另一方面，乡土社会的凝聚力趋于弱化，原本宗族血缘的紧密维系转变为工业社会、商品社会里个人趋向的单子状态的生产生活，民间社会里人与人之间心性的、情感的、风俗的联系相对弱化。当前，以人为核心的"新型城镇化"方针，将乡愁、记忆、自然生态等具体而深层的要素纳入规划和考量，关注点从有形的物质建设和治理结构深入到无形的文化凝聚、情感维系和精神追求层面，成为城镇化进程的一种深化和文化建构。

在这个过程中，通过设计政策引导塑造公共文化空间具有重要意义。通过发展公共文化空间，强化公众沟通与心理体验，在熟人社会向陌生人社会的转型过程中，增加情感共鸣和联系，增进文化认同；并在设计规划建造过程中重视文化、社会、观念等因素的隐性表达，进一步建立空间发展与文化环境的"隐性关联"，深化人们内在的精神追求，在更充分、更丰富、更优质的交流中，超越物质鸿沟，追求更高

1. 2016 年调研浙江遂昌县独山村建筑群
2. 2017 年调研山西打花树民俗

的德性与永恒之美。在设计政策导向上，以植根自然生态、延续历史文脉、着眼现实需求为原则，发展公共文化空间，建立城镇化空间建设与发展的内在与外在的丰富联系，形成综合的架构，进一步关注和处理好传统村落的公共文化空间保留问题、乡土元素的公共文化重构问题、当代观念的社区生活塑造问题，做好公共文化视野中历史文化遗存的保留与保护，从乡土元素和本土文化出发设计公共文化空间，增加文化的乡土凝聚力，并汲取进步的当代艺术观念发展公共文化空间，丰富社区生活。

具体要加强传统村落公共文化空间的保护，包括传统公共文化空间遗存和当代公共文化视野中村落文物遗迹的公共文化价值的发现与保护。一个市镇、一个村庄，往往就是某种层次上的"生活圈""经济圈"和"文化圈"，要在保护历史文化遗存的基础上设计公共文化空间，与历史文化语境建立"上下文"的有机联系，使相关建设与其历史文化脉络、氛围、气息相联系、相呼应、相补充，包括深入思考"如何揭示一个地方的潜在增长因素，表现地方的自然禀赋与社会禀赋，展示地方的环境特色与历史建筑、社会风貌与文化特色，以历史的眼光和动态的方式来解释什么是已经存在的，什么是正在发生变化的，为地方发展注入新的元素与能量，并扩展其成长的意义"[1]。城镇化本身是一种新的变化和发展，更应当保留、呵护，

---

[1] 凌敏：《透视当今美国公共艺术的五大特点》，《装饰》2013年第9期。

重视历史的、人文的要素和联系，以诗意的方式揭示纪念历史和记忆，使发展的进程更加健康和谐。

要加强乡土元素的公共文化重构。在劳动力流动迁徙、传统聚落的文化凝聚力减弱、城镇化人口需要文化认同与乡愁寄托的形势下，加强对传统艺术符号、形态、样式、传统工艺和传统民俗的公共文化发掘和塑造，通过视觉呈现、场景重现、技艺体验等形式加以表现，提供一种文化情境，唤起人们的生活记忆、情感体验、乡土情怀，成为城镇化进程中一种心灵的慰藉和补偿。如美国影像公共艺术教授莎伦·丹尼尔所说："我把自己看作一个情境的提供者，把艺术创作的概念从创作内容延伸为了创作情境。语境提供是关于去中心化的，创造多重空间，不是讲述一个真理而是多个真理。"[1] 文化凝聚力的构建是多维的，乡土元素的公共文化空间体验将有助于涵养城镇化进程中的文化心灵。

要加强当代观念的社区生活塑造。在公共文化空间发展上，突破装饰美化的单一维度，重视文化艺术与城市空间及性能的转换、地方再造、社区文化建构以及与生态多样性维护的密切结合，通过融于建筑景观和公共设施的具体设计，为解决实际问题提供支持。城镇化进程中城市社区已成为社会的基础和细胞，发展社区公共文化空间，从艺术角度创建城市公共空间，有助于营造建筑环境与景观，促进公共设施

---

[1] 马格·乐芙乔依：《语境提供者》，任爱凡译，金城出版社，2012，第58页。

设计，维护生态环境；加强遗产园区的保护与改造，振兴历史商业街区；促进公众参与公共事务，推动社区文化共建，推广社会公益项目，特别是重新认识自己生活环境的自然和人文地貌、审视艺术在日常生活中的意义，提高审美素质，增进社会认同感。

诚如英国学者卡·波兰尼所言，一种社会变迁，"首先是一种文化现象而不是经济现象，是不能通过收入数据和人口统计来衡量的……导致退化和沦落的原因并非像通常假定的那样是由于经济上的剥削，而是被牺牲者文化环境的解体"。城镇化进程中，变迁的不只是地理和行政意义上的乡土，更有文化的乡土，城镇化发展需要从文化上破题。将设计政策构建与行进中的现实相结合，把握在空间规划、治理提升方面的构成和作用机制，以文化发展补偿转型断层，以艺术形式增进情感维系与认同，从本土的文化现实出发来传承、建构和发展民族的美术体系和审美价值观，具有现实意义。

从营造技艺的创新性传承谈传统村落的系统化保护问题

2014 年 9 月至 2015 年 8 月，课题组一行就内蒙古、山东、云南、陕西、甘肃 5 个省、16 个村落进行了调研，深度走访了包括市县镇村干部、普通村民、营造匠人、企业主、游客、学者教授、设计师等在内的调研对象 241 人。调研发现，新型城镇化背景下，传统村落、民居及其营造技艺正面临系统化保护、创新性传承等问题。要从根本上解决这些问题，既要针对

本文系 2014 年度国家社会科学基金艺术学重大项目"城镇化进程中传统工艺美术发展现状与发展研究"成果。

陕西宝鸡太白县黄柏塬镇二郎坝村

问题本身开展研讨、采取举措，更需放眼长远，涉及广泛，研发深入，落到实处。通过整理分析调研结果，现提出解决相关问题的建议，内容如下：

一、建立跨领域综合多专业团队持续深入反哺乡村机制

以山东省为例：2014 年 6 月之前，莱州市驿道镇初家村35 岁以下常年驻村成年人只有 1 人，其时村落公共设施及公共服务落后，河道淤塞，垃圾围村，村中常见"一户多宅"、家有十多亩地却收入低下的村民。之后市镇政府结合美丽乡村建设，协调各部门各方面的干部、专家、设计师，组建团队，政府、企业、村民勠力同心对该村开展综合治理、系统开发、整体提升。经过跟踪调研发现，自 2015 年 5 月始，村容村貌、民心民气正日渐改观。类似情状的村落在山东省及其他省市地区部分存在，占调研总数量的 18%。

以陕西省为例：宝鸡太白县二郎坝村自然条件优越，复合生态系统优异，生物与景观资源丰沛，村落历史悠久，布局聚散结合，疏密有度，虽系满足祖辈传统生活生产需要而建，却十分契合现代生态理念。村落业态丰富多元，但收入水平总体较低，属于省级贫困村。村民中 60 岁以上营造匠人常见一人多能，既是木匠，又是铁匠、篾匠、石匠，且工具专业齐全，

1. 陕西宝鸡麟游县酒房镇万家城村
2. 2012 年调研山东莱州驿道镇初家村
3. 2012 年调研山东淄博八陡镇福山村

山西晋中榆次区东赵乡后沟村古建筑

手艺精良。近年来，因陪读、购房、创就业、远离闭塞等原因，年轻人逐渐迁离村落，致多年来村中无新建民居，部分远离聚居地的民居甚至荒废，营造技艺的传承与创新无存。太白县电影公司文化下乡公益电影项目于 2015 年 7 月 21 日晚在该村放映电影，全场观影村民只有 19 人，且超过一半村民中途退场。调研证实，全县每村每年 12 场公益电影形式统一，成效类似。这反映出目前外界给予该村的干预或支持相对苍白无力。深入调研，明确所需，协调各部门各方面，综合多专业，持续不断、有针对性地介入应该是解决类似村落问题的良策。类似情状的村落在陕西及其他省市地区同样存在，占调研总数量的 37%。

以甘肃省为例：庆阳市西峰区董志镇庄头村小河湾组因自然风貌较好，历史悠久，村落及周边历史遗存数量较多，社火、供奉龙王、年节祭祖等民风良俗基本传承有序，"半明半暗"窑院具有一定特色，拟开发旅游，改变贫困面貌。但村落地处偏远，道路建设落后，内外交通交流存在较大障碍，又业态单一，农耕缺乏统一规划、有效指导。一方面农耕投入产出常常只能勉强持平，村民收入普遍偏低；另一方面传统且单一的农作物及耕作方式缺乏鲜明特色，难为即将进行的旅游开发提供支撑。总体而言村落基础设施、技术准备、知识储备、物产开发等亟须跨领域、综合多专业共同推进的规划、设计、建设、运营。类似情状的村落在甘肃及其他省市地区同样存在，占调研总数量的56%。

综合调研成果发现，土地产出低效、村落内涵发展滞后、公共服务水平低下、新村规划建设管理落后、文化教育活动匮乏、劳动力流失等原因导致"土地撂荒""空心村"，已成为我国广大农村的普遍存在。该现象日趋严重甚至异化：一方面，多年来农村人才以各种形式流失，扎根乡村、有思想、有意愿、有情怀、有能力、可持续推动村落发展的高水平建设管理运行团队难以组建；另一方面，"空心村"空的不只是人——传统文化、传统民居、营造技艺、民艺民俗、公共服务、管理运营等等无一例外日渐趋"空"。依靠各系统各部门蜻蜓点水式的惠农政策、文化下乡之类已经难以真正全面系统回应民生需求，体现公众关怀，催生内生动力，应对"三农"问题。

因此，根据中国国情，结合各地区实际情况，协同各级政府机构、高等院校、科研院所、企事业单位、行业学会等，汇集城乡规划、建筑、环境生态、公共管理、社会、历史、经济、金融、文化、旅游、艺术、设计等诸多专业的专家学者、教授学子，逐步建立跨领域综合、多专业团队、持续深入反哺乡村的机制势在必行。

组建跨领域综合多专业团队有计划地持续发力反哺乡村，将有力促成多方面联动，多专业协同，形成合力，扎实推进，切实长效解决农村的系统问题和具体问题，从而实现农村生产发展、生意兴隆、生态改善、生活幸福、生生不息：一是实现主体转换——从政府推动为主向政府引导多元推动转变，推动主体由政府逐步转换为政府、企业、团体、村落、民众等，发展模式逐步向自下而上转变。二是推动理念转换——综合团队基于尊重科学、理解发展规律深入推动，更易于农村发展理念的转换：实现以人为核心，强调质量、效益、速度协调，注重发展的内涵与质量，坚持经济发展、资源节约、环境友好、生态保护、生活幸福齐头并进。三是实现思路转换——新型城镇化测度指标已扩展为社会、人口、文化、经济、资源、生态、环境等各个层面，是时候践行习近平总书记指出的"引导广大干部群众共同为改革想招、一起为改革发力"，跨领域多专业协同推进，利于实现全面发展目标，在农村形成产业富民、就业安民、科教强民、生态惠民、文化化民的良好发展态势。四是做到持续发力——通过制度建设，保障各专业有序互动，持续发力，同时也可以结合业绩评估、职称晋级、课题申报、执业资格获取、就业升学等制度，强化团队服务性、公益性、主动性、连续性，形塑成员荣誉感、责任感。五是实现优化提升——跨领域综合多专业团队有序持续发力有助于全面有效发掘、整合、优化、提升、创新、回馈源于村落的传统文化、乡土手艺、民风良俗等，最终实现农村发展的多样共生、动态平衡、互惠互馈。

二、促进村落发展系统化、精细化、品质化体制　　机制建设

以陕西省为例：麟游县酒房镇万家城村历史悠久，传统村落遗存保持基本完好。为保护传统村落，新村新房异地统一建设，相关政策和补贴基本到位，但缺乏各部门、各专业专家的及早介入、持续支持，新村规划、民居营造与原村落民居严重割裂，新村建设用地粗放，民居营造投资过大，民居样式刻板统一，传统村落与民居的特色优点没有得到深入发掘、传承利用，借由新村建设本可以解决的问题依然如故：自来水供水管

网不畅，时断时续，厕所远远地建在户外，独立洗浴间只有个别人家建设，民居排污排水以地上为主，采暖做饭以伐木烧柴为主。新村住老人，新房低品质，类似情状的村落在陕西及其他省市地区同样存在，占调研总数量的 56%。

以山东省为例：淄博福山村因劳动力流失、基础设施落后等原因产生空心村现象，传统村落中超过 30% 的院落民居闲置甚至荒芜坍塌，新村新建公寓楼空置率超过 50%，村民主业不同、收入差较大，传统手艺、自然资源、人力资源、环境资源支持能力渐弱，代表性陶瓷手艺优势难再，传统手艺承续艰难，亟待政策、资金、技术、创意、人力介入，整合升级代表性传统手艺，为村落注入活力。统计显示，山东省广大乡村宅基地闲置率总体已达 30%。放眼全国，其他省市地区也普遍存在这类问题。根据官方预测，到 2030 年，我国城镇化率将为 70%，达到中等发达国家水平，也就是未来十几年，我国城镇化率将年均递增 1 个百分点，每增加 1 个百分点就意味着有超过 1000 万农村人口进城。实地调研中我们却发现，我国乡村人口逐年减少，住宅用地却逐年增多。以"依法、自愿、公平、有偿"为原则合理流转，有效整合宅基地，尤其那些闲置的宅基地，可以清理美化村居环境，也可以开发复垦，对于村落空间无疑是一种资源的节约、品质的提升。

调研发现，近年来村落建设粗放低效，"重面子，轻里

1. 2015 年调研云南丽江玉龙纳西族
自治县玉湖村

2. 2012 年调研山东省博山福山村

子"——村落整齐划一，民居高大敞亮，广场空旷广阔，但村落民居规划设计、建设格局、材料、式样、技艺、运营模式等正全盘商业化、同质化。民居营造超标超负、模仿城市、抄袭国外，相关传统营造技艺传承失序，在实用范围内甚至惨遭彻底否定。新村建设有规划无思考，只建设不负责，导致"千村一面"，民族及地域特色尽失。更甚者重蹈城市"重地上，轻地下""先破坏，再修复"之覆辙，宜居品质低下，排污、卫浴、供水、采暖等问题相较以往没有得到实质性解决，既给村民自身造成巨大经济压力，又浪费土地、建材、空间、人力等宝贵资源。

基于此，由于缺乏针对性的传承研发、提升营造，供需失衡，导致包括营造技艺在内的传统手艺失去了赖以存续发展的载体和机会，传统手艺生存环境遭到破坏，农村景观差异性难以维系，传统村落民居所蕴含的传统文化道德观念也因此逐渐褪色、异化、消亡，具有独立的生存形态、文化形态、价值取向和风貌特色的乡村正渐行渐远，村落凝聚力、发展力、竞争力下降，村落系统化、精细化、品质化发展举步维艰。

因此，促进村落发展系统化、精细化、品质化，需加强体制机制建设，"坚持速度服从质量，做实做细调查研究，多深入基层听取各方意见，严格方案制定程序"[1]。

---

[1] 中国政府网.习近平主持召开中央全面深化改革领导小组第八次会议强调巩固良好势头再接再厉乘势而上推动全面深化改革不断取得新成效[EB/OL].http://www.gov.cn/xinwen/2014-12/30/content_2798678.htm,2014-12-30/2015-01-01.

1. 2017 年调研甘肃庆阳董志镇庄头村
2. 2018 年调研广西桂林龙胜各族自治县和平乡黄洛瑶寨木工技艺

城镇化进程中应适度控制村落物理空间扩张，实现村落发展集约化，既持续不断关注长远，又注重当下，回望历史，更强化细节，强调实效，追求品质；政策支持需整调局控，远近结合，因地制宜，有利于多重利用，和谐共生，协同进化；传承与发扬应关注当代生态文明大背景，以提高宜居品质为目标，借助绿色技术与理论，兴利除弊，节能减排，化解人地矛盾，强调地域文化；应保护传统手艺生存环境，平衡供需，着力发掘内生动力，细心呵护地域特色；应加强农村基础设施建设，推动农村服务业发展，鼓励村民多元化创就业，提高村民收入水平，促进城镇化背景下农村的内源演替，保护农村景观异质性存续，以利于传统手艺在内的传统文化长效发展。通过体制机制建设将村落、传统手艺等静态样本式的保护提升到文化生态保护的高度，兼顾礼俗维系、文化传播等纵深层次的深化。

三、推动营造技艺创新性传承

以云南省为例：丽江纳西族玉湖村地理位置造成独特自然景观，复合生态系统相对良好，木石资源丰沛，为形成独具特色的木石结构纳西民居提供了物质基础。村落小学玉湖完小系著名建筑师长期驻村专注研究纳西族传统民居及其营造技艺，精心设计、倾力打造的优秀作品，为村落民居保护与改良起到良好的示范带动作用，促使村落在最大程度上保留了玉龙山区纳西族村落的传统风貌，地域特征明显，文化积淀深厚，共性与个性兼备。类似情状的村落在云南省及其他省市地区还有一些，占调研总数量的 12%。

调研发现，目前，村落、传统手艺等静态样本式的被动保护现象明显，多视角主动性动态传承举措缺失，尤其在识别机遇、聚集洞见、寻求意义、精益创新、整合式创新等系统化传承方面较少可以落地的措施，村落及传统手艺保护与传承的内生动力无从激活，这种现象即使在部分"中国历史文化名镇名村"中同样存在。部分村落还面临整体拆迁、集体上楼局面，楼房的规划设计营造罔顾人居环境特点、生态脉络、传统营造技艺等时空传承，成为城市建设的翻版。地域及民族特点鲜明的传统民居普遍缺乏专业人员参与指导、设计改良，又因营造工艺复杂、费工费时、性价比低等导致营造业务大幅萎缩，加之传统民居营造匠人普遍年事高迈、收入偏低，能够实际操作并带徒授业者已十分稀少，传统民居营造相关手艺传承的支持系统接近崩溃，营造匠人面临断代困局。

村落及民居承载的历史文化传统逐渐褪色，即使是在部分旅游产业较为发达的村落，祭祀神灵、供奉祖先等传统的节事礼拜活动也已趋简化、消亡。挖掘、提炼、发扬传统文化并在城镇化进程中凸显手艺传承，以维系文化的多元性、延续性，使区域传统文化、现当代文化有机融会，已成为不可回避的要务：一是采取措施激励各行各业专家学者尤其是城乡规划、建筑设计、环境设计等专业人员全面调研、先行先试、创新传承，注重建筑的时代性、地域性、民族性，融合生态观念、当地环境、当地材料、营造技艺、民风良俗，为民居保护与改良夯实理论基础，开展实践探索，起到良好的示范带动作用。二是提高文化产品和服务的有效供给能力，尤其针对村落开展形式多样的专题文化普及，提高村民批判能力，尊重村民价值判断，采取多元措施保护村落人文景观、自然景观、生产性景观，保持乡村风貌、民族文化、地域文化特色，保护传统营造技艺得以生根发芽发展壮大的土壤，建设健康、友好、文明、生态的美丽乡村。三是建立健全新型职业化农民教育、培训体系的同时，延续村落历史文化，重塑村落公共精神，开启民智，发挥民力，为实现村落永续发展和村民自治提供知识与实践支持。四是吸引年轻人回流，专业人才回乡，鼓励公众广泛参与，群策群力，充分发掘发挥村落历史价值、文化价值、生态价值、经济价值，顺势形成多功能、多驱动、多产业、多模式的发展体系，为村落保护、营造技艺传承夯实经济基础，让村落建设更加高效、宜居、本色、可持续，将村落建设成为绿色乡村、智慧乡村、人文乡村、幸福乡村。

村落乡土文化景观维持与宜居建设研究

　　乡村是乡土文化景观的重要集聚地，随着时代的发展，乡村中的物质性文化景观——历史村镇、乡土建筑、传统民居逐步转换功能甚至日趋减少，以之为依托的非物质文化景观也逐渐消弭。乡土文化景观既不是单纯的物质文化遗产，也不是单纯的非物质文化遗产，甚至不是两种遗产的简单叠加，而是两种遗产与活生生的乡民及其现实生活、生产有机交融的生命体。同时，宜居建设也是乡村振兴的重要基础，宜居的空间与

2011 年江苏昆山周庄镇考察吴地水乡民居保护方式

环境并非单纯的自然之物，带有鲜明的利益意图，被策略性推动的宜居建设过程和结果应是乡土文化景观的延续，是反映当下文化体系特征和相应地区地理特征的文化现象的复合体。正确处理乡土文化景观保持与宜居建设的关系非常重要，包括从生态学多样性导致稳定性原理的角度把握乡土文化景观有效保持的必要性，具有现实而长远的意义。

一、乡村规划的历史基础和重点

乡村是在长期的农耕文明传承过程中逐步形成的，它们形态各异、风情各具、凝结着历史的记忆，反映着文明的进步。乡村的创建者们在最初择地定居时多是综合考量了所在地的环境、气候、地质、地貌、生态、景观等因素，也就是采用相地术规划村落，营造祠堂、民居。《诗经·大雅·公刘》中就有诗歌描述了周人的先祖公刘迁居到豳时，相土尝水，择吉定居，直至率领军民治理田地、收种食粮的过程和景象："笃公刘，既溥既长，既景乃冈。相其阴阳，观其流泉。其军三单，度其隰原，彻田为粮。度其夕阳，豳居允荒。"一般情况下，乡村的选址具有传统特色和地方代表性，与自然环境条件和维系生产生活方式密切相关，反映特定历史文化背景。村落格局鲜明地体现了有代表性的传统文化、传统生产和生活方式，且村落整体格局保存良好。

近年来，为推动乡村经济和社会发展、土地集约利用、空间科学布局及各项建设的有序开展，以实现特定的经济社会发展目标，各省区逐步开始重视并开展村落规划，积极探索反映村民意愿、符合村落实情的规划建设模式。村落（村庄）规划编制实施最早的省份是江苏省。从 2005 年起，江苏省在全国率先推进"城乡规划全覆盖"行动，以乡镇为单位编制了覆盖全省的镇村规划，涉村规划包含了现状规模、人口流向、发展基础、发展潜力、耕作半径、基本公共服务配置、环境治理等方面，在全国起到了良好的示范引领作用。山东省目前共有6.5 万个行政村，其中 70% 的村庄已经编制村庄规划。相对城市而言，乡村乃至村落的规划，在理论研究和实践探索方面还有待提升，在优化完善村落规划内容、技术方法方面，以低成本改善民居、提高宜居水准的同时，维护乡土文化景观、延续乡土特色、完善基础设施、提升公共服务水平和广度等方面还有很多工作要做。

乡村主要是农牧渔业人口的聚居地，村民们的生活方式、村落的社会结构、环境生态、空间的构成逻辑与城镇必然不同，据此，乡村规划必须有别于城市规划，需要符合农业生产、农民生活的特点，在乡村建设中发挥规范、契约、引领的作用。

具体要做到理念更新，应该认同乡村与城镇的差异化、乡村发展的自身规律和内生秩序，明确乡村规划主体和特质之间的关系，强调乡村价值，认同其在文化传承、生态涵养、食品供应等方面的重要作用。规划应注重发挥乡村价值，尊重其地方性，让乡村回归本身，而非模仿甚至追求城镇化，以期与城镇形成平等互补、互惠共生的关系。既面对现实，开展空间整治、环境治理，又展望未来，规划乡村多元价值的挖潜，实现对内部要素的整合与重组，激发乡村产业活力，再塑乡村文化自信，更新乡村治理结构。要统筹协调，需建立政府组织领导、相关部门参与、专项建设项目统筹的乡村规划编制机制，并且加强各类规划的衔接协调，推进乡村规划与经济社会发展、国土资源利用、生态环境保护等规划的"多规合一"。要不断创新改革，建构符合乡村实况的规划体系和技术标准，既要明确分类型又要着重谋发展，尽力做到有蓝图、有方向、有项目，又不要过分全面和复杂，尤其不能受制于城市规划观念的束缚，需基于乡村有所创新和突破，特色鲜明、针对性强、具体可行是重要的编制原则，应明确目标、统筹全域、落实重要基础设施和公共服务设施项目，分区分类提出村庄整治指引。规划应遵循问题导向，以农房建设管理要求和村庄整治项目为重点，本着实用的原则简化规划内容。要重视文化传承。因地制宜是指具体村落具体分析，各村自然环境、历史文化、资源禀赋等差别较大，强化地域性，尊重客观性，方能凸显乡村的丰富性和多样性。因势利导是指针对具体村落重在发现自

1. 2016 年调研广东佛山三水区大旗头村

2. 2011 年赴湖南怀化通道侗族自治县考察侗族织锦在节庆活动中的使用情况

3. 2016 年调研广东佛山三水区大旗头村

4. 调研砖雕技艺

下而上的革新力量，甄别并整合既有内外优势资源和要素，发挥民智民力，以内力为主，基于现实，顺势而为，切忌全面推倒，一切从头再来。要做好社会赋权。村落规划具体而翔实，关乎每一位村民的切身利益，看似微小，但可见可感，意义深远。所以，村落规划要特别尊重社会赋权，坚持村民主体，商议决策，保护村民参与规划建设的权益，坚决杜绝片面的领导意志，更不能由规划编制人员独断专行。兼顾村民个体与共同体的目标和行动纲领需要多元参与，多方协同，反复沟通，审慎决策，既要保障村民个体的合法权益，也要顺应乡村社会转型的趋势，具体规划方案及表述形式要方便村民参与、理解、探讨、接受。

二、乡土文化景观维持的原则与措施

整体性维持原则，在于村落不可能孤立地生发存续，自然环境、物质基础、民风信俗、科技水平等都是影响其风貌、历史、文化的重要原因，维持其文化景观应整体考量影响其发生、发展、衰败、复兴全过程的各方面诸多因素，保证其不被割裂、框定、约束、固化。同样道理，村落中的历史建筑、传统民居也不可能孤立存在，周边街巷、邻里、水圳、水车甚至梯田、山林是背景，也是强化或削弱其特质的环境因素，保护

1. 调研少数民族古村落
2. 2016 年调研浙江龙泉下樟村的水稻田与民居

历史建筑、传统民居等物质性文化景观必须同时保护其环境，维持其生存延续生态的稳定持续。从更广阔的视野来看，乡村文化景观的保持与宜居建设还应秉持城乡融合发展的整体性原则，去除城乡各要素流通的各种障碍，实现城乡各美其美、美美与共。

历史性维持原则，主要基于乡村的发展和演变有自身规律，缓慢悠长是其重要表征之一，与城市尤其是现代城市的快速高效集约建设发展大不相同。对于乡村的保护，既要重视和保护其漫长历史所积淀衍生出的物质和非物质遗存，又要重视当下村民们的生活和发展。从历史的角度来看，村民们现在的生产生活是对悠久乡村历史的续写，也是对未来历史的创新创造。

系统性维持原则，基于乡土文化景观的维持是一项包括环境、社会、历史、经济等在内的系统工程，必须兼顾社会、政治、经济、文化、环境各相关者的利益。乡村是一个不可分割的有机体，它容纳了上述各相关者，并强调各相关者作为系统要素组合才能发挥最优性能，而非单个要素的单独最佳发挥。

多样性维持原则，在于每一个村落受地域差异、历史人文、民俗宗教等影响，体现出各异的区域特色，在保护与发展时应充分理解和尊重这一生态特异性，根据各地各村具体情况，因地制宜走多元化发展道路。

原真性维持原则，在于乡村拥有包括公共建筑、传统民居、生产工具、生活器用等在内的大量历史遗存，内含丰富的历史、文化、科技、人文信息，是乡土文化得以维系和延续的重要依据。因此，对乡村的历史遗存、传统文化应尽力最大数量地保护，应"整旧如故，以保其真"，最大限度地保护其原真性和历史信息的准确性，避免过度修复、开发等人为干预造成历史信息失真。

可持续性维持原则，基于村落形态、民居类型、民俗民艺是在相应的自然环境下，经由人们长期的生活生产发展而来，随着历史的演进，当人们的生活生产方式和内容发生改变，这一切必然发生变化，以适应人们的需求。如今的村落无不是历代村民结合自身需求反复研磨打造而成，变化、发展是常态，是必然。今天人们为了适应时代发展，满足合理需求，针对村落、民居从布局、功能、技术、工艺、材料、形式等多方面开展升级换代，强化安全保障，提高宜居品质，同样合情合理。反过来，村落形态、民居类型、民俗民艺也无时无刻不潜移默化地塑造着村民们的生活方式和精神气质。

乡土文化景观维持的措施首先是开展科学调查，建设乡村档案。通过科学调查，建档立案，有利于摸清家底，采取有效保护措施。过去、现在、未来都是历史长河的一部分，所以，对于乡村的科学调查应该强调连续性，既调查过往历史时期的内容，也调查当下村落正在上演的历史变迁，而这一观点也支持相应的保护与发展体系的建设。开展包括空间、时间、要素、活动在内的连续性调查，将有利于准确把握乡村的发展脉络、历史特征、发展动因。

进而针对不同内容具体施策。自然环境是村落赖以生发存续的物质基底，村域范围内的风景名胜、文物古迹则是乡村内涵品味的源泉。针对村域环境的保护措施：一是保护好既有生态环境，包含山川河湖、地形地貌等在内的村域整体环境，设定规划加以控制与引导。二是由于种种原因造成破坏的生态环境，应该采取切实举措加快修复。三是加强对村域范围现有风景名胜、文物古迹的保护，并在规划中将之与乡村协调考量，努力使三者形成整体，对于影响整体风貌的不利因素加以整治清理，以提高村落综合价值。

村落的生发通常受到地形地貌、山川河湖等自然因素以及宗族关系、风水理念、土地制度、民风信俗、行为习惯、生产力水平等显性或隐性因素的影响与控制。因为特殊的历史语境，它的营造不同于今天的城乡规划设计，它是经由定居、发展、鼎盛等漫长历史时期，逐步由无到有、由小到大生长而成，村落形状、街巷格局、公共空间布局等未必在村落营造之始就做到有蓝图有依据，但它们的实用性经得住历史的验证，与今天的规划设计相比毫不逊色。针对乡村选址与格局的保护措施：一是整体性保护乡村的范围、风貌、格局、肌理等，村落确需扩展建设的应科学选择新址，综合考量新村与原乡村相互间的体量、比例、景观、风貌、发展等关系。二是严格控制

1. 2016 年调研贵州黎平县堂安侗寨
2. 浙江龙泉下樟村传统民居的大木作精工雕饰，具有结构支撑和艺术审美双重作用

乡村内部公共空间的形态、功能、肌理等的变化，确需做出改变的应该综合考量村落总体风貌、建筑间尺度关系、传统建材及营造技艺的融合，绝不能随意改变村落中建筑个体与个体、个体与整体的相互依存关系。

　　传统建筑是乡村的重要构成要素，是景观资源，也是承载有丰富历史文化信息的物质载体，是融会历史文化价值、社会价值、科学价值、景观价值、艺术价值、经济价值等为一体的物质存在，包括各级文物保护单位、历史建筑、建议历史建筑、传统风貌建筑及其他传统建筑。具体来说，它们可以是宗祠、书院、鼓楼、戏楼等村落中的公共建筑，也可以是寺庙、道观等宗教建筑，在乡村中最大量的传统建筑则是传统民居。针对村落中传统建筑的保护措施：一是依照《中华人民共和国文物保护法》《历史文化名城名镇名村保护条例》等法律法规保护各级文物保护单位、历史建筑等。二是对其中现存传统建筑展开普查，以便清楚了解其总体数量、保存状态、细微特征、背景资料，进行归档，为后续研究、维修、建设、开发打好基础。三是对包括传统民居在内的传统建筑开展研究，尤其是针对前期研究较少的传统民居，应该从技术、文化等多方面重点研究其共性和个性，确保对之有较为完整的理解，以便进一步做好保护工作。四是加强相关宣传普及，让更多人了解传统建筑的存在状况及价值，提高全社会传统建筑保护意识。五是由地方政府、村委会等不同层面制定保护文件、公约等，开展全员全域全时段保护。六是鼓励社会力量参与保护，比如由遍布各地的宗族成员募集资金维护甚至修缮宗祠等。

包括壕沟寨墙、堤坝涵洞、码头驳岸、传统产业遗存、古树名木等在内的历史环境要素，是村落特征、历史风貌的重要构成部分，在历史上曾经发挥过防御、生产等重要作用，其中一部分至今还具备实用功能，为村民的生产生活提供便利。针对村落中历史环境要素的保护措施有：一是对于经专家考察研究，判断确有较高价值的，应申请列入相应级别的文物保护单位，依法保护。二是对于形态完整、结构稳固、存续状况总体良好的，采取维持现状的措施，妥当保护，以有利于村落总体风貌的维系。三是对于存续状况一般，经科学研判结构、形态出现损毁和存在隐患的，据实加固，适当维护。四是经研判价

1

1. 2. 2016 年调研广东潮州龙湖古寨

2

值一般，保存现状一般的，可以在符合村落整体风貌的前提下，适当改造。

　　非物质文化遗产是各族人民世代相传并视为其文化遗产组成部分的各种传统文化表现形式，以及与传统文化表现形式相关的实物和场所。乡村中的非物质文化遗产受《中华人民共和国非物质文化遗产法》的保护。属于非物质文化遗产组成部分的实物和场所，凡属文物的适用《中华人民共和国文物保护法》的有关规定。2003年，联合国教科文组织第32届大会通过的《保护非物质文化遗产公约》也是保护乡村中的非物质文化遗产的重要文件。乡村中还存在大量未被认定为非物质文化遗产的传统文化、民风民俗、生产生活方式及其所依存的环境、建筑、空间、用具实物。族长、寨老、工匠等了解相关知识、技术、艺术的特殊村民，传统食品、器具、手工艺品的做法工艺等，同样需要采取措施加以保护。一方面可以参考《中华人民共和国非物质文化遗产法》中的相关规定，结合地方实情加以保护；另一方面应该将对于非物质文化遗产的保护列入村落总体保护构架之中，明确其在村落生发过程中的重要作用，注重其在村落及村民日常生活中的整体性、真实性，采取活态传承、生产性传承、大数据建档等方式加以保护。

1. 2. 调研广东潮州嵌瓷技艺

三、提升村落宜居品质的举措

提升民居的宜居品质，要制定政策，评估分级，采取措施，拆除村落中长期空置的"空心房"、颓废坍塌的"危房"、违规建设的"违建房"等，将整合优化出的空地建设为林地、果园、菜园、花园、憩园等，改善村落形象，美化空间环境，为乡村"塑形"。同时，"塑形"结合"塑魂"。在推动村落整体环境改善、维系乡村独特风貌的同时，保护和发挥其自然、社会、人文价值。采取措施激励各行各业专家学者，尤其是城乡规划、建筑设计、环境设计等专业人员全面调研、先行先试，融合生态观念、当地环境、当地材料、营造技艺，为乡村及民居的保护与宜居品质提升夯实理论基础，开展实践探索，起到示范带动作用。针对村民在住的民居，实施由政府主导、专家指导、社会参与的厕改、厨改、水改、电改等系列工程，对传统民居在采光、通风、空间布局、结构适配等方面存在的问题进行合理调适，有效提升村民居住空间的卫生、安全、便捷、舒适程度，全方位提高传统民居的宜居水平。实施乡村绿化行动，全面保护古树名木，主要选择乡土树种，利用村庄空场地营造小环境，加强小庭院美化，同时注意增加道路绿化，改善道路环境，提高人居环境质量。

同时，加强基础设施建设，原则在于对开发村落各种资源所获收益进行综合利用，最终应该惠及村民——提高收入水平，改善生活质量，让村民切实体会到乡村文化景观的保持与宜居建设与其利益攸关，才可能充分调动村民的积极性、主动性，最终形成良性循环。具体要改善村民的生活质量，促进村落的内源演替，重点在于逐步完善村落基础设施，有序实现城乡基本公共服务均等化。农田水利、道路交通、供水供电、能源建设、网络通信、垃圾处理、污水处理、休闲场地、锻炼器材等公共设施建设与完善应向城镇水平看齐，更应秉持生态理念，借助绿色技术，因地制宜做到更好，让生活在乡村中的人们在感受自然风貌、经历田园生活的同时，享受到现代生活的便利、舒适。政府可采取措施引导村民将乡土建材、传统营造技艺、营造信俗等融合到具有全新功能的基础设施建设项目中，使基础设施在得以完善的同时能够与乡村完美融合，传统营造技艺因为融入项目建设得以活化、传承，乡村因为基础设施的建设得到完善。继续推进农村"厕所革命"，大力开展农村户用卫生厕所建设和改造，实施粪污治理，加快实现农村无害化卫生厕所全覆盖，努力补齐影响农民群众生活品质的短板。积极探索适合本地域的农村污水治理模式，加强技术支撑和指导。

要从根本上激活乡村内生动力。充分保护村民权益，以土地承包经营权、集体经济组织成员权利、宅基地用益物权、住房财产权等为代表的农民财产权利，是农民身份先赋的一种经济权益，也是中国农民重要的、根本性的社会保障形式，在建设过程中应对之予以充分的尊重和保护。进一步完善乡村治理体系。传承优秀传统文化，提升村落治理能力，倡导新时代新乡风，激发村民热爱家乡、建设家乡的自觉意识和热情。不断提高文化产品和服务的有效供给能力。针对村落开展形式多样的专题文化普及，提高村民批判能力，鼓励村民成为保护村落人文景观、自然景观、生产性景观，保持乡村风貌、民族文化、地域文化特色的生力军。进一步建立健全新型职业化农民教育、培训体系。延续村落历史文化，重塑村落公共精神，开启民智，发挥民力，为实现村落永续发展和村民自治提供知识与实践支持。

此外，可进一步建立乡村大数据库。实施数字乡村战略，做好整体规划设计，加快农村地区宽带网络和第四代移动通信网络覆盖步伐，开发适应"三农"特点的信息技术、产品、应用和服务，推动远程医疗、远程教育等应用普及，弥合城乡数字鸿沟。提升气象为农服务能力。秉持"全时域""全地域"保护与发展观点，采用连续性调查、延展性保护、持续性发展的方法，建设大数据库，随时全面准确掌握乡村各种动态数据，将有助于更高效推动乡土文化景观的维持和宜居建设的相关工作。一方面组建专业班底，搭建基础平台，制定数据采集和使用标准；另一方面，广泛发动高校、科研院所、行业协会、企事业单位、公益组织、村民、志愿者等，有序采集、监控、整理、分析、运用数据。大数据关键在全、在活、在专业化处理。中国乡村大数据应该尽量广泛深入，涉及乡村历史沿革、地理环境、自然及生态资源、人口、社会、经济、乡土建筑、风俗习惯、文化乃至村民日常生活细节的方方面面。数据应努力保障可持续跟踪、全息可见，以便真实反映乡村愿望和诉求，经过专业分析和趋势研判，为乡建工作、公共决策等提供科学依据。

可进一步指导编撰村志。编撰村志意义重大。在田野调查过程中，我们发现有关村落的许多历史人文知识难以得到准确系统的答案，口口相传也不过三代，而且众口不一，讹误频出，难以究其根源。村志正好可以系统化传承村落文史，弥补这一缺憾，同时，可以通过编撰加深彼此了解，凝聚民心，强化对于村落的自豪感与归属感。村志可以通过政府的支持、协

2016 年调研贵州黎平肇兴乡堂安侗寨

调，聘请专家学者入村调研，进行编撰，也可以由村落组织村
中的"文化人"——中小学教师、离退休干部、具有初中及以
上文化水平的普通村民、德高望重见多识广的老年村民编撰。
编撰村志古来少有，今日也不多见，但其价值不可小觑。

可加强乡土文化景观维持相关研究、普及工作。基于兼
容并包、开放自由的原则，采取切实有效的措施，从国家各个
层面鼓励、吸引、支持高等院校、科研院所、企事业单位、社
会组织、专家学者、志愿者、普通民众等以多元视角、多样

形式、多种学科全面、系统、深入开展乡村保护与发展相关研究与实践，尽快推出一批优秀的科研成果和案例研究、经验总结，为乡土文化景观维持与发展建言献策，提供智库支持，提供可供不同层面宣传普及的高水准教材、文本。对各级政府相关人员进行乡土文化景观维持与宜居建设相关培训。一方面可以增强各级政府工作人员热爱本乡本土的意识，强化其对本土文化的认同感，激发其文化自信和工作热情，自发自觉在工作生活中关注、推动相关工作。另一方面可以使各级政府工作人员掌握专业程度较高的相关知识，并在具体工作中立场坚定、观点明确、措施得当地加以运用，以更有成效地推动相关工作，同时从较为专业的高度以身示范，带动感染同事、家人、群众、村民，共同为乡土文化景观的维持和发展作出宣传普及、规范运作方面的贡献。乡村保护与发展相关教育活动还应该充分利用社会空间，持续进社区，开展日常性普及教育工作，努力缩小乡土文化、传统文化与人们个人生活与经验的距离，以提高民众相关认知水平，激励民众参与保护，谋求发展。开展社区普及教育时，应该适当涉及乡土历史、地理、人文、社会、生态、文化、民俗等乡村的背景知识，合理利用信息时代的新媒体，综合利用各种有效宣传手段，使广大群众乐于接受，方便体验。

总之，文化景观具有时空特征，并因循时空变化而变迁和发展。现存的乡土文化景观是漫漫历史过程的累积，是中华民族宝贵的根性遗产、人文硕果。长效保持乡土文化景观，对于乡村振兴而言是文化自觉和文化自信的根本和动力源泉。要使乡村文化景观的保持与宜居建设相结合，使村落的历史文化传承与生活品质提升相结合，找到传统村落保护与当代乡村发展的衔接点，把"美丽乡村"建设落到实处。

第三章　农民画乡

第三章　农民画乡

农民画与新乡土生活

　　农民画是人民大众的艺术，作为新中国成立以来形成的独特画种，融合了农耕生活文化、民间艺术传统和鲜明的时代主题，自 20 世纪 50 年代以直观易懂的图式艺术形式表现特定历史时期的社会主题，到在改革开放以及城镇化带来生活方式变革过程中进一步展现丰富多彩的农村生活和乡土记忆；自 20 世纪 80 年代在中国美术馆举办"全国农民画展览"，到八九十年代上海金山农民画、贵州麻江农民画、陕西安塞、山东日照农民画等各地画乡走出国门举办巡展；自文化部 1988 年命名 45 个"中国现代民间绘画之乡"，到如今活跃在农民画坛的 80 多个画乡；六十多年来，农民画虽经历冲击，但仍以蓬勃的生命力不断发展，发挥了宣传、教育、美化生活的重要作用，成为融合新时代农民情感与民间美术传统、国家时代

1. 2006 年考察黔南州龙里县巴江乡平坡村农民画创作
2. 2010 年调研山东菏泽巨野县农民画
3. 2006 年考察黔南州龙里县巴江乡平坡村农民画创作

精神与农村生活图景、社会历史主题与农村生活理想的艺术形态和文化载体，也成为向世界展示中国民间文化和现代农村发展的重要窗口。

可以说，农民画是我们民族民间美术体系的重要组成部分，突出体现了民间文艺的时代特色、时代旋律。自形成以来，经历了从主题宣传、现实创作、乡土回归到多元化发展的过程。近一段时期以来，特别是城镇化快速发展过程中，农民画面临一系列深刻变化，包括乡土生活变迁带来创作内容、创作体验以及情感的改变，部分农民转变为城镇居民后创作环境、创作视野等发生改变，市场化、产业化发展对创作形式、创作题材以及作品的样式、材料、规模数量产生影响等。在这样的背景下，从民间艺术本体意义上，保护和发展这项以农民为创作主体、以农村文化为创作主题的特色民间美术样式，激发农民美术创作活力，繁荣农民画创作，解决其面临的问题乃至困境，极具必要性；从社会价值发挥上，充分把握农民画对于弘扬和践行社会主义核心价值观的重要作用，发挥农民画在弘扬社会主旋律、承载乡愁、增强农民文化创造力和凝聚力方面的重要价值，体现发展中的乡村文明风貌，表现农村田野上的中国梦，具有深远意义。

1. 2017 年"中国精神　中国梦——全国农民画创作展"
在中国美术馆举办

2.《徽乡迎新年》，周贵根绘

一、城镇化进程与农民画发展分期

城镇化进程中，民族传统美术以城市精英美术、社区大众美术、农村民间美术、少数民族传统美术等形态存在，农民画在其中具有典型意义，体现了我国城镇化进程中的物质与精神文明变迁。

城镇化进程中的农民画发展可以总结为四个时期："大跃进"时期，以邳县为代表的浮夸风格农民画，主要服务于政治宣传；"文革"时期，以户县为代表的写实风格农民画，主要作用依然是配合当时的政治运动；改革开放后，以金山为代表的民间风格受到追捧，农民画参与到国家美术变革；社会主义市场经济发展的新时期，现代民间绘画呈多样化发展，逐渐融入国家文化产业体系。目前，由文化部命名的"中国现代民间绘画画乡"已有100余个，遍布全国。从城镇化发展角度看，农民画呈现三大分布类型：第一类为基本完成城镇化地区。以上海金山、广东龙门、山东日照为例，该类地区城镇化水平较高，社区文化及城市文化建设较为完善，农民画的产业发展较为成熟，受多元文化影响，有较好的传承创新，借助展览及美术界精英的推动，形成了独特的品牌优势。第二类为城镇化进程中的地区。以吉林东丰、河南舞阳、河北辛集为例，该类地区城镇化水平正处于上升期，城市生活方式和城市文化正在形成和完善过程中，农民画逐渐被专家和美术机构关注，为文创产业所运用，但区位优势不够，缺乏一定的传播与营销渠道。第三类为边远及少数民族推进城镇化的地区。以新疆麦盖提、青海湟中、贵州水城为例，该类地区城镇化水平较低且发展缓慢，对传统艺术样式的保存较为完整，农民画具有浓郁的原生态民族文化色彩，表现出朴素的审美情趣，但城市化的社区尚未形成，缺乏专业指导和创新，处于相对边缘状态。

城镇化进程中的农民画创作不断变迁。从创作看，农民画的功能从最初的政治宣传工具到目前已成为乡村社区文化产业的重要组成部分，其审美要求也从符合政治需要转变为研究大众审美，农民画作者逐渐走入社区，走进城市，创作群体的文化素质和审美观念不断提升。农民画的创作主体由过去的农民、牧民、渔民拓展到职工、市民、手工艺者等业余绘画者和部分专业美术工作者，他们的创作空间更加自由，创作思路更加开阔。农民画受到更多普通民众、文化精英、艺术家、国内外游客的欢迎，其消费需求也拓展至旅游纪念、家居装饰、艺术收藏等更加多元化的市场。从创作内容看，农民画早期主要以农业"大跃进"、"文化大革命"、农业科技推广、爱国卫生运动等为题材进行政治宣传图解，目前更多以民间习俗、农村生产、现实生活和自然风情为题材，体现普通群众真挚的乡土情怀、生活梦想和审美追求，创作过程更加注重艺术创新与市场需求。从创作形式看，农民画由单一的年画、壁画形式，发展到水墨画、版画、油画、工笔画和综合材料的运用等多种门类，绘画材料也更为丰富多样。从创作手法看，主要有三种：第一种是传统造型手法，运用传统年画、剪纸、刺绣、蜡染等造型手法，并融入现代观念创造新的样式；第二种是图案构成手法，作品追求富有规律性的装饰趣味，呈现对形象夸张、归纳，对色彩提纯、强化的表现形式；第三种是综合表现手法，受城市文化、外来文化或现代文化等不同程度的影响，作品不受程式化制约，更加适应现代人的审美心理。

二、城镇化进程中农民画的发展路径

农民画以民族民间艺术为根基，以乡土村落为母体，融合了时代内容和民族传统美术的样式、观念和功能，是民族传统文化及民间美术体系构架的重要组成部分。镇化进程中的农民画发展路径主要有四个方面：

第一，保护传承特色样式。必须要强调农民画的地域性特色，保护发源地具有文化传承意义的现代农民画样式，主要是地域生活文化中所包含的剪纸、年画、刺绣、庙画等传统民间美术样态。农民画通过集体性创作，达成群体性认同，形成整体性承传，方可产生社会个体间的文化凝聚力，在城镇化进程中必须复原农民画的群体性文化基因。农民画与游艺、戏曲、风俗等多种民间艺术形态共同构成活态的文化复合体，单纯保

1

1.《鲜菜上市》，回树义绘

2.《中国梦系列·团圆》，徐冰绘

2

护其中任何一种文化形式而忽略其他，都会破坏民间艺术"集体展示"的艺术特质。社会环境对于农民画的产生、发展、传播以及作品创作等都有直接的影响，不应片面传承发展农民画样式而割裂其与社会环境的有机联系。

第二，转化传播美术资源。在深入把握文化生成与发展规律的基础上，把农民画资源通过衍生产品、数字转化的方式，结合移动终端、互联网技术等新媒介，使农民画中所蕴含的文化观念、信仰、元素、符号等在当代生活空间中延续和再生，在此基础上传播传统文化价值。通过设计创新提升农民画资源的转化效率，使其精神和物质的双重性关怀成为"文化惠民工程"中不可或缺的重要内容，拓展农民画产业链条，构建农民画村、产业园区、文化旅游、文化景观等多元复合的农村文化产业发展体系，带动农民就业，统筹城乡发展。原创和原生态是农民画资源创新转化的生命，知识产权是保护农民画资源应用与转化的核心资产，提高农民画知识产权保护意识，加强政策指导和法律支持十分重要。

第三，消融城乡文化边界。农民画在不同的时代和不同的地方具有各种不同的表现形式，文化多样性是各群体各社会阶层维护彼此交流、创作和发展的源泉。城镇化过程中的农民画创作，应尊重不同地域的原生态文化传统，同时也在与其他地域文化传统交流中借鉴发展，不仅要做到"各美其美"，而且也要做到"美人之美，美美与共"。城镇化的本质是最终实现

1

2

1.《喜事来临小河欢》，杨梅香绘

2.《乡村大舞台》，魏代吉绘（2017 年）

人的城镇化，中国城乡二元结构的对立边界非常明显，应积极构建两者之间相互依存、相互渗透、相互转化的过渡空间。通过农民画观念、形态和功能等方面"人性化"因素的注入，以有形的物质形态去反映和承载无形的精神形态，统筹城乡文化发展，从而实现有序的"人的城镇化"目的。深入挖掘农民画蕴藏的民族精神、乡土精神，将农民画中的文化基因与当代文化相适应、与现代社会相协调，以民众喜闻乐见、具有广泛参与性的方式进行推广和传播，消解西方强势文化对传统文化的冲击，筑牢中国传统文化价值体系。

第四，培养提升民众素质。城镇化进程中，当代艺术的创作主体明显缺乏对传统美术的深度理解，仅停留在视觉审美的惯性思维上，停留在对符号等直观形式的简单挪移，探索利用农民画的独特形式，在发展城市当代艺术创作过程中发挥重要的启迪作用。在当下城镇化进程中将农民画转化为符合时代发展需要的现代城镇文明，发挥其在伦理教化、审美娱乐、人格培养、启蒙认知、情感交流、文化塑造等方面对人的培育作用，通过人文素养的全面提升，促进"以人为本"的城镇化建设。农民画的传播发展需要在启蒙教育、素质教育、专业教育、职业教育、社会培训、大众传习等方面形成多层次的教育传承体系，这也是规划"人的城镇化"最具体的内容。

城镇化进程中的农民画创作应注重三个方面。第一，坚持民间传统与现代创新并重。守住民间艺术的文化内核，从民族传统美术样式中广泛汲取营养，坚守绘画蕴含的本元文化，激活现代人的民族记忆。同时，将传统绘画技艺与现代艺术风格及现代材料相结合，运用现代审美意识和艺术语言对农民画进行具有时代特色的创作。第二，坚持个人风格与市场需求并重。释放农民画家对乡土生活的真实情感，形成个人化的艺术语言，突出"农民叙事"。适应现代文化产业需求，塑造地域文化品牌。同时，研究大众消费心理，以市场需求促进艺术创作，做好市场定位，引导消费潮流，细分目标受众，走特色化发展路径。第三，坚持业余创作与专业自信并重。坚持艺术生产与艺术创作相辅相成，作品复制是适应市场需求的途径之一，但坚持作品原创才是作者形成个性化的创作风格以及农民画可持续发展的根本所在。农民画家应找准自身在民族传统美术体系中的定位，坚定创作自信，激发原初性的绘画本能，大胆创新，多出精品力作。农民画是中国当代美术中不容忽视的品类之一，如何把握中华民族这一乡土艺术的本质特征、形态、价值和意义等，是农民画研究与创作的当务之急。在城镇化快速发展的背景下，在美术创作多元化的今天，农民画面临传承与发展的现实问题，保护和促进这一美术品类的持续发展，促进环境、文化与人之间关系的协调发展，从文化层面推进以人为核心的城镇化建设，具有重要意义。

三、新乡土生活与农民画的美学精神

农民画体现了中国当代农民艺术创造力，反映农民视野中乡土文化和乡村生活，并生动表达了广大农民对国家发展主题的认识与期盼，在实践中还要做到有传承，有生活，有特色，有发展。有传承，在于继承传统与创新并重。农民画创作，源于传统民间文化和现实生活，要守住民间艺术的文化内核，尽管创作风格由乡村民间绘画到城市通俗绘画的转变，但是农民画的民间性不能丢；在此基础上，要面向城镇化发展的现代语境，将传统绘画技艺与现代艺术风格及现代材料相结合，开拓现代艺术语言，进行具有时代特色的创作。

突出生活，要突出"农民叙事"。生活变化，农民画面临的视界发生改变，要表现生活的感受和体验，释放农民画作者对生活的真实情感，不要拘泥于程式样式，割裂与社会环境的有机联系。王朝闻先生曾说民间艺术造型"随心走，选有趣的'画'"，农民画创作要实现农民"自己在说话"，避免雷同和重复。在城镇化进程中，必须在恢复农民画的群体文化基因的同时，形成个性化的艺术语言。

强调特色，要协调个人风格与市场机制。促进农民画创作，首要是调动农民创作主体的文化自信、创作热情，提高作品的思想性、艺术性和传播力，避免片面市场导向下产业收益、商业效益成为创作者评价的价值导向，切实激发农民画的

《故乡》，魏旭超绘

深层文化作用和社会影响力。现代民间绘画的发展需要坚守，民间文化的根不能丢，要坚守民间艺术的传统，不能为了追求市场利益放弃了创作的传统和个性。同时，要多方协作健全市场机制，明确农民画原创作品、复制作品和衍生产品的范畴，实现良性发展，促进文化消费。

创新发展，要盘活民间美术资源。拓展创作形式和载体，搭建传播与应用桥梁，促进农民画创作与特色农产品包装标识、农村文化旅游、壁画等公共艺术、媒介宣传结合，并通过衍生产品、数字转化等方式使农民画蕴含的传统文化观念、信仰、元素、符号在当代生活空间中延续和再生，弘扬中华优秀传统文化、民间文化和社会主义核心价值观，使农民画获得更大的发展空间，并发挥更积极、广泛的社会作用。

民间艺术要有鲜活的生活内容才能不断更新和发展。就农民画而言，由于昔日的绘画内容和图景随着社会生活的改变发生变化，有的甚至不复存在，而多元的媒介、载体和更广阔丰富的传播渠道和接受空间又是新的契机，因此亟须在时代背景、生产生活场景、题材内容发生改变的同时，面对社会生活、城镇化发展的新形势、新特点，探寻、捕捉、阐释新的时代精神，不断丰富创作的深层文化语言和内涵。希望农民画在发展过程中，创作新作品、表现新生活、丰富艺术语言和风格，提高传承民间文化融入现代语境的能力，增强艺术创作发展活力，提升农民画作者传承民间文化融入现代语境的能力，

《政通人和庆丰年》，高晓丽、刘志忠绘

提高作品的思想性、艺术性和传播力，通过丰富农民画创作的深层文化语言与内涵，筑牢中国民间文艺价值体系，彰显中国文化话语权和民族艺术自信。

　　总之，农民画是人民大众的艺术。在历史发展进程中，民间艺术在伦理教化、审美娱乐、人格培养、情感交流等方面发挥了重要作用，这些丰富的文化内涵在农民画创作中仍保存着活态的种子并不断发展。王朝闻先生曾在 20 世纪 80 年代评价农民画家是用他们自己所掌握的朴素语言——"好看"、"开心"和"自己也会笑出来"表达他们对于形式美的挚爱，农民画正是以朴素醇厚的语言歌颂劳动，礼赞生活，传递着昂扬向上的精神活力。今天，广大农民画创作者更加自觉自如地运用剪纸、刺绣、漆画、灶壁画、木雕等传统民间绘画的造型和色彩表达方法，更加深刻真挚地观察和表现农村的生活体验和审美情感，表达自信乐观的生活态度，创作了一批有梦想、有温度、有情感、有感染力的作品，带给我们很多鼓舞和感动。希望农民画在发展过程中，扎根农村生活，坚守民间特色，突出"农民叙事"，不断创作新作品，表现新生活，不断提高作品的思想性、艺术性、传播力和影响力。我们相信，农民画作为民间生活的一部分，还将以崭新的姿态彰显中国精神，以民间文化绵延磅礴的力量助推民族复兴中国梦的实现，鼓舞人们坚定文化自信，守护精神家园，以勤劳的双手创造美好的生活。

金山农民画紧随时代

　　上海金山农民画在我国农民画发展史上具有重要的历史地位。金山农民画发端于 1974 年，当时全国学习陕西户县农民画，创作主体是从上海金山枫泾和朱泾等十县招收的农民画作者，题材来源于上海近郊的水乡生活，手法吸收了灶壁画、刺绣、蓝印花布等民间艺术造型方法，在当时为全国农民画树立了样板，成为各地争相学习的标杆。金山农民画较早走出国门，曾赴美国、法国、比利时、意大利、澳大利亚等诸多国家展出，在国际上享有盛誉。1982 年 10 月 7 日，基辛格夫人南希来到上海，挑选收藏了包括张新英的《迎新客》、陈芙蓉的《重阳节》、王金喜的《收丝瓜》在内的五件作品。1988 年，文化部命名上海金山县为"中国现代民间绘画画乡"。随着上海城市的快速发展，金山农民画保持着鲜活的创作热情和对文化发展的探索精神，在"回归乡土"的指导思想下进行艺术创作。在民间艺术基础上，逐渐走向民间与现代的交融，探寻民族语言，重构当代艺术，发挥了引领作用。

一、都市时尚前沿与传统民间文化韵味

金山农民画艺术风格的形成经历了三个历史演变阶段：1974—1976 年为创作摸索阶段，金山农民画建立之初，以学习陕西户县为主；1977 年—20 世纪 80 年代是"回归乡土"时期，从民间艺术造型中汲取营养，绘画元素和绘画内容回归民间，形成了金山农民画的典型样式；20 世纪 90 年代以来为多元化发展阶段，艺术样式、创作形式、绘画材料出现了多元化发展。经过这三个阶段发展，金山农民画无论是创作主体还是艺术风格，都发生了明显变化，在城镇建设中发挥了不同作用。

走向市场，是农民画艺术风格演变的一个重要因素。1978 年，农民画开始作为商品进行销售，金山农民画院销售的模式由集体所有制到 1994 年推向市场，在这个发展过程中，形成了原作、复制品和衍生品市场的多样化发展，销售的方式由作品销售到衍生品批量化销售，由书画销售到书画复制品销售，拓展到旅游产品和礼品市场，农民画与农民画衍生品的概念开始分离。

随着金山区工业化、城镇化进程加快，1996 年，金山山阳镇的渔民上岸后，发展地方服务业，进入金山嘴渔业文化产业发展时期，进一步向渔业文化产业转型，带动了当地民族民间艺术复兴。2012 年金山嘴渔村重建，恢复了当地古镇的生态环境，金山嘴渔民画发展起来。这种建立在生态、民宿等文化旅

1. 金山农民画早期作品《金谷满仓》，朱希、陈明东绘（1976 年）
2. 1982 年基辛格夫人南希挑选金山农民画

游业态基础上的发展模式，成为农民画发展的新的契机。

　　整体上看，在城镇化发展进程中，人们的生活环境发生了巨大改变，金山农民画作者的年龄和文化结构也发生了改变，而且由于上海国际文化交流频繁，对农民画的创作主体和艺术形式产生了影响。从创作主体看，金山农民画的创作队伍由过去的农村老妈妈逐渐发展为更加多元的专业群体，在金山画院的许多作者受过专业教育并取得了诸多艺术成就。如今年轻的农民画作者，一方面学习民间艺术传统，在艺术手法上回归剪纸、刺绣等民间乡土造型，注重民间味道和乡土特色，另一方面重视汲取国外的艺术表现手法，探索多元化的发展道路。从题材和风格上看，农民画也成为村庄变迁、城镇化发展、城市"视觉档案"的组成部分，金山农民画融都市时尚与民间生活于一体，既浓缩了水乡民居生活的趣味，又体现了现代绘画的丰富性，既受到民间刺绣、剪纸、绘画等民间美术的滋养，也由于对外来现代艺术的吸收，形成开放的样式，时尚与乡村、都市与民居并存，以丰富的艺术手法和材料技法表现艺术风格，形成了既接地气又富有现代感的艺术特征。比如张新英的农民画创作，运用抽象绘画语言，将她所熟知的传统刺绣色彩，"以一当十"的传统民间色彩造型方法运用到农民画创作中，营造了既古朴又现代时尚的画卷。陆永忠以大地艺术的方法，将农民画与农耕结合，通过种植红色、黄色、紫黑色等彩色水稻，在大地上绘制出"巨龙舞梦"的画面。富有个性的金

1.《采药姑娘》，曹秀文绘（1977 年）

2.《巨龙舞梦》，陆永忠大地艺术

（2014 年）

山农民画作者层出不穷。金山农民画在艺术风格和文化产业机制方面，都具有前沿发展势态，包括知识产权等问题的解决都体现出整体上的超前意识。

二、辅导员的引导方法

在金山农民画创作手法回归民族民间造型体系上，辅导老师吴彤章起到了重要作用。1977年，吴彤章等辅导老师倡导农民画"扎根泥土"，回到刺绣、剪纸、灶壁画等民间艺术中汲取营养，运用"移植法"把民间剪纸、刺绣、灶壁画等艺术形式转换到纸上，招收能绣善剪的农村老妈妈们举办创作学习班，使用"酒瓶倒酒法"的辅导方法引导民间老妈妈，把民间造型语言转换到农民画创作中去，形成了具有民间乡土特色的金山农民画风格，并迅速影响了全国农民画绘画方向的转变。早期金山农民画以作者阮四娣代表作品《孵蛋》《花与鸡》等作品奠定了金山农民画的创作题材和方法。20世纪80年代形成的这种金山农民画，汲取了民间女红艺术的造型方法，打破焦点透视规律，以丰富的想象力、大胆夸张的造型、独特的艺术构思和造型特色，创造了富有风俗情趣和浓厚生活气息的画卷。20世纪90年代后，在金山农民画队伍中，80岁以上的老妈妈开始逐渐淡出。这个时期，金山

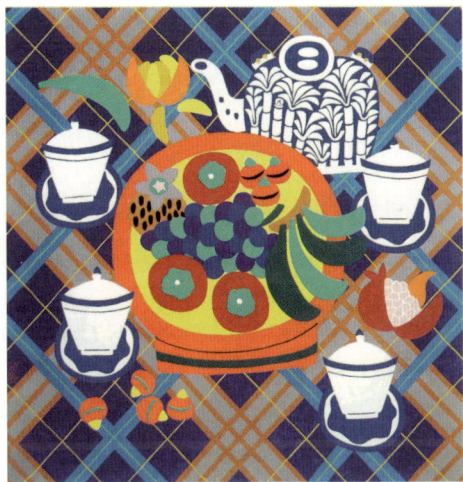

1

2

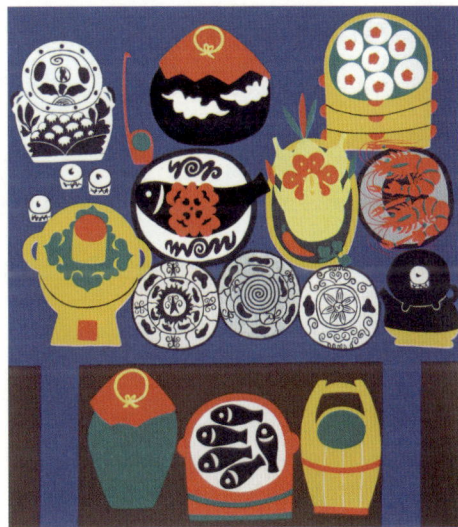

3

4

1.基辛格夫人南希挑选的张新英作品《迎新客》（1982 年）

2.《花与鸡》，阮四娣绘（1977 年）

3.《玩具担》，张新英绘（1992 年）

4.《灶间一角》，张新英绘（1980 年）

招收了很多学员进行农民画培训，这部分作者中 90% 以上的农民画创作者具有初中文凭，但不了解传统民间艺术。辅导老师为了能够把民间艺术造型的内容和方法引入农民画创作，进行了教学方法的转换，由"酒瓶倒酒法"的辅导思路转向研究"如何灌输"民间艺术的辅导方法，引导作者吸收民间艺术的造型和文化，组织他们临习刺绣的色彩，引导他们表现乡土气息。

吴彤章认为，地处繁华城市的金山农民画应该是既接地气，又有现代感的艺术形式，它的特色一方面来自民间刺绣、剪纸、绘画等民间美术形式的滋养，另一方面源于上海这座城市对外来现代艺术的敏锐吸收，二者共同塑造了这种新型的民间艺术。吴彤章说，农民画作者应该在继承传统的基础上进行创新，具体要做好三件事：第一，应该学习传统民间艺术。像敦煌的线条，汉代画像石、画像砖外轮廓的阳刚之气，以及木雕的刀法等都是应该了解和掌握的造型观念。创新的根脉在于民间艺术的土壤，民间艺术是取之不尽的源泉。第二，学习原始艺术。越是传统的就越是现代的，原始的图腾和各种符号是文明的象征。比如彩陶纹样的抽象符号就具有丰富的内涵，这些符号是民族文化的积淀，体现民族的内在心理结构。第三，开放式的理解和接受现代艺术。他认为人们生活发生了改变，审美就要跟上去，所以对于现代艺术应该持开放的态度，适度地吸收西方的绘画方法和技巧。吴

吴彤章老师（中）辅导曹金英（右）绘画

彤章不断总结，并将创作方法贯穿到辅导实践中，引导金山农民画师以兼容并茂、融会贯通的方法进行创作，既坚守传统，又开拓创新，体现了上海的文化精神。

三、政府支持与产业推广

金山地方政府重视农民画发展，分级管理、统筹组织农民画产业发展工作，并通过建立金山农民画院、中国农民画村展示，不断推广农民画及衍生产品。通过组织和参与展览，提高金山农民画知名度，形成品牌效应，带动文化产业的发展。

从 1978 年县文化馆金山农民画社试营业到 1980 年销售额度的变化可以看出，1978 年销售农民画 5 幅，总销售额 690 元，尽管收入额度低，但金山农民画作为商品对外销售的模式已经形成。1979 年，销售作品 668 幅，销售额 11673 元，市场逐渐拓展。1980 年，作品销售 1999 幅，销售额达到 45460 元，金山农民画的市场效益直线上升。

上海经贸发展，带动了金山农民画向市场方向转化。农民画的装裱、包装等各方面都较早受到重视，在复制和衍生品开发方面，作品的规格、展示、包装、物流等方式都较早引入商业运作，开拓了新的途径。金山农民画院致力于树立品牌、扩大交流、开发衍生产品、规范市场等。1998 年，金山从第一届农民画为主题的旅游节开始，至 2004 年金山区总共举行了六届旅游节，邀请了 24 个省、市、自治区的 52 个画乡参与活动，大大提高了金山农民画在全国的知名度，促进了金山农民画与其他画乡之间的艺术交流。各种形式的展览、培训、理论研讨、对外交流以及旅游节等，为金山农民画的发展搭建了平台。

四、农民画参与公共文化服务

金山农民画基于独特的地理优势较早进入市场化发展，但

1

2

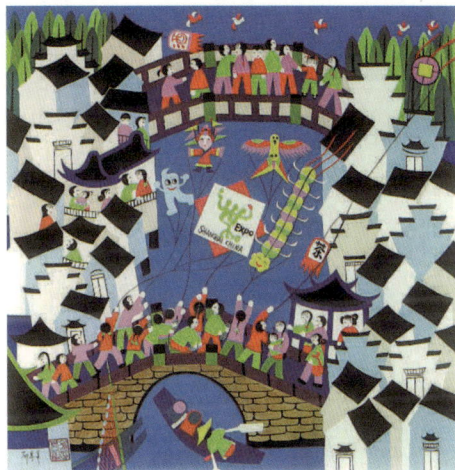

3

4

1.《摇到外婆桥》，季芳绘（1999 年）

2.《花伞》，怀明富绘（1999 年）

3.《鱼塘》，曹金英绘（1978 年）

4.《放飞心情》，邵其华绘（2010 年）

并没有完全商业化，始终重视保护和发掘地方特色。从改革开放之初到现在，从金山县到金山区，从农业渔业发展到大型化工业发展，再到城市与新渔村服务业综合发展，经历了转型与回归。农民画以绘画的形式反映了金山城镇化演进的过程，上海金山农民画院、金山农民画村以及金山嘴渔村的渔民画在民宿和展览中的衍生，始终以"参与者"的身份融入日常生活，是提高生活品质的媒介。

金山农民画的发展离不开地域文化的滋养，在城镇化进程中，应提升文化自信，在创作中处理好传统和现代的关系，守住民间艺术的文化内核，从民族传统美术样式中广泛汲取营养，坚守民间绘画蕴含的本元文化，让民间造型体系走入现代生活，从而更好地发挥农民画的文化功能。同时，要认识到艺术市场的必然性，农民画的生存发展，需要文化艺术政策支持，借助文化产业发展机制，提高农民画作者的收入也是现实需求。使农民画创作、销售、衍生产品研发各自发挥作用，专业的人做专业的事，分离市场与创作主体，不仅是以市场带动创作，也要以创作引导市场，使农民画创作、产业和销售健康发展。对于金山农民画创作、文创产品发展、衍生产品开发、艺术市场发展等方面的探讨，也将进一步提升金山农民画的艺术水准、创作风格和市场规范，使之获得更大的发展空间。

1. 调研上海金山嘴小渔村渔民画
2. 《捡花鱼》（局部），杨火根绘

秀洲农民画水乡巨变

浙江省嘉兴市秀洲区前身为嘉兴县，位于浙江杭嘉湖平原，东邻上海，西靠杭州，南濒杭州湾，北接苏州，是著名的鱼米之乡。江南水乡的日常生活及灶头画等诸多民间艺术孕育了别具特色的秀洲农民画。特别是汲取了当地剪纸、刺绣、灶头画、蓝印花布等民间艺术营养，融会江南水乡的生活气息，秀洲农民画色彩明快，造型夸张，构图饱满，极富水乡风俗趣味。

《南湖菱歌》，张觉民绘（1983 年）

一、水乡经济与创作的关系

秀洲农民画创作始于 1983 年，在发展过程中，20 世纪 80 年代是秀洲农民画的初始期，在学习金山农民画的基础上，凝练了本地绘画风格和创作方向。这个时期的作品中，张金泉的《公共夜车到村》获得了全国比赛的二等奖，缪惠新的《乡情》获得了浙江省首届农民画大赛的一等奖，张觉民《南湖菱歌》获得了全国比赛一等奖。这些作品确立了秀洲农民画的创作风格。20 世纪 90 年代，在大力发展经济的背景下，秀洲农民画进入了缓慢发展期。2000 年以后，秀洲农民画恢复并快速发展，政府先后实施了很多推进农民画发展的举措。近五年来，秀洲农民画在全国展览中获得了众多奖项。

秀洲农民画的发展体现了与秀洲经济的互动关系。2000 年以前，秀洲区经济发展分为南北两片，南部以农业生产为重，北部发展个体经济。由此直接影响了两个区域农民画创作发展的内容和形式。早期北部农民由于忙于个体经济，业余时间较少，从事农民画的作者比较少；南部多数农民从事纯农业生产，在农闲时候有时间从事农民画创作。因此早期秀洲农民画作者大部分来自南部地区，绘画的题材内容主要与水乡生产有关。

2000 年以后，秀洲区北部经济发展到一定程度，部分劳动力得到解放，农民画创作提上日程。比如位于秀洲区北部的王江泾镇，由于纺织业的发展，不少农民购买织机从事纺织业，

1. 浙江嘉兴秀洲区油车港镇的村落
2. 张金泉的工作室
3. 张金泉家里的灶头画

搬到镇上居住，并开始学习农民画，农民画作者数量剧增，约有 50 位农民画作者。由于"土地流转"相关政策和现代农业发展，原先从事农业生产的农民画作者摆脱了土地束缚和生活压力，有了更多的创作时间。农民画创作主体的身份转变、收入来源的稳定和劳动生产方式都是造成秀洲农民画在 2000 年以后复苏的重要原因。同时，绘画内容也与经济生产息息相关。秀洲农民画作者中有一部分是过去在村子里画灶头画的能工巧匠，绘画内容不少是乡村民俗和生态养殖等。以王江泾镇为例，在以纺织为支柱产业的同时，由于地势低，多湿地和水田，也发展起了水产养殖种植的立体经济，因此水乡种养也是农民画表现的主题。朱月祥的作品《湿地农业之立体种养》就以生态养殖、立体养殖为内容，表达了家乡振兴和繁荣的喜悦。

二、政府支持和辅导的作用

嘉兴农民画的发展与政府重视和支持有关，许多重大决策给秀州农民画发展提供了坚实的保障。在硬件设施方面，嘉兴政府投资建设了农民画陈列馆和农民画艺术中心等大型活动场地，为农民画创作提供硬件支持。在活动组织方面，每年举办采风、学习班、比赛和展览活动，为农民画作者提供发展平台，以活动带动农民画的发展。比如，1999 年秀洲举办了中国

1

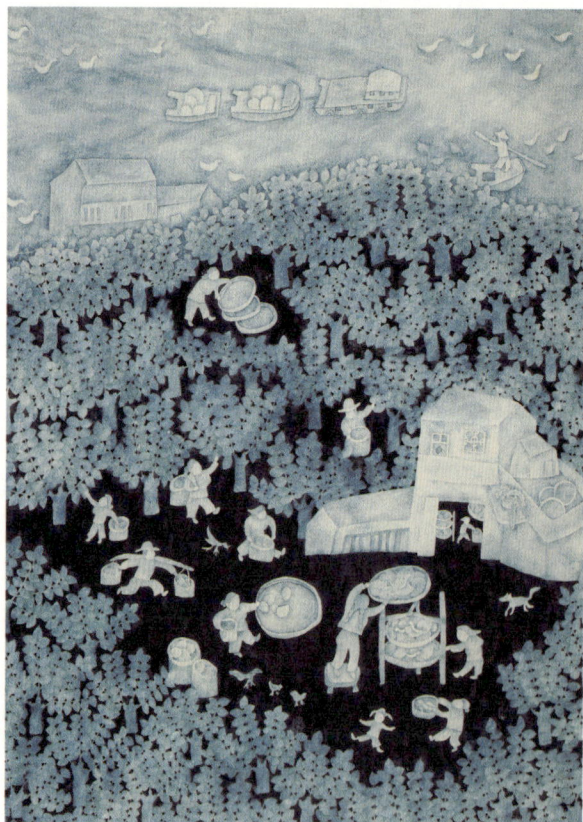

2

1.《繁忙的乡村》，朱建芬绘（2017 年）

2.《晨忙图》，杨海萍绘（2017 年）

农民艺术大赛，邀请了一批全国 1988 年被命名为中国现代民间绘画画乡的农民画家参加活动；2001 年举办了由文化部批准的第一届秀洲中国农民画艺术节；2015 年秀洲区把农民画元素融入公共文化建设各个领域，面向群众举办农民画培训、大赛、画展进文化礼堂等活动，并通过举办全国性的学术研讨会开展学术交流，提高理论水平，农民画作者可以在参展或研讨交流中获得展示宣传机会和深化积累。

秀洲农民画的队伍建设体系完善，在各级政府组织方面表现为层级关系明确、责任分工具体、梯队结构完整的特点。每一个层级的梯队都拥有属于自己的独特资源和先天优势，逐级充分利用地方优势，以打造个性文化地标。这为农民画作者提供了归属感，并通过层层选拔给予作者荣誉感和自信，形成一个组织科学的创作集体。在作者培训发展方面，分为区级、镇级和村级三个层次。嘉兴市秀洲区文化馆负责整个区的文化建设，在农民画培训和指导方面有专门的辅导老师队伍。在村级方面，通过成立农民画个人工作室的形式进行辅助支持，为保证工作室正常运行，农民画工作室的面积不小于 50 平方米。目前整个秀洲区有 8 个农民画工作室，政府每年提供 2500元经费支持，并建立严格的考核制度，就培养人数、参赛数量、参赛水平等指标做出详细规定，以保证工作室能够更好地发挥其挖掘和发展优秀学员的作用。农民画工作室的建立也在于通过建立培训地点的方式带动周边人群进行农民画的学习和

1

1.《茶楼乐趣》，张金泉绘（2017 年）

2. 嘉兴秀洲农民画衍生产品

3. 农民画日历瓷盘

2

3

创作，工作室定期对周边村民和少年儿童举办农民画培训。此外，秀洲区教文体局在全区 26 所中小学中开展兴趣爱好班，拓展了农民画后备人才的发展基础。在镇级方面，7 个镇级的文化活动中心都设有农民画创作基地。秀洲区每一年都展开区级农民画培训，以保证农民画创作队伍的创作辅导强度和水平。为了打造秀洲区的农民画的领军人物，秀洲区实行"梯队式"培养模式，进行优秀作者的层层选拔。例如，作者丁阿妹就是在文化学习时被发掘出的新作者，后来组成了"十姐妹农民画工作室"，连续取得优异的成绩。

推进农民画画乡建设是秀洲区公共文化服务体系的重要环节之一，先后培育大批农民画家，在中小学创建后备人才基地 26 个，形成了体系完整的画乡建设体系。至今秀洲农民画有一千多幅入选了"全国农民画展""中国农民画联展"等各种展览，作品在澳大利亚、美国、日本等十几个国家举办展览。同时，积极探索农民画及其衍生产品的市场化运作模式。秀洲区在从农业区向城镇化迈进的 30 多年中，逐步打造出一块地域特色鲜明的农民画品牌。

秀洲区文化馆两任辅导老师的创作倾向推进了秀洲农民画的发展。第一代辅导老师是毛桂洪和袁谷人。毛桂洪毕业于中国美术学院附中，在 1983 年举办第一届培训班；袁谷人学习油墨版画，1994 年退休前一直负责农民画的辅导工作。第二代辅导老师是陈玉峰，主张农民画应该从当地的生活中入手，表现民俗生活，强调一定要把握好个人特色和地域风格的关系，鼓励农民画作者充分调动自身潜能，挖掘个人风格。辅导老师的专业绘画倾向，使秀洲农民画注重探索绘画材料和技法，注重内容和形式的创新。比如向生活贴近，发现生活中与自然风光、民间习俗、农业生产相关的美的题材和内容，同时，也紧跟时代发展，从当代社会建设和发展中凝练新的题材。辅导老师在教学方面主要采用了"爱护兴趣"的方法，通过发挥作者的创作特长和爱好，激发作者的创作兴趣，以鼓励更多的农民画作者和有绘画才能的爱好者参与到创作队伍中来。

三、文化产业发展的空间

自 2006 年，当地政府带领农民画文化产品参加义乌文博会，促进了农民画从创作到产业的发展。秀洲区委托有关创意公司推广和发展农民画产业。经营范围：一是秀洲农民画及其衍生产品的开发；二是开展艺术教育培训和举办展览、展会；三是秀洲农民画及其衍生产品的销售工作。在农民艺术节等活动中，针对在市场上有一定接受度的农民画进行衍生产品的设计与开发，衍生产品的类别包括小方巾、扇子、书签、办公用品、瓷器等，并根据新产品的类型设计不同的包装组合。加强农民画宣传，与广播电台等媒体合作，进行推广。同时拓展销售市场，自 2009 年开通网络销售渠道，于 2014 年到土耳其、马来西亚、迪拜等国家和地区的专业展会上进行展览，让农民画及其衍生产品走出国门。

整体上看，秀洲区农民画形成了鲜明的特色和风格，政府管理方面的充分重视和嘉兴产业经营的经验积累对农民画发挥了促进和带动作用，形成了较为完备的管理结构和可行的发展路径。进一步做好农民画创作的指导、培训辅导、文化交流展览等基础工作，探索农民画及其衍生产品的市场化运作模式，还将推进秀洲水乡农民画的稳健、可持续发展。

巨野工笔画的发展模式

　　菏泽巨野是著名的"中国农民绘画之乡"。巨野县农民工笔画有深厚的群众基础，是当地一项重要的文化产业，形成了两条书画专业市场街，有巨野镇、独山镇、麒麟镇、董官屯镇4个专业镇，50个专业村，1个专业示范村，1个书画产业基地，500多个专业户，长年从事绘画、装裱、销售的人员达7000多人，形成产、供、销稳定的产业链。"巨野工笔牡丹"作品销往全国30多个大中城市，并出口日本、韩国、新加坡以及欧美等十多个国家和地区，其中仅工笔牡丹的销售就占据全国市场份额的八成左右，年实现产业增加值2.8亿元，已成为当地继煤炭、煤化工之后的第三大产业。巨野农民工笔画在产业组织发展方面具有典型特点，是一种以绘画形式获得发展机遇的乡村文化产业模式，吸引了国内外专家学者的关注。

一、合作社发展模式的形成

　　巨野农民工笔画的发展可以追溯到20世纪70年代。当时巨野县为出口创汇开办了工艺美术厂，姚桂元及骨干作者在厂

1. 鲁西书画院的艺人在绘制工笔牡丹

2. 2014 年与英国人类学家雷顿一起调研巨野农民工笔画

里专事出口彩蛋、屏风画、褂扇、玻璃瓶画等工艺美术品的制作。1982年，巨野县工艺美术厂解体，一批业务骨干走向社会，为了生存，逐步开始了家庭作坊式发展的道路。姚桂元从工艺美术厂出来以后，研究宋画工笔绘画方法，并总结经验，使新手更容易入行，实现了农民工笔画的批量绘制。随着订单增加，集培训、绘画、销售为一体的合作社（画院）在政府扶持下建立起来，迅速扩大规模，画院、装裱室、销售网点形成了系统的产销渠道。与很多地方的农民画不同的是，巨野农民工笔画并不是农闲时的副业"补差"，而是作为绘画农户的主业，农耕是副业。当地人均一亩地左右，有些农户会把土地租给别人耕种，投入大量时间绘制农民工笔画。巨野农民工笔画形成了一种以合作社或画院为主体的经营模式，在培训、绘制程序、销售网络方面快捷、成熟，艺人入门快，绘画程序简洁，视觉效果丰富，在工笔画的产、供、销方面形成了相对完善的产业链。1996年，当地成立了"巨野农民书画研究会"。2000年，文化部命名"中国巨野农民绘画之乡"。2009年，巨野县麒麟镇洪庙村成立了山东省农业厅批准的"巨野农民绘画专业合作社"，以"经销—合作社（画院）—农民画师"的模式进行绘画和销售。全县50人以上的合作社（画院）有6个，书画装裱室多达60家，在全国建立起70多个销售网点，与国内500家画廊、画院建立起友好合作关系。

　　巨野农民工笔画的绘画题材起初分为牡丹和麒麟，后来逐

1. 2016 年英国人类学家雷顿再次到巨野调研

2.《大红灯笼高高挂》，高潭印绘

3.《暖风》，孙自安绘

渐发展出十八罗汉、山水、仕女、水浒人物等各种题材，主要根据客户订单的要求或者来样加工。比如在徐凤秋的画院中，有的作者比较擅长画动物，有的比较擅长画植物，有的比较擅长画人物，在绘制大幅作品时，会根据要求进行流水线作业，提高绘画效率，保证绘画水平。工艺美术厂时期，厂里的订单多为出口产品，为满足国外订单需求，主要在纸张、屏风等不同载体上复制宋代工笔绘画，是一种劳动密集型的生产加工。如今，国内市场需求逐步提高，当地人们也会购买作品馈赠朋友或装饰家庭，绘画的题材、内容包括尺幅不断变化。由于酒店等公共环境装饰需要，作品的绘制尺幅逐渐增大，规格逐渐增多。

在画院和作坊中有拷贝台、画案，通常是根据订单或客户要求，依据画样拷贝提炼出线稿，在线稿基础上独立设色。每个画工的设色水平不一样，这也是影响作品定价的因素之一。同一个底稿，染色水平不一样，价格也就不同。巨野农民工笔画的基本工艺与传统工笔绘画相同，设色方法比较传统，采用中国传统工笔绘画的染高法，分层染色，因此虽然尺幅很大但色彩效果非常统一。巨野农民工笔画色调效果分为两种：大红大绿的重彩效果和素雅的墨色效果，以工笔画形式绘制。据艺人们讲，他们自己比较喜欢文人画的墨色层次效果，一些年纪大的艺人喜欢临习宋画，认为那是真正的雅文化。前来订货的客户多数喜欢重彩效果，大红大绿的牡丹能迎合大众喜好。在

姚桂元工作室艺人在绘制农民工笔画

各种展览或比赛中，艺人们会根据展览主题需要进行创作，根据不同的定位来把握绘画格调和手法。巨野农民工笔画作者在产业发展基础上，不断研究技法，以期与人们的审美需求同步。

二、画院式的培训管理机制

画院式的培训管理机制是实现规范化管理和持续发展的基础。根据画工水平，巨野农民画工笔画作者分为三个层次：一类为专供商品画的复制画工，是量化生产人员，主要通过复制工笔画完成作品"生产"，多由一年以上的学徒绘画人员担任，作品用于冲击市场，鲜有个人艺术偏好。第二类是画工较好的画师，技术比较娴熟，主要进行礼品绘制，这类作品要求精工细作，对画工的审美要求较高，作品销售价格也相对较高。第三类是从事农民工笔画学习的专业创作人员，主要为参加学术研究和展览进行创作研究，这类农民画家的作品价格最高，复制的数量极少。此外，其他一些大学生和希望学习工笔画的艺人，也会参与到绘画队伍中来。巨野农民工笔画分为流通品、礼品、艺术品三种形式，定价依照复制数量、创作程度和画面的精细程度也有较大区别。巨野农民工笔画院多数采取免费提供培训教育及材料，包吃住的模式发展，只要是愿意到这里学习工笔画的作者，都可以免费学习，因此在画院中有许多从外地慕名而来学习的作者。

在画院学习半年以上的学徒，其收入包括两个部分：基本的生活补助和卖出作品的分成的总和。也就是说销售的作品越多，收入就越多。每一个画工收入从 500 元到 6000 元不等。画工普遍对当前的收入表示满意，对老师表示感激。在培训机制方面，按照师徒学习的方法传承，学好的作者出师后都能够卖画，并可以继续带自己的徒弟，因此这种培训的网络慢慢扩大开来。大多数艺人比较对画画本身也非常有兴趣，所以热情比较高，悟性高的艺人有时候学习三个月时间就可以画出令客户满意的作品。这种系统的组织和绘画方法大大地缩短了艺人入行的时间周期。在鲁西书画院，结了婚的夫妇在画院继续画画，画院提供两间住房，并支付孩子的幼儿园费用，上下学专车接送，使艺人能够全力投入绘画。出师以后的学员，也可以回家画画，每月 28 日把画送到画院，由画院统一出售，并支付给作者费用。

鲁西书画院有固定学员 70 人，在外固定骨干人员 70—80（含出师班和白班），其余画院送画的散户有 210 人，总计 360人。出师的学员被分配在两个班里，一个是出师班 30 人，另一个是白班 15 人。所谓白班，是在书画院出师以后的学员，在照顾家庭、看孩子的同时，为增加收入继续到画院画画，他们只画到下午六点，所以叫作白班。画院人员的构成是一个动态的变化过程，从学习班到出师班有一年的，也有三年的，学习的进度不同；在出师班里有 1 年的、5 年的，还有 15 年的，时间不等。画院里的日常组织管理工作由资历较老的员工负责，比如逯雪伟及丈夫苗祥振在大师班负责管理工作，其弟弟逯光彬擅长画走兽等较大难度的题材，弟妹叫黄贵贵，也在画院工作，他们月收入都在 5000 元上。巨野农民画的绘画、经销、研究的环节比较健全，形成了稳定的产业化链条。据书画院统计，从鲁西书画院里培训过的学员以及学员带出来的人员有 3000 人。鲁西书画院现有 360 人是相对固定发工资的人员。

三、稳定发展的绘画队伍

巨野农民工笔画作者以女性为主要群体，年龄从 15 岁到 40 多岁不等。培训一年后学成的职业方向通常分为留在画院继续画画、回自己家里画画以及从事销售三种情况。其中，回家绘画的艺人，除了可以画画送到画院销售以外，大多数还在家里开办绘画作坊，继续接收学徒，规模少则四到五人，多则十几人，形成学徒帮学徒、传帮带的结构，并继续扩大。在这种形式下，巨野农民工笔画不断吸引更多的人参与，作者队伍逐年递增。巨野农民工笔画院不断提升绘画水平，广泛参与展览、博览年会，扩大了知名度，形成了地方文化品牌。

　　巨野农民工笔画是特定历史时期的产物，以菏泽牡丹之乡的地域文化为基础，形成了特定民间绘画题材、样式和产业链，成为当地的支柱产业。在巨野的诸多画院中，很多艺人是全家总动员，画工笔牡丹的家庭不在少数，绘画带来了稳定的经济收入，这些一手耕地一手绘画的民间艺人参与到"美丽乡村"建设中来，事业如画，生活如画，促进了当地的乡村文明建设。

1　　　　　　　　　　　　　　　　　2

1.《大吉祥》，赵长玉绘
2.《五月熏风十里香》，孔庆臣绘

文化馆辅导出的日照农民画

山东日照农民画诞生于 20 世纪五六十年代，是 1988 年文化部命名的首批"现代民间绘画画乡"之一。溯其渊源，日照民间美术从汉代画像石刻，明清民间抹画、年画，到 20 世纪五六十年代的农民画，都富有历史和时代气息，也渗透着山东的地方民俗文化。日照县原属临沂地区，因此 1986 年日照农民画在山东济南展出时，时任中国美术家协会副主席的华君武题字"沂蒙山花"。日照农民画早期以农耕题材为主，以民众生产、劳动画面为主要内容；随着沿海经济带形成，表现海洋养殖和渔作的海洋渔民画逐渐凸显出日照沿海生活的典型特色。近年来，日照农民画和渔民画创作队伍不断壮大，呈现出新的发展气象。

一、地方特色

日照以"日出先照"得名，传说是登泰山看到第一缕阳光照耀的地方，富有诗意。日照农民画的题材内容与当地自然地理条件下的农耕和渔业发展有关，与当地民众的生产、生活、

1.《赶小海》，乔诺绘（2014 年）

2.《沂蒙旧事》，任忍绘（2016 年）

信仰、礼仪等民俗文化紧密相连，富有地域特色，反映了农村风貌、采茶、大丰收、打谷场、巧媳妇、虎娃、闹元宵等风土人情。日照农民画在形成过程中，吸收了汉画像石和民间剪纸、木版年画的样式，构图饱满，造型夸张，富有勾线的金石味道，体现了山东人直爽率真的性格。

20 世纪 50 年代之前，日照民间艺人在福棚、窗棂、水缸、墙壁、镜子上手工绘制日常生活花样，用作装饰，人们称为"小抹画"。"小抹画"主要有神灵信仰、吉祥图案、民俗生活等内容，如"牡丹代表富贵、竹子代表平安"，富有吉祥内涵，民间艺人比较忌讳画人物，有"画小人"的说法。在对传统"小抹画"的继承与发展过程中，日照农民画延续了早期民间绘画的色彩符号特征，色彩极少调和，讲究色彩的对比关系。

日照农民画有鲜明的时代特色，各时期的作品表现出不同的绘画风格。20 世纪 50 年代，日照文化馆开展了骨干作者宣传培训，当时农民画主要进行用于宣传的壁画创作。1958 年，日照成立了农民画协会，由于生活物质匮乏造成了一段时期的间断。1968 年，日照县美术馆开始组织农村美术辅导班。在政府大力支持下，各种"普及班""提高班"如雨后春笋般发展起来。早期日照农民画作品多借鉴年画的勾线、填色、渲染等技法，以人物为画面主体，人物造型多样化，创作了一系列连环画、漫画。1972 年开始，日照县文化馆美术干部把农民美术爱好者召集到县文化馆，创办农民画创作培训班，组织农民画作者在农闲时创作。董家祥、安茂让等作者先后到陕西户县、上海金山学习创作经验。文化馆把农民画作者分成4个小分队，由文化馆带队分别到乡镇开办美术培训班，每期辅导班20天左右的时间。"大跃进"时期，日照农民画中表现"劳动光荣""修渠""大丰收"等题材的作品比较多，多采用专业绘画的手法描绘现实劳动和生活画面。1966—1976年，题材多为宣传领袖、历史故事和英雄人物，与民俗相关的吉祥文化也被保留下来。这一时期，由于一批接受西方教育的知识分子下乡，倾向于西方绘画风格的造型手法开始流行。20世纪60年代到70年代成为传统题材向现实生活转变的分水岭，日照农民画创作重点开始转向表现现实生活。1988年9月，在中国首次农民书画大赛中，日照农民画作者黄奎军的《斗鸡》、傅承峰的《大蓬歌》、丁新华的《日照石臼港》、傅承玉的《养鸽》、马玉琴的《窑货摊》、宋全国的《闹春牛》等作品获奖。经《农村大众》《大众日报》等报道及各级农民画展览，日照农民画加快了发展步伐。

二、政府支持

日照农民画以文化馆为主管单位，纳入政府工作日常管

1

2

3

4

1. 2014 年与英国人类学家雷顿一起调研
日照农民画

2.《归渔》，傅承峰绘

3.《看斗鸡》，孙纪德绘

4.《喜盈门》，赵洁绘

5.《斗鸡》，黄奎军绘（1988 年）

5

理，进行农民画存档、宣传和产业化指导，每年不定期举办美术创作训练班，组织联系展览。随着经济发展，农民画在大众传媒推介下，相关衍生产品的产业进一步发展。特别是在海洋开发区建立、蓝色海洋经济发展过程中，农民画的海洋题材大进一步推广，逐渐形成以海洋为主题的蓝色调和以农耕民俗生活为主题的红黄色调绘画色的彩风格。20世纪90年代以来，毕业于高校的大学生进入农民画创作队伍，表现城镇风光等新风尚的绘画主题开始出现，艺术表现语言更加开放。

日照农民画在全国展览中屡屡获奖，并被国家文化机构收藏和在对外交流项目到国外展出。2006年4月10日，日照农民画申报第一批国家级非物质文化遗产。日照先后出现了很多优秀的作者，如董家祥、安茂让、丁仁智、丁鸿雁、王秉钊、李绪国、丁万里、魏本合、傅承峰等。近年来，更多民间绘画队伍加入农民画创作中来，在许多展览中取得优异的成绩。比如在2017年5月18日举办的"中国精神·中国梦"全国农民画创作展中，山东沂蒙画派研究院艺术培训中心（原莒县博物馆）涌现了一批年轻作者，他们富有创新思路，在保持传统题材的基础上，尝试使用布面丙烯等大尺幅创作作品，日照农民画创作队伍和风格更加多元化。

1

2

1.《中国梦》，周声娜绘（2017 年）

2.《戏海》，郭彩霞绘（2016 年）

三、学术研究

20 世纪 80 年代以来，我们一直就日照农民画开展田野调研和理论研究，也通过研讨和展览等形式推进日照农民画走出山东，产生了积极的影响。

近年来，与英国杜伦大学人类学教授罗伯特·雷顿带领国家社科基金艺术学重大项目"城镇化进程中民族传统美术现状与发展"课题组先后多次调研山东日照农民画，运用艺术学、人类学、民俗学等跨学科的研究方法，考察日照农民画在城镇化进程中的现状与发展趋势，研究由于生存空间、文化生态系统变迁引起的艺术流变，以及保护与传承、创新与发展等问题。调研过程中，受访的作者多样化，比如厉名雪是一位年纪较大的农民画作者，始终坚持创作，他的作品以表现日照民俗为主，表现了许多逐渐逝去的生活技艺，同时还不断地关注新生活，用农民画的艺术形式歌唱生活，弘扬社会主义核心价值观。任忍是一位中学美术老师，谈到了农民画进课堂和教材的情况。秦洪涛等作者则以蓝色调表现海洋题材。通过调研，我们进一步梳理了日照农民画的历史渊源、题材、技法、艺术特色、变革与创新，农民画与当地人民的生产方式、生活方式、人生仪礼、岁时节日、民间信仰之间的关系，当下农民画生存状态、创作方式、创作动机、销售方式、交流传播方式、传承方式，以及市区文化机构、教育机构主导的展览、比赛、乡土

《日照山会》，厉名雪绘

教材编写、农民画进课堂等活动。关注农民画与地域文化的关系，深入发掘农民画的艺术性与社会性、文化性的联系，也为山东民间美术的理论研究奠定了基础。

四、农民画 + 文化产品

党的十一届三中全会以后，日照农民画向市场化迈进。农民画的销售通常以艺人为中心，最早的艺人是从事"小抹画"的民间艺人，这些人曾兼任宣传员，在画院中负责画师培训工作，被培训的人员学成后又不断带学生，一直传承下来。后来的销售以画院为中介，艺人把画送到画院，再由画院批发到各旅游景点，或者直接规模化地接受订单。这种销售模式基本呈现出点对点的线性结构，价格比较透明，作者月收入从几千元到两三万不等。相对于日常海洋养殖和捕捞的收入，虽有一定差距，但作为业余爱好，在农闲时从事绘画创作，既是日常生活的审美娱乐，也增加了收益。2008 年 9 月，姜孟华等人在涛雒镇农民画村——东林子头成立了日照农民画院，致力日照农民画研究、创作及文化产业开发。目前，日照农民画形成了农民画创作研究、民俗文化礼品开发、市场运作三大体系，拥有自营进出口权，产品销往美国、德国、意大利、法国、希腊、挪威、西班牙等十几个国家和地区。

1

2

1.《福瑞祥娃》，沈常滨绘（2017 年）

2.农民画绣作者赵家乐作品

　　除了农民画作品的复制、销售和旅游市场绘画产品的销售以外，当地的农民画绣等衍生产品也将农民画向实用领域推进。

　　从 2008 年开始，日照市政府引导当地企业研究开发了农民画丝巾、抱枕、笔筒、挂盘等衍生产品，并鼓励社会资本进入农民画产业。不少农民画作者进行衍生产品的开发探索，农民画作者赵家乐及女儿不仅绘制作品，还通过日照农民刺绣推出日照农民画衍生产品。赵家乐在家里布设的展厅是在传统院落基础上搭建的，由影壁、堂屋、厢房、厨房等组成，房屋坐北朝南，在院落的南面扩建的展厅展示农民画和刺绣，同时可以在家里创作和洽谈业务，是一种居家的农村产业模式。赵家乐的农民画绣打开市场，带动了周边居民从事农民画绣加工，很多村民的业余生活不再是打牌，而是进行农民画绣贴补家用，形成了一种个体形式的农村公共服务机构。

　　日照农民画从最初的"小抹画"，到民俗题材和海洋题材的成熟，形成了明显的地域特征，并在文化符号提炼和衍生产品开发过程中带动了当地文化产业发展。当前，还应进一步使农民画发展融入乡村文化建设中，将农民画作品融入公共文化空间中，成为人们提高生活品质和审美的载体。

旅游牵手户县农民画

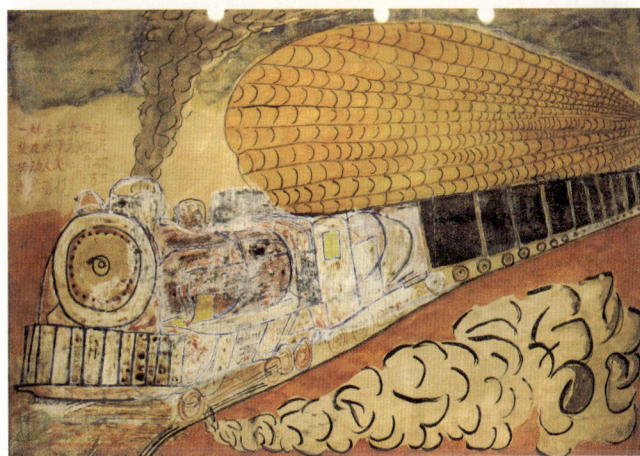

1.《安装电碌碡》，刘知贵绘（1965年）

2.《玉米棒大无边》，李乃悌绘（1959年）

陕西户县是全国影响最大的农民画乡之一，户县农民画曾风靡全国，是中国当代民间美术一个组成部分。户县农民画始于 20 世纪 50 年代，自发展之初就受到中央和地方政府重视，在 70 年代成为各地学习的典范，曾是全国农民画的"样板"。早期，刘群汉、刘文西、王有政、亢龙等著名艺术家参与辅导，把专业绘画的素描、速写方法引入户县农民画创作。80 年代，受民间艺术造型方法影响，户县农民画进一步回归本土文化，逐渐转变成富有装饰味道的现代民间绘画，1988 年户县正式被国家文化部命名为"中国现代民间绘画画乡"。90 年代以后，户县农民画再次分流成油画、国画等不同样式，形成相对多元化的创作模式，发展至今。由于西安旅游经济带动，户县农民画较早进入市场，在"发源—发起—繁荣—市场化"过程中，由工笔线描到漫画、连环画，吸收国画、油画、版画等专业绘画技法并进行材料创新，形成了具有典型地方特征的绘画模式。

一、创作的阶段性特点

在政府主导和农民画辅导老师培训思想指导下，户县农民画的创作样式、内容、手法具有明显的阶段性特征。第一阶段为 1958—1969 年，这是户县农民画的萌芽时期。早在 1951

《金光大道》，王敏绘（1969 年）

年，户县成立了"城关地区美术组"。1956 年，全县分区成立了美术组，当时的美术辅导老师是丁济棠。1958 年"大跃进"，全县开始壁画创作，这个时期的美术培训强调艺术服务生活，绘画造型手法写实，注重描绘生活，主要使用线描、漫画以及单线平涂的方法，使用国画单线勾勒的手法，大多数作品没有色彩。代表作品有李乃悌的纸本水粉作品《玉米棒大无边》（1959 年）、葛正民《浪子回头记》（1959）、高珍山的《斗地主》（1963）、张林《汪成海家史》（1960），《忆苦思甜》（1963）、董正义《多打钢刀供应丰收》（1964）、张青春《希望寄托在你的身上》（1965）、王强《工地学习》（1965），杨自贤《看电影学大寨》（1965）、赵坤汉《饲养室的太阳》（1966 年），刘知贵《毛主席思想永放光芒》（1968）等，主要宣传"大跃进"思想，造型夸张，富于浪漫主义理想。

第二阶段为 20 世纪 60—70 年代，这是户县农民画的风格形成期，突出写实特色。辅导老师倡导把剪纸、刺绣等民间形式纳入农民画创作，包括画面如刺绣一般设黑、蓝、红底色。例如刘金花《打麦子》，用剪纸形式表现家庭劳动场景，麦粒像石榴籽那么大，机子上画公鸡，取"吉利"的意思。辅导老师雒志俭本着"农民要用自己的绘画语言去表现生活"的指导思想进行农民画辅导。户县农民画运用民间绘画造型，采取同国画一样的平视、俯视、仰视构图，绘画色彩极少调和。"文

《选队长》，程敏生绘（1975 年）

革"期间，辅导老师更加关注造型比例准确适度，线条和色彩向专业绘画学习，美院专业教师参加创作辅导，培养了刘凤兰、刘志德、刘知贵、樊志华、全延奎等代表性作者。这一时期的代表作品《老书记》《公社鱼塘》《丰收之后》，程敏生《选队长》（1975）、周文德《掀起学习毛主席著作的新高潮》（1978）、赵坤汉《学四化》（1979）、赵生涛《红日送党恩》（1979）等，体现了画记忆、画现实、画理想的主题，通过再现革命、生产、生活场景画出时代风尚。1973 年开始，全国发起学习户县农民画的热潮，户县农民画展览也走向国际，产生重要影响。

第三阶段为 20 世纪 80 年代初到 90 年代后，户县农民画的造型手法回归乡土，艺术风格趋向多元化。80 年代后期，全国农民画掀起高潮，要求偏离"专业"，强调农民画要区别于国画、油画、版画等专业画种，彰显中国传统民间美术特征。户县农民画吸收和继承传统刺绣、剪纸造型和色彩规律，发展描绘乡土风情、民间习俗的"现代民间绘画"。代表作品有刘志德《踩鼓》(1985)、李克民《虎娃》(1985)、《踩高跷》(1986)、白绪号《鸟语花香》(1988)、屈二牛《巧老婆》(1990)、张兴隆《闹花灯》(1990)、朱丹红《丰收乐》(1993)、潘晓玲《关中八怪》(2002)、仝东辉《满月》(2009)、樊志华《好日子》(2010)、刘志德《男耕女织》(2007)等。这一时期招收的学员是具有民间手艺基础的艺人，辅导老师将艺人的造型语言引导至民间艺术，以表现农村、农民、农业的"三农"题材为主，形成了现代民间绘画的创作路线。

二、农民画辅导员与作者

从 1958 年开始，户县每年组织各级作者进行农民画辅导，培训对象 90% 为农民身份，当时的辅导老师是丁济堂。1972 年文化馆办培训班，刘群汉、刘文西、王有政、亢龙等艺术家

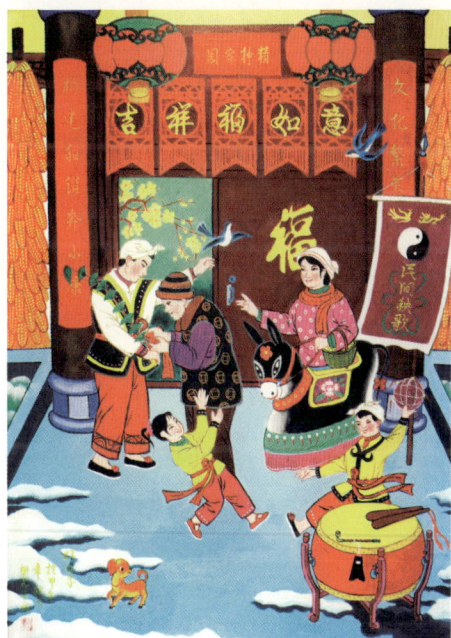

1.《兔子吃白菜》，闫玉珍绘（1982 年）

2.《山村农家乐》，曹全堂绘（2004 年）

3.《好日子》，樊志华绘（2010 年）

到户县进行农民画指导，把专业素描、速写等方法引入农民画创作，由此形成了户县农民画的写实主义基础。1982 年之后的辅导老师有刘知贵、杨自贤、刘沣涛等，他们从骨干作者发展为辅导老师，把刺绣、剪纸与农民画创作结合起来，先剪，然后再起形和绘画，运用"移植型"创作手法，寻找民间绘画的语言和表达方式，促使户县农民画风格向民间绘画语言转变。2002 年以后，辅导老师雒志俭组织培训活动，在国防学院、户县农民画美术学院培养 40 岁以下作者。2010 至 2013 年期间，用就业局的资金培训农民工，大多为 40 多岁照顾孩子的妇女，培训了 3000 多人，其中 200 多人可持续创作。这一阶段女性作者增多。

目前，户县农民画作者分为三种类型：第一类是以农民画为生的骨干作者，大约占总人数的 20%，是创作和参赛的主体，有比较稳定的收入。这部分作者的创作目标比较明确，比如潘晓玲作品的产业化发展情况比较好，仝延奎的精品意识比较浓，王乃良的创作风格较为多样化，整体上由于生计需要，不可避免地受到市场方向的影响。第二类是以农民画创作为副业的城镇居民，包括从农村转入城市生活的农民以及热爱绘画的教师、政府官员等，经农民画展览馆动员和发展，把农民画作为爱好，参加创作和展览，这类作者占农民画创作队伍总人数的 60%。第三类是阶段性参与农民画复制和创作的作者，包括受聘于农民画经营者、进行农民画复制工作的从业者和不稳

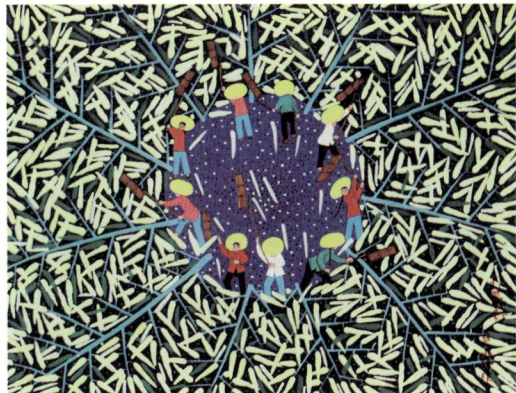

1.《男耕女织》，刘志德绘（2007 年）

2.《打菜籽》，员小玲绘（1985 年）

3.《虎娃》，李克民绘（1985 年）

定的业余爱好者，他们是农民画作者发展的对象以及农民画馆发动学习的人群，但参与情况与市场变化有关，不一定长期坚持创作，因此是作为变量的潜在作者，占总人数的 20%。户县农民画作者整体仍以农民身份的作者为主，绘画的内容和题材较为稳定。

三、旅游产业与农民画的联姻

户县政府重视农民画发展，基于近郊旅游经济，把农民画作为地方文化产品，发展农民画复制与销售。目前，户县农民画有三个对外展示销售窗口，分别位于户县农民画展览馆、东韩村和李家岩村。户县农民画展览馆建成于 1976 年，由原来户县文化馆改建而来，是县级的农民画展览馆，1989 年以后逐渐进入全面发展阶段，1992 年以后迈入产业化进程，是一个集展览、宣传、培训、销售为一体的文化单位，主要职能有联络、组织、辅导农民画作者创作、培训，开展农民画宣传、交流、艺术研究，培养作者队伍，接待来宾参观等。2003 年初，农民画展览馆开辟了中国户县民间艺术品衍生产品的销售和包装等业务。农民画展览馆所设的销售点，销售的农民画作品按照一定的额度分成，并通过统一管理的方法来控制复制数量，保障作者的知识产权。作为旅游点的东韩村、李家岩村等地，通过免房租、管理费等吸引农民画作者入驻，为农民画作者提供对外销售平台等便利服务，通过"农家乐"与农民画结合，形成农民画集中销售点和文创产业链。因此，户县农民画形成专业精英路线和市场化两大方向，从业人员也发生了明显变化。专业精英路线，重在创作，追求艺术质量，作品销售价格比较高，复制品数量少；市场化路线，以复制为主，由原创者手工复制或雇佣其他人复制，为提高复制速度，也有使用丝网版起稿然后手工上色的情况，价格比较低廉。

户县农民画是农民画发展的一个缩影，功能上，从壁画、宣传画等政府宣传的载体到与旅游经济结合创造市场收益；风格上，从写实到强化民间绘画特色以及多元化发展；内容上，体现了不同的时代主题。随着社会发展，信息化、视觉化传播途径增多，户县农民画还将形成新的面貌，体现农民画的发展特色和规律。

黑土地的东丰农民画

　　吉林省东丰县位于吉林省中南部，是吉林省辽源市的下辖县，处于长白山分支哈达岭余脉，属五山一水四分田的半山区丘陵山川地貌，四季分明，农业生活资源丰富。由于地理位置和气候条件适宜，这里野生动物种类繁多，在清代被辟为盛京围场，史称"皇家鹿苑"，素有"梅花鹿之乡"的美誉。东丰县内以汉族为多数，还有满族、朝鲜族、回族、蒙古族、苗族

《四季忙》，徐瑶绘

等 11 个少数民族。丰富的农业资源和民俗生活孕育了异彩纷呈的民间艺术。东丰县农民画形成于 20 世纪 70 年代，起源于秀水乡，即现在的南屯基镇，李俊敏、李俊杰、张玉艳、姚凤林等自发组织在农闲时创作，尝试着将板报、宣传画画到纸面上。后来在系统化的农民画辅导中，许多农民画作者进入创作队伍，在 20 世纪 80 年代取得了诸多成果。东丰县于 1988 年被国家文化部命名为"中国现代民间绘画画乡"，东丰农民画属于省级非物质遗产代表性项目。东丰农民画以黑土地民众民俗生活为绘画素材，展现了颇有地方民俗风情韵味的东北民间绘画艺术形式。建立以来，东丰农民画经历了萌芽、形成、崛起、百花齐放四个主要发展阶段，期间组织形式和结构也经历了从美术小组的区域活动到全县作者参与、集体参展和推向市场的变化过程。

一、绘画艺术风格的发展

20 世纪五六十年代是东丰农民画的萌芽期。这个时期的作品着重绘制现实生活场景，表达劳动光荣、积极向上的精神风貌。李洪山的《喜送公粮》是吉林东丰历史上的第一幅农民画，表现了 20 世纪五六十年代人民公社时期，逢秋季去交公粮的场景。画面中父亲策马扬鞭、儿子吹笛的场面，突出了父子交公粮路上的喜悦之情。辅导老师李俊敏 1968 年创作的作

《幸福的晚年》，张玉艳绘（1983 年）

品《心明眼亮》是东丰农民画第一幅见报的作品。画面表现的
是人人学毛选、读红书的日常情景，背景的墙面上写着"认真
看书学习，弄通马克思主义"，展现了富有时代气息的文化生
活场景。在艺术形式上，还没有形成明显的地域风格，主要运
用写实手法，突出叙事的逻辑性，具有宣传画性质。

　　20 世纪 70 年代，专业绘画辅导的开展标志着东丰农民画
进入了形成期。当时东丰县文化馆馆长董硕和美术干部王洪
俊、于广友等到秀水进行美术创作辅导。1975 年成立秀水乡文
化站，辅导老师李俊敏和李俊杰带领张玉艳、姚凤林等作者一
起成立了美术小组，逐渐培养了一支强大的绘画队伍，如大阳
镇的张民、吕延春、杨艳军，拉拉河镇的李子军，沙河镇的张
连芳、王素杰，镇郊的刘振启、赵永平、冯启奎、贺元贵等，
农民画创作在全县各个乡镇迅速展开。

20 世纪八九十年代可谓东丰农民画的崛起时期。这个时期的农民画以描绘人们的民俗生活、生产劳动和日常生活情景为主要内容，重在表现养殖、建筑等各行各业的生产生活场景，宣传好人好事，弘扬社会主义精神文明，抒发人们在改革开放春风下逐渐走向富裕的喜悦心情。1983 年，6 件东丰农民画作品入选中国美术馆举办的全国首届农民画大展。其中张玉艳的作品《幸福的晚年》在中国首届中国农民画展览中获得一等奖，并被中国美术馆收藏。此外李生华的《农忙时节》、姚凤林的《八仙过海》等作品还在第二届全国农民画展中获得二等奖。1988 年，东丰县获得文化部命名的"中国民间绘画画乡"称号。张玉艳的作品《幸福的晚年》是一幅大场景的绘画长卷，表现了改革开放前期敬老院老人安享晚年的幸福生活场景，作者将自己在敬老院里当志愿者的所见所闻画到了长卷里，以倡导尊敬老人的社会风尚。作品以大车店长炕为主体布局，画面连续贯通、情感真挚，富有现实主义精神。当时 18 岁的张玉艳因为这幅获奖作品被破格招录为吉林省群众艺术馆的馆员，在当地引起了很大反响。

李生华的作品《三年的牦牛，十八岁的汉子》，表现人们奋力拉牛车的情景，体现了改革开放时期农民干劲十足、积极向上的精神面貌。李俊敏的作品《操平》表现了发家致富的农民营建新房屋时瓦匠进行操平的场景，以写实的手法表现了人们的生产生活风貌。隋长青的作品《盼崽》表现了农村勤劳妇

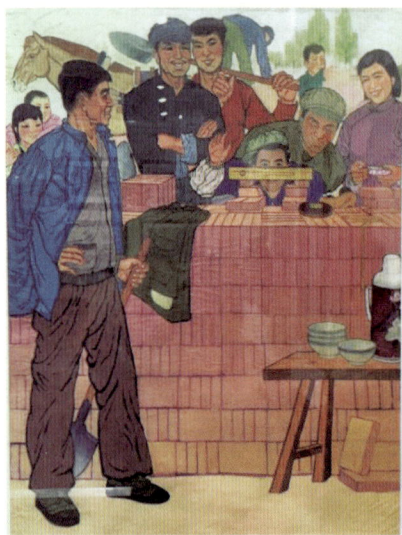

1.《三年的牦牛，十八岁的汉子》，李生华绘（1988年）

2.《操平》，李俊敏绘

3.《盼崽》，隋长青绘

女边织毛衣边瞥看即将产崽的母猪的生活瞬间，体现了勤劳致富的生活主题和人们对美好富裕生活的期盼。这一时期的东丰农民画从不同角度反映了劳动人民在改革开放时期的生活状态和精神面貌。

20世纪90年代以后，东丰农民画创作进入百花齐放阶段。这个时期的作品样式更加多样，回归民俗文化的作品越来越多，手法更加自由洒脱。如表现东北三大怪"窗户纸糊在外，大姑娘叼着旱烟袋，养个孩子吊起来"等民俗生活的绘画内容；吕延春、赵永平、李生华合作的作品《关东神韵》，表现了不同行业人们的生产劳动和地方风俗，再现了关东的人文风情。出于对市场需求的考虑，很多农民画家的创作手法、使用的绘画材料也更加多样化。如李俊敏的作品《喜上眉梢》借鉴了满族剪纸的造型特点，绘制了现代农业发展、农民发家致富的欢乐场景。徐瑶的作品《四季忙》表现农村一年四季的日常生活劳动，题诗："春夏秋冬四季忙，科学种田多打粮，家闲不闲搞副业，一年更比一年强。"2000年以后，东丰农民画进入产业化发展时期，东丰农民画的销售冠军创作的《房前聚宝盆》，房前的生态养殖象征着聚宝盆，屋后种植的果树是摇钱树，表现了农村生活遍地是宝的兴旺状态。吕延春创作的《家乡风貌》造型夸张，富有趣味性，画面中有东北大秧歌及一年四季的生活劳动场景。

二、政府的引导与经验

不同历史时期，东丰农民画存在一系列变化。由政府指导农民创作，再到遵循市场经济规律，最终回归政府统筹与企业联盟合作。在这个过程中，东丰农民画的创作内容、题材、手法有所不同，不断地顺应社会发展的需要。

东丰县农民画业务原归属文化馆，2010 年以后根据建画馆的形势需要，成立了东丰农民画馆；现在的农民画业务主要归农民画博物馆。农民画博物馆的主要功能是展览、收藏、推广农民画。作为东丰对外展示的新平台，东丰农民画博物馆成为东丰旅游的窗口之一，对农民画推广和宣传有重要作用。

为了留住成绩突出的农民画作者，东丰县实施人才奖励政策。比如，1983 年张玉艳在作品获奖后被吸收进群艺工作岗位。此外，东丰县在 20 世纪 90 年代解决了一部分农民画作者的公职，使农民画作者创作情绪高涨，创作队伍开始壮大。许多农民画作者到省群众艺术馆、省出版社、电影公司等岗位工作，是一种莫大的认可和鼓励，因此带动了很多人学习农民画。自从张玉艳被招收进省群艺馆工作以后，秀水公社先后有 36 名农民画作者被吸纳为国家正式事业编制的干部职工。

除了硬件建设和政策支持，东丰农民画从早期秀水公社到向整个东丰县扩散，农民画创作辅导一直贯穿其中，没有中断。市场经济的尝试使农民画作者更加客观地分析农民画创作

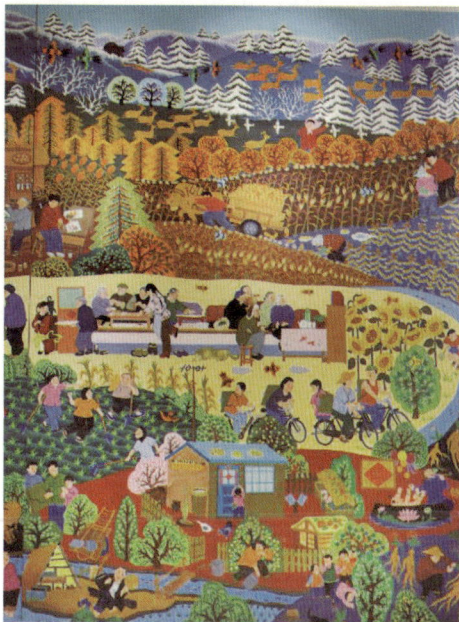

1.《房前聚宝盆》，刘振启绘

2.《关东神韵》局部，吕延春、赵永平、
李生华绘

风格，促使农民画创作水平不断提升。东丰农民画的创作主题逐步形成了民俗类、时政类、专题类三种类型。民俗类题材的东丰农民画以表现地方民俗现象为主，包括将各个行业的口谚、俗语转换成为农民画的形式，体现东北独特的地域和人文风情，这方面的代表作者如吕延春，他把东北地方说唱艺术、民间谚语融入绘画中，字画结合，形成了自己的绘画风貌。时政类的题材多以专题的形式呈现，比如宣传反腐倡廉、价值观等作品，这方面的代表作者如杨丽红，她在社区里组织了很多作者通过诗歌和绘画的结合，为政府宣传服务。专题类的作者就各种专题命题进行创作，主要参加展览等活动。依据产业发展的类型，作者也有几种不同类型：艺术创作型、批量生产型等。值得指出的是，有一类作者主业不是绘画，他们把绘画当作业余爱好，多数没有绘画基础，属原生态绘画风格。辅导老师在尊重其特长的基础上，引导他们画出自己感兴趣的主题，多表现自己身边发生的事情。

三、当地经济带动文创发展

20 世纪 90 年代，农民画曾面临市场销售问题。东丰农民画作者主动出击，寻找市场。1995 年，东丰县文化馆李俊敏、刘振启等几个骨干作者去北京找市场，对外联系渠道进行销

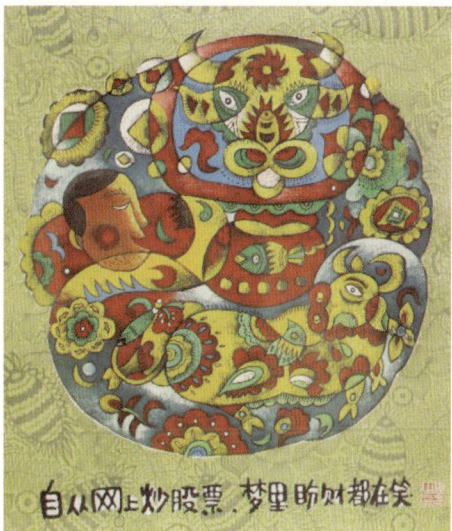

1. 李俊敏作品

2.《喜上眉梢》，李俊敏绘

3. 吕延春作品局部

售，一部分作者通过农民画的复制提高了生活收入。2010 年东丰农民画博物馆建成以后，东丰农民画走向了经济与文化共同发展的道路。响应国家发展文化产业的号召，把农民画作为市场经济条件下繁荣社会主义文化、满足人们群众文化需求的抓手，东丰县结合创作发展，探索产业发展路径。2013 年末，东丰县成立了"东丰慧鑫胜泰国际文化传媒公司"，聘辅导老师李俊敏做艺术总监，前前后后与 60 多位农民画作者签约，聚集农民画作者共同创作，对优秀作品进行收购，促进了农民画创作，并使农民画作为一种群众文化艺术广泛推广到当地的文化生活中。由于解决了作品销售渠道的问题，农民画艺人创作热情普遍高涨，陆续有新人加入创作队伍，培养了一批年轻作者。

总之，东丰农民画以表现关东风情和民间风俗为主，体现了北方地区特有的绘画内容和特色。政府推动、农民画作者身份变化和市场经济发展等在不同时期发挥助推力，造就了东丰农民画风貌和特色，在文化传播、社会主义核心价值观宣传、民族文化传播等方面发挥作用。吉林东丰农民画的发展，由于地域文化和当地政府的关注，逐步从写实主义造型手法、现实主义表现题材，关注本土特色，表现地方特有的野生动物、地方劳作生活场面和民俗生活题材，到形成类型多样的作者群体和风格迥异的创作手法，在不同时期发挥宣传教育、审美娱乐的作用。农民画创作还加强了地方作者的组织向心力，把社区活动与创作结合起来，发挥了诸多社会功能。与全国其他画乡一样，东丰农民画也面临文化产业和可持续发展的问题，需在政府、企业和创作三方面深入探讨。我们相信，只要保持农民画的创作方向和地方文化特色，这种艺术形式将会更加紧密地与社区公共文化和文化衍生产品结合起来，创造更大的价值，服务精神文化生活。

1.《女人和牛》，吕延春绘
2. 壁画《关东美》，李俊敏、李俊杰及弟子绘

鱼跃跳龙门，农民画岭南

1

2

1. 中国农民画博物馆内景
2. 中国农民画博物馆

广东省龙门县位于珠江三角洲东北部，是惠州市的传统农业县。全县耕地 30 万亩，柑橘种植面积 29 万亩。境内生态环境优良，山清水秀，是著名的"年橘之乡"和"森林度假"胜地。龙门的地名相传为士子落考，夜宿当地，梦到鲤鱼跃龙门，次年果真高中。独特的自然生态和丰富的民间文化为龙门农民画奠定了文化基础，龙门农民画作者将木雕、刺绣、扎花灯、糊狮头和画花床的传统民间造型元素引入创作中，使之富有岭南传统民间艺术风情和审美情趣。1988 年龙门县被国家文化部命名为"中国现代民间绘画画乡"、1998 年被广东省文化厅命名为"广东省民族民间艺术（农民画艺术）之乡"。2008年和 2011 年，龙门县连续两次被国家文化部命名为"中国民间文化艺术之乡"。作为一种文化产品，龙门农民画在国内外市场中形成了自己的品牌形象，具有相对稳定的客户群体，近年来在农民画衍生产品和产业发展方面取得了突出的成绩。

一、岭南传统民间艺术特色

早期龙门农民画在学习金山农民画组织形式的基础上，逐步形成了具有当地文化符号和特色的绘画风格。龙门农民画作者歌颂劳动和生活，以节庆、民俗、劳动为主要题材，反映人们对生活的热爱。农民画家自由奔放的创作，源于对生活的深

《我跟阿姨学英语》，蔡慧芳绘

切体验，他们在生活中发现美、创作美，把对生活和自然的有感
而发升华为心中的理想美、形式美，多年来形成了既保持传统又
与现实经济发展相结合的现代题材。在艺术手法上，龙门农民
画以单线平涂手法，结合水墨画、水彩画、油画的表现形式，
运用夸张的艺术语言，以浓墨重彩渲染当地人们丰富多彩的劳
动和生活场面，色彩鲜明，反映出岭南文化的风采。龙门农民
画的艺术特色与当地的地理环境和人文生态密切相关。岭南文
化是中华文化的有机组成部分，包括"广府文化""广东客家
文化"和"潮汕文化"，其中"广府文化"在岭南文化中特色
最鲜明，影响最大，对龙门农民画的艺术风格产生了重要影响。

（一）20 世纪 70 年代——萌芽期

1972 年，龙门县美术工作者响应号召，从下乡知青中选拔具有美术技能的同志，并组织、辅导龙门的一些美术爱好者，进行墙报、黑板报和宣传画创作。题材有毛主席画像、毛主席语录以及表现新农村新人新风貌等，如集体生产劳动场面、好人好事宣传等。辅导工农兵业余创作，掀起了"农民画""工人画""战士画"的热潮。下乡的美术知青中就有后来成为广东省画院国家一级画师的陈国勋、吴炳德，广州美术学院教授汤集祥等。还有一些宣传画的制作者在改革开放后成为文化馆的工作人员。

1972 年 4 月，在纪念毛泽东同志《在延安文艺座谈会上的讲话》发表三十周年时，由时任县文化馆管理员的谭池发组织举办了第一期以青年农民为主体的业余美术作者学习班。这标志着龙门农民画的正式开展。谭池发后来成为龙门县文化馆副馆长，在他的努力下，农民画培训班每年开班，每次一到两周时间，培养了许多农民画家，也创作了许多优秀作品。如今在龙门依然从事农民画创作的画家中，许多都是培训班的学员。谭池发认真学习岭南的民间美术，探索出一种具有浓郁乡土风情的岭南农民画创作风格。1979 年，广东省群众艺术馆编印了《龙门农民年画》，龙门农民画影响开始扩大。

《客家圆屋》，谭池发、骆雪芳绘

（二）20世纪80年代——风格形成期

龙门从1982年开始向户县农民画学习，1983年至1984年形成了龙门农民画的风格。1982年广州文化馆与户县、金山一起展示农民画，1983年在户县展出龙门农民画。1988年，龙门县被评为文化部第一批"中国民间绘画之乡"。龙门农民画吸收继承传统民间艺术形式，是描绘乡土风情、民间习俗的"现代民间绘画"，包括民俗画、祠堂画、灶头画、门神画的吉祥内容，将民间风格与宣传画结合起来，形成具有岭南特色的龙门农民画。如山水风光题材，有菠萝、荔枝，牛、猪、鸡等特色物产，在内容上与其他地区有很大区别。

20世纪80年代，反映乡土风情、传统民俗为主题的作品很多，代表作品有《瑞狮贺岁》《赛龙舟》等。当时全县15个公社中有8个公社建立了农民画创作组，全县拥有画家300多人，创作骨干60多人，为农民画的进一步发展打下了良好基础。广东省群众艺术馆、县文化馆美术干部谭池发等引导农民画作者们逐渐放弃"学院式"的绘画形式和主体画的构思方法。自1982年起，龙门农民画家开始收集整理传统民间艺术，把木雕、刺绣、扎花灯、糊狮头和画花床的一些技法和造型因素引入农民画创作。由于大量吸收了传统民间美术的元素，龙门农民画在造型上具有平面化、图案化和对称性等特征。既保留了民间艺术的装饰成分，又不同于国画和水彩，避免画成刺绣和剪纸；既增强了绘画性，又与其他画乡的农民画风格有了明显的区别。他们还将民间艺术元素和西方现当代绘画元素进行有机结合，使农民画增添了些许现代艺术的气息。这个时期多幅龙门农民画作品在广州、北京、上海、西安等地展出，亦在美国、日本、瑞典、挪威等国家和香港、澳门地区展销。

（三）20世纪90年代——低谷与恢复发展期

20世纪90年代，农民画一度进入低谷期。随着改革开放的深化，农村富余劳动力大量涌入城市。龙门的许多农民画家

1.《丰收图》，陈权枢绘
2.《鱼跃龙门》，黄伟平、骆雪芳绘

也加入了这个行列，创作队伍流失严重，农民画人才培训几乎处于停顿状态。但是同时也沉淀下来一批骨干作者，他们坚持绘画，成为广东龙门农民画的骨干力量。这个时期的作者有谭池发、陈权枢、黄伟平、王汉池、曾宝田等，他们创作了《风谷》《淋菜》《酿酒》等具有浓郁民间生产生活特色的作品，成为广东龙门农民画的代表。这期间有 100 多幅作品分别获全国和广东省美术大奖，200 多幅作品、多篇相关论文在国内外刊物发表，3000 多幅作品被国内外收藏家及美术爱好人士收藏。

1998 年，广东省文化厅授予龙门县"广东省民间艺术·农民画之乡"称号。龙门农民画形成了以岭南文化为主体、多种文化交融、艺术语言丰富的绘画形式。如王汉池把龙门当地客家人喜欢唱山歌结合到农民画创作中，"一首山歌一幅画"，创作了很多作品，2015 年他的作品《客家山歌农民画组画》获第十二届"中国民间文艺山花奖"。龙门农民画的独特风格在时代的变迁中不断演变、创新、发展，艺术手法正在不断地出新。由于地方文化部门的重视和参与，龙门农民画正在不断地发展。

龙门农民画题材与作品分析表

分类方法	类型	绘画元素与代表作
绘画元素	岭南特色植物	香蕉、橘树、木瓜、荔枝、茶树等
	岭南特色建筑	古堡村落、客家围屋和瑶寨等
	岭南风情民俗	采茶、酿酒、饮蜜、对山歌、画花床、捡草菇、晒柿饼、做艾糍、打年糕；闹元宵、划龙船、婚嫁迎娶
绘画内容	地方节庆题材	《喜盈门》《醒狮贺岁》《大地春风》《新年到忙又忙》《大年三十贴春联》等
	民俗生活题材	《回娘家》《寿宴》《龙凤呈祥》《瑶家新嫁娘》《倩女出阁》《满月》等
	歌唱劳动题材	《舂米》《糍粑》《打饼》《裹粽》《五谷之神》《香蕉收获》《摘荔枝》《榨糖》《榨油》《酿酒》等
	自然风光题材	《中秋月下》《丰收图》《喜唱丰年》等
	爱情生活题材	《对山歌》《送情郎》等

1

2

1.《贴春联》，谭池发绘

2.《欢乐之家》，谢宝峰绘

　　龙门农民画的地域特征鲜明，有岭南特色植物、岭南特色建筑和岭南风情民俗活动三个主要绘画素材来源。岭南特色植物是当地盛产的香蕉、橘树、木瓜、荔枝、茶树等；岭南特色建筑，有古堡村落、客家围屋和瑶寨等具有龙门地方特色的建筑形式；岭南风情民俗活动，如采茶、酿酒、饮蜜、对山歌、画花床、捡草菇、晒柿饼、做艾糍、打年糕等热闹的劳作和生活场面，以及闹元宵、划龙船、婚嫁迎娶等具有浓郁岭南风情的民俗生活场景。基于自然风光和人文特点，龙门农民画题材有非常明显的分类，绘画题材包括龙门地方节庆题材、民俗生活题材、歌唱劳动题材、自然风光题材、爱情生活题材等。龙门有许多民俗，春节、元宵节、端午节、中秋节等时令节庆中有民俗庆典活动，如挂花灯、舞龙、舞狮、划龙舟、裹粽、打饼；在婚姻嫁娶、生日庆典、小儿满月等人生礼仪中，也有丰富的民俗活动。《醒狮贺岁》《大地春风》《新年到忙又忙》《龙舟竞渡》《瑶寨中秋夜》等龙门农民画作品就表现了丰富的节庆活动；《回娘家》《寿宴》《新嫁娘》《龙凤呈祥》《满月》《瑶家新嫁娘》《倩女出阁》等展现了龙门特有的人情风俗；还有以歌唱勤劳、友善、爱情为主题的地方歌舞内容，如《对山歌》《送情郎》《会歌归来》等；有《舂米》《糍粑》《打饼》《裹粽》《五谷之神》等表现丰收的题材。丰富多样的题材体现了积极向上的精神面貌，形成了龙门农民画题材的特色。

《摘豆角》，陈权枢绘

二、惠州市和龙门县政府的引导

惠州市和龙门县政府对龙门农民画发展非常重视。龙门县文化馆、中国龙门农民画创作展示中心、龙门农民画院、龙门画展销中心等不同机构组织农民画创作培训、作品及衍生产品销售、作品及衍生品展览等诸多活动。其中，龙门农民画院是作者创作的地方，中国龙门农民画创作展示中心集衍生产品设计、创作、推广为一体。在天然温泉度假村东南侧的龙门农民画博物馆，以农民画装饰大厅，介绍龙门画历史发展，用衍生产品营造出空间环境，展示了农民画进入现代家庭装饰的可能。龙门农民画创作有传统，队伍建设相对较为稳定，作者的创作积极性比较高；组织机构联系紧密。由于县政府文化管理部门对农民画文化名片的认识和对文化发展的重视，形成了健康有序的鼓励机制，促进了农民画的创作发展。同时由于产业发展思路明确，建立与企业互惠的关系，企业对农民画衍生品设计持续投入并不断开拓市场，政府协助开发，在知识产权保护等各环节上形成了清晰的机制。政府对于企业经营和创作发展合理协调，促进企业经营获利，形成了反哺农民画创作的循环系统。龙门农民画作者积极创作，产业发展具有组织性，企业主动参与，在政策扶持和产业模式开发方面进行了积极探索。

当前龙门农民画产业平台体系比较完整，创作发展、产业发展、政府平台搭建以及旅游资源互助发展，体系较为完备。惠州市委、市政府把龙门作为全市特色文化示范县，把龙门农民画的发展作为龙门县文化产业发展的龙头，按"政府主导、企业主体"的发展模式，鼓励企业和个人参与龙门农民画的经营、销售、推广，在发展龙门农民画的艺术特色的基础上，逐渐开发出农民画衍生产品的产业化发展道路，形成了一批稳定的农民画制作队伍并持续开展培训。

其中，发展农民画文化产业，须建立政府和企业之间的桥梁，建立一种合作互利的关系，才能更好地发展地方文化的特

1. 2014 年调研广东龙门农民画院
2. 中国农民画博物馆内饰

色之路。为了龙门农民画衍生产品的深度开发，在前期龙门农民画衍生产品成功开发的基础上，龙门县进一步融入龙门文化特色，结合龙门旅游产品市场特点，深入研究创新，开发出种类更丰富、特色更鲜明、品质更优秀的龙门农民画衍生产品。同时，龙门农民画通过加强与龙门本地旅游企业、珠三角文化旅游区、各类文化经营企业的合作，共同开展龙门农民画衍生产品的市场推广工作，在龙门各旅游景区和广州、东莞、深圳、惠州、河源等文化旅游景点设置专门的龙门农民画衍生产品经销点，并与惠州市信息港网、淘宝网、中国移动电子商务平台等合作开展互联网销售业务，拓展农民画营销与传播渠道。

三、有序的文化产品衍生

龙门农民画的衍生产品有麻布画、丝巾、扑克、瓷板画、T恤等，在广州、惠州、东莞等地建有代销点，在探索中逐步形成了富有自身特色的产业模式。目前产业化道路处在探索阶段，面临不少问题，如市场的开发、版权保护等都随着产业化发展越来越受到政府和农民画作者重视。应该说，广东经济的发展也促进了农民画的产业发展。目前，农民画的产值构成分为两个部分：一是作品复制品的销售，在省内通过展览销售，收入的 50% 归个人。同时考虑到作品复制过多会降低创作质量，所

1.广东惠州龙门县文化产业展销中心
2.广东惠州龙门县农民画衍生品展示

以也会控制复制的数量。二是以文化艺术服务中心的名义注册版权，在衍生产品销售额中提取5%归作者所有，这样有助于通过销售衍生产品使作者获得收益，提高作者收入和创作热情。

2011年，龙门农民画衍生产品开发项目探索了农民画扑克、礼品画、笔筒、小音箱等的研发和销售，取得了一定的经验和教训，建立了以游客为主要目标客户的销售网络，在龙门县城中心东郊广场开设了龙门农民画展销商店，在龙门各旅游景区设立了龙门农民画及其衍生产品销售区，在陈家祠、南越王墓博物馆、岭南印象园等珠三角著名旅游景点设立龙门农民画及其衍生产品销售点，建立了龙门农民画及其衍生产品网上销售商店。龙门农民画衍生产品的销售目前主要有五个渠道：龙门县农民画协会代销，龙门县农民画协会作为画家和政府机关的中介，代销农民画衍生产品；惠州市内的农民画专卖店及旅游景点，销售龙门农民画衍生产品；广州、深圳等地的农民画专卖店；龙门农民画在美国、日本、瑞典等多个国家和地区展出，在海外设有代理商经销点；此外还可以进行网上订购，在中国龙门农民画的网站上，农民画爱好者可以网上订购农民画衍生产品。龙门农民画作为地方文化符号，成为政府文化名片和地方文化包装的重要元素，通过对传统民间文化的发掘和创新，"农民画＋"文化产业发展模式和渠道逐步形成。

总之，龙门农民画的发展在创作上具有明确的方向，形成了不同时期的创作内容和题材，基于独特的地理环境和历史条件，以农业和海洋文化为源头，形成了开放、兼容、创新的文化特点。龙门农民画作者善于吸收西方现代绘画元素，形成了这种具有现代气息的民间艺术形式。同时，受广东经济大省发展的影响，龙门农民画衍生产品的产业开发一直是龙门县文化产业发展的重点，进行了多样化的尝试，把农民画创作与农民画衍生产品开发分开对待。同时在衍生产品销售中注重版权问题，以衍生产品销售反哺农民画艺术创作，很大程度上调动了创作者的积极性。随着城镇化步伐的加快，龙门农民画将以更为多样的形态进入校园文化、社区文化，发挥更多的文化艺术作用，呈现新的活力。

《耕牛》，王汉池绘

走出大山的平坡苗寨农民画

巴江乡平坡村是龙里县的一个苗族聚居地,位于贵州省黔南布依族苗族自治州龙里县洗马镇巴江地区,与福泉县、贵定县、开阳县隔河相望,有"鸡鸣四县"之称。龙里县巴江乡平坡村属省级二类贫困村,农民画给这个贫困封闭的寨子带来了春天。为大力发展农民画,政府还修建了公路,带动了当地民众致富和文化发展。作为现代民间绘画意义上的平坡村农民画最早发端于1993年,热爱绘画的村民兰开军建议县文化馆美术干部何艺贵在巴江乡平坡村当地发展农民画,因为这里的群

农民画作者叶群英的作品表现当地风俗

穿在村民身上的农民画

众文化基础比较好。兰开军发动包括母亲在内的亲戚们成为平坡村最早的一批农民画家。1995 年，该村被黔南州文化局命名为"黔南苗族农民画艺术之乡"。

一、丰富的苗族女性文化

龙里县巴江乡的农民画组织是在三元布依族农民画的启示下发展而来的。在 20 世纪 80 年代初期，时任龙里县文化馆的美术干部何艺贵在发掘"三元镇布依族河边寨文化艺术之乡"的建设时，在兰开军推荐下，发现了巴江乡平坡村女性群体的

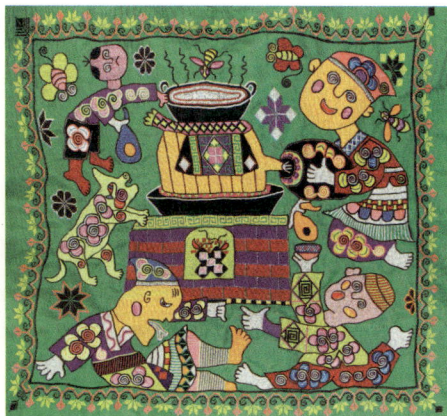

1.《闹新春》，兰开翠绘

2.《斗牛》，兰朝英刺绣

绘画才能。她们能歌善画善绣，于是何艺贵鼓励她们把衣服上的花样图案演变为纸上绘画创作，最初被称为"苗画"。平坡村的创作主体是留守女性，男性大多外出打工或者务农。农闲时节，苗族姑娘和妇女三五成群地聚在一起作画，以生产、生活场景、乡风民俗作为画面主体，用自己耳熟能详、代代相传的苗族图案为装饰，表达了丰富的想象和真挚的思想感情。生活贫穷并没有淹没苗族女性的美，她们的苗族盛装、日常服饰花样百褶裙围以及宽容豁达的笑容都洋溢在作品中。作者们一手拿着锄头，一手拿着画笔，一边唱山歌，一边画画，绘画成了她们又一种情感表达形式。

平坡村的苗族妇女勤劳善良，擅长蜡染、刺绣，她们将做蜡染的蜡刀绘线方法行云流水般融入了农民画创作中，这为农民画创作提供了造型基础。除了干农活、操持家务，农民画创作也是平坡村妇女群体审美交流的一个途径。苗族没有自己的文字，为了不忘记越黄河跨长江的迁徙历史，苗族妇女便将花样图案记录在衣服上，形成了苗族花样或绘画。这些丰富的图形符号是平坡村农民画创作中信息传达的重要语言。平坡村属于"花苗"支系，绣花针法近似十字绣，平坡村妇女服饰包括头帕、上衣、围裙和裙子，裙子经搓麻、纺线、蜡染等工序制作而成，身上的绣花纹样以可食用的植物花卉为主，例如猫饭花、鹅儿肠花、野棉花、拐枣花、旋涡纹等。苗族妇女从小会绣花，她们绘制刺绣、蜡染纹样，形成了基本的造型能力。有些作者特别擅长构图，比如王文美，她非常擅长画草图，其他妇女进行填色。这种创作合作与刺绣一样，是一种维系群体关系的纽带，在村落中形成了一种和谐互助、互相交流的和谐关系。

平坡村农民不仅将农民画画在纸上，还绣制在服装、书包上。传统针法较为细密，现在以十字绣为主，针法相对较为单一，造型比较粗犷。年轻人服饰花纹较多，老年人的服饰纹样则较为简单。平坡村苗族刺绣农民画承袭苗族传统刺绣技艺，在布面上以刺绣方式表现农民画面，其构图、色彩等表现方式除了体现农民画的艺术特色外，还多了一份质感。龙里巴江蜡染农民画承袭和发展苗族传统蜡染绝技，在布面上以蜡染方式表现农民画面。以蜡刀、蓝靛等作画工具再现农民画，色彩朴素典雅。平坡村农民画色彩以间色为主，造型比较细腻，有女性阴柔之美，这与当地创作群体的女性化有着较大的关系。许多外国客商来寨子里收购农民画和绣品，作品远销到美国、意大利等国家。

平坡村丰富的地方民俗活动是当地农民画创作的重要生活来源。这里有苗族一年一度的斗牛、跳月、四月八、六月六、吃新节等丰富多彩的民族节日，比较重要的还有农历三月初九的杀鱼节、七月十五鬼节的七姑娘和地牯牛巫术活动、重阳节、端午节、清明节，有跳芦笙等民俗活动，为苗族绘画创作提供了丰厚的素材。作为古老的农耕民族，苗族对牛这一农耕必不可少的家畜心怀敬爱之情。苗家神龛下常常放有牛角，不忘时祭。苗族素有"蚩尤有角，牛首人身"，可见对于牛图腾的崇拜。正月里，苗族斗牛，展示苗家敬牛、爱牛、拜牛的特性，因此在平坡村绘画中"斗牛"是最受欢迎的题材之一。平坡村还有杀鱼节的拜祭活动。每年三月初九，是平坡村苗族人民的"杀鱼节"。人们来到河边，从河里叉起一条鲜鱼，架起铁锅，烹鱼喝米酒，祭天求雨，祈福五谷丰登、风调雨顺。传说天王爷的公主生病，久治不愈，天王爷听说人间江河里的百鱼能治百病，于是取之烹制，果然奏效。为答谢江河中的百鱼，天王爷下令人间不许食用，并滴雨不下。干旱之际，作为祭品的猪都没有了，人们从湖中取鱼祭祀，天王爷痛哭，降雨三天。至今，龙里县的平坡村、贵定县的光明村和福泉新安寨的苗家人民依然保留了三月初九这天杀鱼的习俗。在平坡村农民画中可以看到，人物眼睛表现为鱼纹和旋涡纹等纹饰变形夸张的造型，正是与杀鱼节的活动有关。

二、用农民画美化乡村

2006 年，龙里县巴江乡平坡村农民画协会成立，王廷芬任会长，兰开军的母亲王朝芬任秘书长。平坡苗族农民画充满浓郁的乡土气息，体现苗族人们热情奔放的性格和对生活的挚爱，其作品色彩艳丽凝重，构图饱满、奇妙，造型夸张，不拘

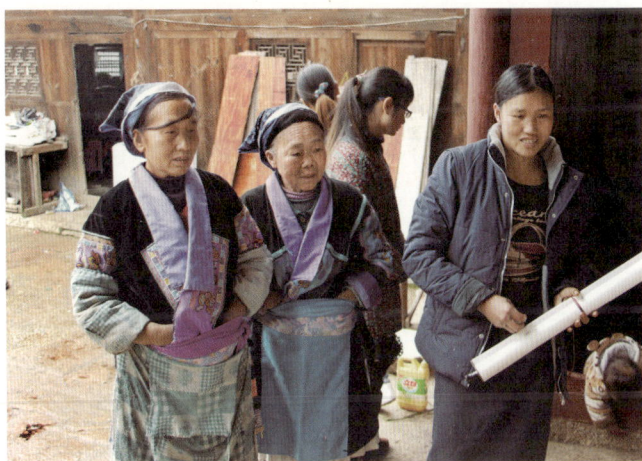

1. 平坡村街景
2. 苗族妇女们在农闲时讨论作品

一格。平坡村苗族农民画作者已达百余人，他们中有不识字的农民，也有教师、学生，多为女性。近五年来，他们创作了上千幅农民画作品，在省内外举办的各种展览、赛事中捧回了多项大奖。据统计，2006—2008 年，当地共筹资举办了三届平坡苗族农民画艺术节。2007 年，兰开军在龙里县城开设了"平坡苗族农民画画廊"，作为对外推出平坡苗族农民画的窗口，使平坡苗族农民画逐步走产业化发展道路，带动当地农民增收致富。

平坡农民画作者除了在家里创作作品以外，还给村子的墙壁绘制墙画，此外作者们将农民画做成绣片，装饰在服装上，形成了一道靓丽的风景线。巴江乡平坡村农民画作品在 2006 年深圳文博会上展出后，引起了较大反响，受到当地政府的关注。政府对农民画的关注也带动了对平坡村建设的关注，在 2007—2012 年县政府出资修好了平坡村的道路，促进了平坡村的对外交流。平坡村农民画的发掘人和创始人兰开军被评为贵州省十大优秀青年。贵州文化局举办定期的农民画培训，参加培训的人数最多时达到几百人，其中平坡村的固定绘画作者 100 人左右，以女性群体为主，但是由于销售的原因，经过经济大潮的淘沥，目前骨干作者有 30 多人。在 2009 年新中国成立 60 周年之际，兰开军组织骨干作者创作了长卷《苗岭放歌》，该作品现已被贵州民族文化馆收藏。2010 年，在浙江美术馆组织举办"农民画时代，时代画农民"全国农民画展，画

兰朝英、叶群英绘制的斗牛节

展中的平坡农民画被美术杂志收录。2011年，建党90周年之际，平坡农民画协会组织农民画作者画了90米长卷《贵州视觉印象》，被国家民族文化宫收藏。

三、辅导员的重要性

平坡村农民画的发起、组织和宣传与农民画辅导员的关系非常密切。村民兰开军热爱绘画，作为家中长子和主要劳力，他不顾所谓"不务正业"的评价，把主要时间和精力投入绘画。高中毕业后，兰开军给母亲下跪叩首，请求原谅他的"不孝"，把家里的事情交给弟弟，自己则按照自己的意愿专心画画。在兰开军的坚守下，平坡村农民画果然发展起来，受到了政府的关注，还为村民们创造了贴补家用的渠道。他被文化馆收编成为正式员工，以方便负责农民画辅导，于是兰开军就更加有劲头了。另一方面，他想方设法地把作品销售出去，让作者可以持续发展。

兰开军说，在工作中也有不尽如人意的地方，群众工作具有一定的复杂性和困难，但是这些都不影响一个辅导老师的工作积极性，面对众多的不理解和误会，他选择默默承受，并积极工作。2017年5月18日，在中国美术馆举行的"中国精神 中国梦全国农民画创作展"上，兰开军在开幕式上自豪地用苗语介绍平坡农民画，平坡农民画走向中国美术馆，这是来自大山苗寨的自豪。全国每个画乡农民画的发展，离不开政府部门的支持和帮助以外，也与辅导老师有着不可分割的关系，他们在开创时期探索绘画辅导方法；在成熟期，探索技法的提高，他们的眼界直接影响着创作队伍的视野；在经济发展时期，他们联络和拓展渠道，起到了重要的纽带作用。

平坡苗寨农民画从大山里一路走来，苗家农家妇女会画会绣的才能，在新时期转换到纸张上，按照自己的理想营造出苗族农民画形式语言，他们把美好的生活画卷描绘出来，通过农民画协会在传统村落里建立了一种以农民画为纽带的文化团体，弘扬优秀民族文化，畅想美好生活，抒发对新生活的热爱。平坡农民画表现方式既承续传统，又不断创新。画面语言遵循苗族图案的造型方法，采用夸张、变形的手法，结合艳丽的色彩搭配，以达到构图饱满、装饰强烈的艺术效果。在平坡

1

2

3

1. 兰开军与作者们探讨作品

2. 农民画作者叶群英的作品表现当地风俗

3. 《吃喜酒》，王朝芬绘

苗寨农民画中，人们可以看到当地节庆文化独有的热烈气氛，传统节日的风俗习惯，还能够体会到当地妇女开朗、勤劳、乐观的精神风貌，他们常常互相切磋合作，发挥各自不同的特长。农民画给当地农业生活抹上了一笔艳丽的色彩，把大山里的丰富与精彩带出了贵州，带出了国门，农民画也带来了乡村的改变。相信这个创作群体将会作为更为突出的力量，为当地文化经济的发展贡献出更大的力量。

《国强民富》，兰友江绘（2017年）

舞阳农民画出新

舞阳属河南省漯河市辖县，位于河南省中部，地处黄淮海大平原。舞阳现辖5乡9镇，397个行政村，总面积777平方公里，境内以汉族和回族的居民居多。舞阳县境内有仰韶、龙山、商周文化遗址，现已发现40余处古文化遗址，还有城隍庙、山陕会馆、彼岸寺、樊哙墓、北舞渡山陕会馆里的彩牌楼等一批极有价值的文物古迹。舞阳有"帝乡侯国"之称，历史上人才辈出，土地肥沃，物产丰富，是历代兵家必争之地，独特的地域文化和丰富的人文积淀孕育了舞阳农民画。舞阳农民画以民间传说故事、民俗节庆、庙会活动、新农村生活等为创作题材，随着时代发展不断发掘新的绘画内容，形成了突出的文化特色。舞阳农民画是河南省级非物质文化遗产代表性传承项目。进入21世纪以来，舞阳农民画在政府关注和相关文化发展政策的推动下，从培养人才、提高创作水平、理论研究和市场运作等方面不断进行着探索。

1.《吃喜面》，张庆文绘（刘志刚复制）

2.《村童》，胡浩生绘

一、作者队伍的发展和变化

纵观舞阳农民画的发展历史，可以看出其几度沉浮。舞阳农民画起源于 20 世纪 50 年代，为配合当时的生产运动，全国上下兴起壁画热潮。在壁画热潮发展阶段，以墙壁为载体，描绘"普罗艺术"，属于舞阳农民画发展的萌芽期。20 世纪 70 年代后期，舞阳农民画逐步趋向成熟，在绘画技法上以学习户县为主导思想，形成了舞阳绘画造型的基本样式。1981 年，第一个真正意义上的舞阳农民画辅导班办了起来。1983 年，许昌地区成立舞阳农民画创作现场会，并迅速发展。1987 年，有 7 幅作品入选在中国美术馆举行的农民画展。随后在 1988 年，文化部命名舞阳县为"现代民间绘画画乡"，同年成立了舞阳县农民画院。进入 1990 年以来，与其他画乡一样，在经济发展大潮的冲击下，舞阳农民画一度走入低谷。2011 年，在舞阳政府的推动下，舞阳农民画院改制，建立了由政府主导的舞阳农民画院，重新把农民画发展提上日程。从 1981 年第一个农民画培训班开始算起，舞阳农民画作为地方名片逐步被确立和发展起来。21 世纪的舞阳农民画创作走向了多元化的发展阶段。在创作队伍和创作方法上，舞阳农民画作者进行了理论上的总结，积极组织当地的创作骨干，不断学习，提高理论和创作水平，提出舞阳农民画精品创作路线。2013 年，280 多幅舞阳农民画入选中宣部、中央文明办等六部委联合举办的全国"讲文

《闹洞房》，周松晓绘

明 树新风”公益广告。2014 年，60 多幅舞阳农民画作品被中宣部宣教局、《人民日报》漫画增刊、中国网络电视台等制作成“图说我们的价值观”公益广告，这使舞阳农民画作者深受鼓舞，大有干劲。

目前，舞阳农民画骨干作者 20 多人，在文化馆、农民画院、画友会等机构的组织和管理下，这个作者群创作参展等状况比较稳定。从创作主体看，20 世纪 80 年代的全部农民作者群体，经历了十年停顿之后，如今作者只余 30%；从创作者的从业状况看，由全职画农民画的作者，发展到今天的业余爱好群体和专业群体并存的状态；从创作素材来看，传统村落生活变迁，创作内容发生了改变。出现了与画院作者创作理论研究和技法研究相对应的民间手艺人为主导的作者两大阵营。在新作者的培训中，主要靠作者之间的推荐，以业余爱好者为主要来源。目前的作者主体是中小学教师，因为这个群体有生活的保障，又有参展和创作的热情。纯粹农民身份的作者随着城镇化的发展已经越来越少，目前从业的农民身份的作者由于生计所需，多从事包装生产、礼品生产等工作。根据统计，目前舞阳农民画作者中，31% 的作者是 20 世纪 80 年代从艺，56% 是 2005 年恢复农民画传承以后的新作者，20 世纪 90 年代的断层非常清晰，经过这个时间段的断层以后，农民画作者的创作材料和风格基本完成了转型。目前的舞阳农民画发展，创作的材料以布面丙烯和纸质水粉为主，兼有以丙烯彩绘墙画的形式，创作的内容以时政和生活主题为主，弘扬正能量，美化生活，绘画手法向专业方向和西方现代绘画领域延伸，提出提高理论水平的主张和方向。

二、政府的服务和投入

经过对舞阳 16 位农民画作者的访问，我们发现舞阳农民画作者从 20 世纪 80 年代以来，作者群体身份和生活空间发生了很大变化。目前舞阳农民画作者群大约有 30 人，骨干作者有一二十人。他们的身份有教师、工人、农民、商人等。教师占总人数的 60% 左右；农民身份的作者逐步减少，纯粹的农

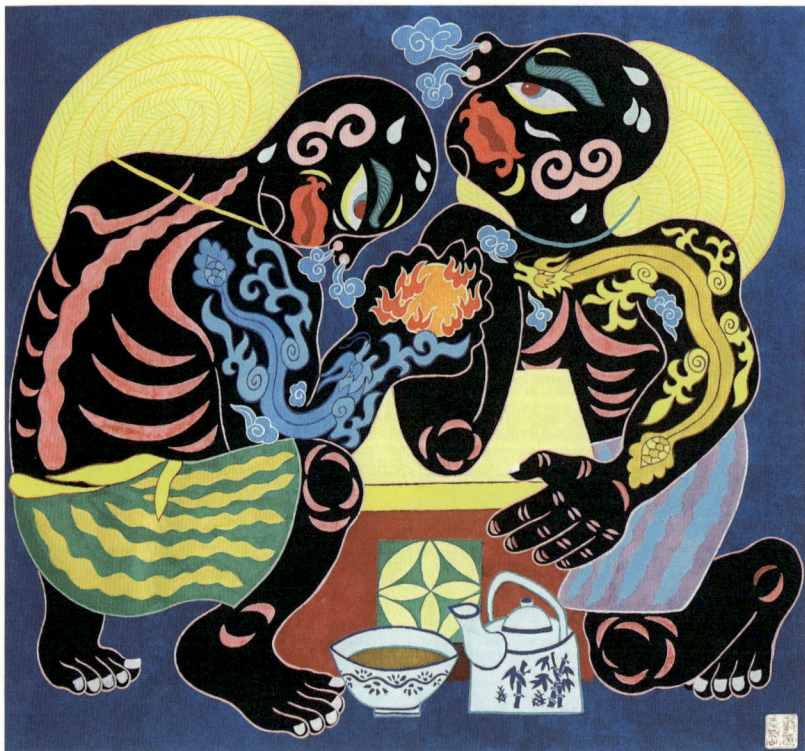

《二龙戏珠》，刘志刚绘

民像任明兆、张新亮等只占作者的 30%。多数作者从事不同行业，不再以土地收入为主要经济来源。其余 10% 的作者有文化馆的专职工作。因此，舞阳农民画创作在不同时期体现出不同的题材和绘画风格。

关于舞阳受访作者的迁居情况，在受访的 16 名作者中，迁居的作者 12 名，占总人数的 75%；未迁居的作者 4 名，占总人数的 25%，迁居的作者多于未迁居的作者。其中，20 世纪 80 年代迁入舞阳县城的作者最多，有 5 人，占总人数的 33%，迁入原因是毕业分配、外地迁入和工作；20 世纪 70 年代迁入作者 1 人，占总人数的 7%，是随父母迁入；2000 年以后迁入的作者有 5 人，占总人数的 33%，以购房建房和工作为主；未迁居的作者 4 人，占总人数的 27%，在当地从事企业工作。受访对象从事农民画创作多数以业余爱好为主，多数另外还有自己维持生活的主业，少部分作者绘画的原因是以销售为目的，但是其收入在家庭收入中所占的比例很小。由此可见，受访农民画骨干作者中的多数都离开了自己生活的村落，迁入城镇工作。对于农民画作者的管理组织形式也更加多样。

舞阳农民画管理和培训机构多样，除了文化馆，还有农民画研究会、农民画传承所、画友会等官方和非官方的机构，无论是政府还是社会群体，对于舞阳农民画发展都十分重视。这些管理和创作机构虽然在同一个地方，但是组织结构和管理方式包括侧重点不一样，这决定了舞阳农民画发展多元化的路线。对于农民画的探讨是非常热烈和积极的，这也使舞阳农民画的发展颇具生命力。文化馆是政府的文化部门，对于农民画的支持主要体现在培训、展览、理论交流上。农民画院的职能更为广泛，除了培训、展览、理论交流功能以外，农民画产业发展的问题也在其范围之内。此外由于画院直属舞阳县宣传部，还承担了一些宣传政策需要的主题创作。相对而言，农民画会的功能更为单纯一些，表现为农民画的理论探讨和促进民众文化素养的提高，多进行推动农民画创作发展的理论研究。政府通过成立农民画院，设立编制，成立公司进行作品销售和衍生产品的研发，进而通过农民画产业基地来带动经济发展。在舞阳县，农民画归宣传部直接管理，文化馆主要负责农民画的历史存档、农民画培训、理论研究、民间美术的收集等。文化馆还出版农民画相关的刊物、理论书籍及一些老照片等，建立了一套完整的系统，由专人管理。

三、民间学术团体的组织

为进一步壮大舞阳农民画创作队伍，提高创作质量，舞阳县利用县文化馆、县农民画院等机构，进行多种形式的创作培训，鼓励农民画作者多出精品。坚持每年举办一次农民画大赛，实行以奖代补的奖励办法，调动广大农民画作者的创作积

1

2

1.《老臭狐》，梁素苹绘

2.《百鸟朝凤》，张新亮绘

极性。县文联专门成立了舞阳县农民画家协会，县教育部门还把舞阳农民画作为乡土教材纳入中小学课程，向学生传授基本知识，为舞阳农民画创作发展教育基础。在农民画进课堂方面，舞阳农民画友会的王文浩老师编写了《农民画十讲》讲稿，计划在这个基础上把舞阳农民画理论整合起来，应用于农民画的教学。

除了文化部门组织的培训，还有舞阳农民画友会的活动。舞阳农民画友会是一个民间理论研究组织，由舞阳农民画的元老王文浩老师作为主持和发起人，画友会有培训、探讨和研究的功能，形成了理论研讨机制。从 2011 年开始，画友会每月举行一次研讨活动，主要做一些理论研究，比如探讨怎样提高绘画质量，包括绘画的题材、表现手法、制作材料等。画友会主张农民画作者要开拓创作视野，提高文化素养，因此经常请一些高水平的老师讲课，如文学创作、书法创作、国画创作等。在造型方面，王文浩认为中国的民间美术本身就包含很多现代画的元素和理念。民间美术常用的是内视心象造型方法，都是源自内心的，是对自然的感悟，把自然中具象的东西变成一种意象的东西表达出来。农民画是多重视点，这是民间美术一个很重要的特征。比如画杯子，上面是圆的，下面是平的，是为了让杯子看起来能站稳。画的不是眼里的形象，而是心里的形象，重情绪而不重表象的逼真。所以他认为，对于农民画应该坚持传统，但不能顽固不化，应该从西方现代派美术上有所借鉴。舞阳农民画就是在继承民间传统美术的基础上，不断升华传统民间美术中的现代艺术观念，从而表现现实生活。

王文浩提出了农民画发展的努力方向和标准。他注重理论研究，提出了"三三四"发展理念，即"三个支点""三个提高""四条要求"。"三个支点"是舞阳农民画的方向，即"继承民间美术传统，融汇现代艺术观念，表现现实生活"；"三个提高"，"提高文化内涵，提高艺术品位，提高表现技巧"；"四条要求""有鲜明的民间艺术特色，因为失去了民间艺术特色就失去了民间艺术的价值；有浓郁的现代艺术气息，因为艺术要追随时代追随潮流；有精湛的表现技巧；有深厚的文化内涵。"王文浩的辅导方法在几十年里为舞阳农民画创作起到了很重要的指导作用，当地的许多知名作者都是他的学生。在农民画会的组织下，作者们积极探讨，形成了一种农民画研究的学术氛围，这是舞阳农民画的一种组织特色。

四、多元化的奖励机制

为了更好地促进农民画作者的创作积极性，文化部门和舞阳农民画院制定了形式多样的奖励机制。2015 年，舞阳农民画院在宣传部门的推动下，制订了签约画家制度，第一批签了十个画家，由农民画院及县文化部门与农民画作者画家签订协

《碾道》，任明兆绘

议，创作一定数量的作品，画院与文化部门支付一定费用，保
证作者安心创作。作品销售的收入归农民画院，同时画院为了
防止作品抄袭，进行版权保护。政府每年都会组织参加一年一
次的农民画大奖赛，实行以奖代酬的方法来促进农民画作者创
作。舞阳农民画作者积极参加公益广告宣传画的绘制，入围作
品经过电视媒体、广告路牌、灯箱等载体广而告之，既宣传了

国家的好政策，还起到了美化环境的作用，政府和主办方的奖金也是一种荣誉。此外，在城镇建设中，农民画常作为墙画进行装饰绘制，墙画绘制的规格多为 150cm×200cm，价格为 400—500 元，这为农民画作者增加了一部分收入。参加全国展览入选的作者，舞阳县给每幅作品补助 500 元，这对于作者来说也是一种鼓励。

在产业方面，舞阳县政府实施了一系列引导、资金扶持措施，在县城新西路先后建成了舞阳农民画院、贾湖农民书画院、舞阳舞韵农民画发展有限公司等一批农民画院和农民画经纪公司，形成了集创作、销售、展示于一体的农民画产业基地。同时积极培育吴城镇昭寺村、九街乡胡岗村成为农民画专业村，不断扩大舞阳农民画的发展规模。为积极推动舞阳农民画衍生产品的产业化发展，舞阳县引导有关单位和人员开发出邮册、礼品画等农民画系列产品。专门选派作者入驻上海金山区"中国农民画村"，在北京潘家园文化市场等地设立舞阳农民画展销窗口，拓宽了销售渠道。先后组织参加了中国义乌文化产品交易博览会和第七、八届中国（深圳）国际文化产业博览交易会等大型文化产品展示交流活动，提高了舞阳农民画的知名度。把农民画创作和衍生产品的产业化问题分而治之，并发挥农民画地方特色代表的品牌优势，打造舞阳文化形象，这在地方政府的文化工作中形成了一定的共识。

纵观舞阳农民画的发展，从 1983 年第一个培训班迅速发展成为全国农民画画乡，从 20 世纪 90 年代低潮时期到 21 世纪的迅速崛起，我们可以看出城镇化进程中舞阳农民画创作内容、作者和功能的变迁。在这个过程中，政府的推动发挥了重要作用，包括成立舞阳农民画院，设立事业编制，成立公司进行作品销售和衍生产品的研发，以及通过农民画产业基地来带动创作发展。与此同时，舞阳农民画作者非常注重农民画创作理论的探讨和总结，积极进行艺术理论的研究。近年来，舞阳农民画融入当地的公共文化服务中，在宣传社会主义精神文明方面取得了突出的成绩。舞阳农民画受到政府重视，其管理组织结构非常有特色，在画院和民间组织中坚持着长效的研究讨论机制，大家共同创作、共同探讨舞阳农民画的发展问题，形成了浓厚的学术氛围。由于作者多来自于中小学教师或大学毕业生，知识结构层次高，在创作上，整体倾向于向专业美术方向发展，有极强的精品意识。舞阳农民画院从城镇小学里开展农民画进课堂活动，不断拓展农民画的发展空间。舞阳农民画的未来将更加广阔。

后　记

后　记

　　《美在乡村》是围绕乡村振兴展开的专题论集，主要记述了近年来在调研考察乡村文化生态过程中的所见所闻、所思所想。可以说是以民间艺术为起点，观照其赖以依存的乡村生产生计、乡风民俗，考察有形的乡土建筑、村落形态和无形的乡愁记忆、文化传承，调研乡村的文化生产和公共文化服务情况，以纪实笔录和专题论述的形式呈现出来，从而进一步认识乡村中个体与文化的生存状态，理解乡村生命的社会价值，认识乡村本身不可替代的意义和生命力。我想，乡村振兴需要从根本上把握乡村发展的文化动力，求解乡村现实发展中面临的传统与现代、经济与文化、城市与乡村、国家政策与农民需求等现实的关系问题，从而振兴乡村。

　　《美在乡村》的首版于 2019 年 3 月由山东教育出版社出版，产生了积极反响，因此很快在修订完善的基础上再版。此次作为《潘鲁生文稿》的组成部分收录出版，对有关篇目进行了调整，将内容重点放在乡村文化保护传承与发展以及乡村文化振兴方面，从风俗、聚落、手艺、画乡等具体的案例和视角出发，述说探讨和认识理解乡村之"美"的文化价值、精神价值和社会价值。本次再版将初版第三章"手艺农村"部分的 8 篇文稿内容转录于《手艺农村》；初版第四章"乡愁记忆"部分的 10 篇文稿内容，主题为故土乡愁，内容扩充后以《家乡记忆》为题独立成书。

此次收录再版，学术团队成员殷波、惠岩分别对有关文字和图片内容进行了校正，王承利完成了图书的装帧设计，进一步保证了出版质量。同时，山东教育出版社为本书的出版提供了大力支持，责任编辑董晗对书稿进行了严谨、专业的审校。在此，深表感谢。

回望几十年来的民艺治学之路，乡村是出发的地方，也是精神的家园和归宿，从中读懂的民艺之美、生活之美、精神之美成为我治学和创作的养分，给予我坚韧追求的力量，因此不断地去记录和言说，不断地探讨和传播，希望有更多的共鸣和实践。也许有些认知还不够全面深入，有的调研案例还在变化发展，以及囿于时、地和自身的视野，具体的行文表述等还有不足，诚请读者朋友批评指正。

美在乡村，美是永恒的喜悦，让我们不断发现和续写乡村之美、生活之美。

潘鲁生

壬寅立秋于济南